オルタナティブ・ジャスティス

新しい〈法と社会〉への批判的考察

石田慎一郎 編

大阪大学出版会

目　次

序論　オルタナティブ・ジャスティスとは何か
　……………………………………………………… 石田慎一郎　7
　　1　世界的な広がり　7
　　2　オルタナティブ・ジャスティス研究は何をめざすのか　10
　　3　本書の内容　16

Ⅰ部　オルタナティブ・ジャスティスの実践

1章　テクニック化する裁判外紛争処理と法の正義のゆくえ
　………………………………………………………… 山田　亨　40
　　1　はじめに　40
　　2　裁判外紛争処理制度の魅力　42
　　3　シュマイザー事件　45
　　4　ハワイ大学によるタロイモ品種の特許登録　50
　　5　裁判外紛争処理の可能性と法の正義のゆくえ　57
　　6　おわりに　60

2章　伝統的刑事和解の実践と修復的司法 ……… 河村有教　65
　　1　はじめに――修復的司法とは何か　65
　　2　『秋菊の物語』からみる伝統的な刑事和解の実践　70
　　3　湖南省における被害者・加害者和解プログラムの試行　77
　　4　附帯民事訴訟制度・自訴制度と修復的司法　84
　　5　おわりに　89

3章　政治犯罪に修復的司法は可能か
　　　　──南アフリカの教訓──
　　　　……………………………… ステファン・パーメンティア　93
　　　　　　　　　　　　　　　（石田慎一郎・河村有教訳）
　　1　はじめに　93
　　2　従来の支配的アプローチ──応報的司法　96
　　3　修復的司法への転換　102
　　4　南アフリカの政治犯罪に対する修復的司法
　　　──真実和解委員会の教訓　106
　　5　おわりに　117

4章　ケニア中央高地における兄弟分の役割
　　　　──当事者対抗にかわる紛争処理はいかに補強されるか──
　　　　………………………………………………… 石田慎一郎　127
　　1　はじめに　127
　　2　紛争処理の選択肢　129
　　3　呪いか治療か──兄弟分宣誓の事例　134
　　4　兄弟分の力──双方的・一般的な役割期待　139
　　5　おわりに　145

II部　オルタナティブな〈法〉の創造

5章　環境正義と知的財産権
　　　　──ペルーにおける地域に根ざした法の創造──
　　　　………………………… クラウディア・イトゥアルテ＝リマ　148
　　　　　　　　　　　　　　　（石田慎一郎・山田亨訳）
　　1　はじめに　148
　　2　法律第27811号── *sui generis* の知的財産権制度　152
　　3　知的財産権の保持者──個人と集団の連続性　161
　　4　おわりに　172

6章　ADR「過渡期」における民事調停の活用
　　　——調停における弁護士の役割——
　　　………………………………………………………荒井里佳　179
　　1　はじめに　179
　　2　民間型ADR——裁判外紛争解決（1）　180
　　3　司法型ADR（調停手続）——裁判外紛争解決（2）　188
　　4　民事調停の今後　200
　　5　おわりに——解決メニュー多様化時代における弁護士の役割　202

7章　インドネシアの司法改革における法とそのオルタナティブ
　　　——ADR法成立後のメダン地方裁判所における紛争処理——
　　　………………………………………………………高野さやか　206
　　1　はじめに　206
　　2　インドネシアにおけるADR　207
　　3　アダットとは　212
　　4　裁判所における「ADR」　217
　　5　判決にこだわる当事者とは　221
　　6　おわりに　225

III部　オルタナティブな〈社会〉へ

8章　呼応するオルタナティブ——ケニアにおける平和事業とメノナイトの合流——
　　　………………………………………………………石田慎一郎　230
　　1　はじめに　230
　　2　メノナイトからの発信　232
　　3　メノナイト・ケニア　239
　　4　おわりに　247

9章　パプアニューギニアにおけるオルタナティブ・
　　　ジャスティスの生成——ブーゲンヴィル紛争の修復的プロセスを事例に——
　　　　　　　　………………………………………………………… 馬場　淳　252
　　1　はじめに　252
　　2　オルタナティブ・ジャスティスへの人類学的アプローチ　253
　　3　ブーゲンヴィル紛争の概況　258
　　4　平和構築のプロセスとエージェント　262
　　5　メラネシア・ピース財団の試み——和解と修復　265
　　6　考察　272
　　7　おわりに　274

10章　義のない風景——ベトナムの文学作品にみる法と社会の外がわ——
　　　　　　　　………………………………………………………… 加藤敦典　279
　　1　オルタナティブ・ジャスティスの体制化に抗して　279
　　2　オルタナティブ・ジャスティスの社会関係志向　281
　　3　「義」の重さ——和解組を支える「助けあい」の理念　285
　　4　義のない風景　294
　　5　社会解体の想像力——子ども時代への追憶　297

11章　紛争処理の原初形態——現代におけるコミュニティ・ジャスティスの可能性——
　　　　　　　　………………………………………………………… 久保秀雄　303
　　1　はじめに　303
　　2　事例の概要　306
　　3　地域社会での自治と共生　312
　　4　コミュニティ・ジャスティスの可能性　314
　　5　リーダーの目標　318
　　6　おわりに　321

あとがき ……………………………………………………………………………… 327
執筆者紹介 …………………………………………………………………………… 336

序論　オルタナティブ・ジャスティスとは何か

石田慎一郎

1　世界的な広がり

　従来の裁判制度に対するさまざまなオルタナティブ・アプローチ——本書ではそれらを総称して〈オルタナティブ・ジャスティス〉という——を制度面で拡充しようとする新しい試みが、こんにち世界各地に広がりつつある。後述のとおり、アメリカでの実践が世界的に注目されたコミュニティ・ジャスティス、世界各国で制度利用が拡大しつつあるADR（裁判外紛争処理）の試み、応報的司法にかわる犯罪解決アプローチとしての修復的司法、さらにはアフリカ諸国、中南米諸国等で過去の政治犯罪や集団暴力の真相究明と被害者・加害者和解の実現を目的として設立される真実委員会などに、オルタナティブ・ジャスティスの世界的な広がりが認められる。

　こんにちのオルタナティブ・ジャスティスの世界的拡大は日本にも影響をおよぼしている。たとえば「裁判外紛争解決手続の利用の促進に関する法律」（ADR法）が、2004年に公布され、2007年に施行された。ADRはAlternative Dispute Resolutionの頭文字に相当するので、直訳すると「代替的紛争解決」となるが、日本語訳としては「裁判外紛争処理」あるいは「裁判外紛争解決」が一般的である。「裁判外」という広い意味では、あらゆる紛争処理が含まれるので、ほんらいADRの指し示す範囲は無限である。じっさい上述の法律の施行前にもさまざまなADRが機能していたといえるが[1]、施行後は法務大臣の認証を受けた民間のADR機関に新たな権限が与えられ、新しいかたちでの制度化がすすんでいる（本書6章〔荒井論文〕参照）。

こんにちのオルタナティブ・ジャスティスの歴史的背景を考察するうえで、その代表的な実践例として法人類学・法社会学分野でしばしば言及されるもののひとつに、1970年代に設立された SFCB (San Francisco Community Boards) というアメリカの民間団体がある（たとえば Merry and Milner eds. 1993; 棚瀬編 1996; 本書 11 章〔久保論文〕参照）。SFCB の設立者レイモンド・ショーンホルツは、裁判所が暴力事件や権利侵害に事後的にしか対処しえない点を問題視して、日常のトラブルを処理する民間の力を活性化し、犯罪・暴力の事前予防をめざす必要があることを強調した（Shonholtz 1993: 202-204）。SFCB は、隣人同士の紛争を地域ぐるみで解決しようという方針、コミュニティの絆を再生することで潜在的な紛争調停能力を引き出す方針を打ち出した点で[2]、裁判所に対する補完というより代替[3]となる紛争処理を目指すオルタナティブ・ジャスティス、とくにコミュニティ・ジャスティスの代表例だといえる[4]。

　ADR の歴史的展開についてしばしば指摘されるとおり、オルタナティブの語にはもともと「既成・主流のやり方を打破するもの」というニュアンスが含まれている（高橋 2006: 266）。じっさい、そのような意味でのオルタナティブを求める考え方の背景には、1960 年代アメリカの反体制的な政治思想・社会運動があるといわれる（早川 2004: 10-11; 山田 2007; 本書 1 章〔山田論文〕参照）。また、アメリカにおける ADR の最初の構想は、そもそ

---

1) たとえば、濱野（2004: 46-47）は次のように述べている——「わが国では、司法内部に、調停と訴訟上の和解という戦前以来、確固として根をおろしている ADR があり、裁判所外には、行政型、民間型の多様な ADR が既に存在する。ADR という西洋語は日本社会に馴染みがないかもしれないが、紛争処理方法としては、むしろ、ADR こそ、わが国における紛争処理の基本型として君臨してきたというべきである」。裁判所の内部でおこなわれるいわゆる司法型 ADR としての調停については、本書 6 章〔荒井論文〕ならびに 7 章〔高野論文〕が議論している。
2) 本書 11 章〔久保論文〕は、大阪府 J 市のある住宅地の事例を記述し、日本におけるコミュニティ・ジャスティスの可能性について議論している。
3) ここでいう「補完」と「代替」の含意は、補完財と代替財の対句のそれと同様である。補完財とはパンにたいするバターのような相補的で相乗効果を有する存在で、代替財とはパンに対する米のような競合的存在に喩えられる。

もアジア・アフリカ諸地域における草の根の寄合や村裁判（に関する法人類学者の民族誌）に由来するともいわれている[5]（Merry 1993: 38-39; 和田 1996: 25; 久保 2009: 537）。

　そのような歴史的背景をもつアメリカのオルタナティブ・ジャスティス思想は、上記 SFCB が設立された 1970 年代には、国家の司法制度改革に影響をおよぼすようにもなった（和田 1996: 24-25; 久保 2009: 538; 本書１章〔山田論文〕参照）。さらには、欧米で制度化された ADR が日本をふくむアジア・アフリカ諸国に新たに導入されるようになっている[6]（たとえば小林・今泉編 2003）。つまり、もともと「既成・主流のやり方を打破するもの」として構想されたオルタナティブ・ジャスティスのさまざまな実践が、欧米の司法改革のなかで制度化され、いまや新しい制度としてアジア・アフリカ諸

---

4) SFCB について総合的に検討した論文集（Merry and Milner ed. 1993）は、SFCB 設立当初の活動理念には評価すべき点が数多くあることを認めつつ、理念と実践とのズレを指摘し、SFCB の可能性についていくつかの課題を提起した。提起された疑問のいくつかを要約すると次の通りである。第一は、SFCB の活動目的は地域社会における暴力を抑止し、犯罪件数を減少させることであるにもかかわらず、取扱件数全体のうち、暴力沙汰をもたらす危険性がある深刻な紛争のしめる割合が低いという指摘（DuBow and McEwen 1993: 139）。第二は、調停員が特定の社会階層に集中しており、貧困層やマイノリティを含む住民の多様な社会的背景と利害を反映していないという指摘（DuBow and McEwen 1993: 157）。第三は、当該紛争の原因が人種対立や経済格差などの問題と連関しているとしても、SFCB における所定の調停手続は、これを個人間の意思疎通の問題として片付けてしまう傾向があるという指摘（Rothschild 1993）。第四は、SFCB のプログラムが、調停員として参加するボランティアのエンパワメントを実現する一方、その受益者であるはずの紛争当事者を犠牲にしているという指摘。調停員は、所定の手続を踏みはずした紛争解決を行わないよう指導されるため、当事者双方が自力で問題を解決してしまわないよう働きかけることさえある（Yngvesson 1993: 387）。
5) 久保（2009）は、1960 年代以降の ADR 思想の展開を、主としてアメリカにおける司法政策と学術研究とのあいだの関係（法人類学研究から司法政策へ影響も含む）の変遷と照らしあわせながら歴史的に考察している。
6) アメリカの法人類学者サリー・メリーは、裁判制度に対するオルタナティブとしての ADR を構想するもともとのきっかけを与えたアジア・アフリカ諸国に、ADR が拡大しつつあることに着目して、次のように述べている――「合衆国からヨーロッパ、オーストラリアに広がり、さらには舞い戻るかたちでアジア・アフリカの一部地域にも広がりつつあるなど、裁判外紛争処理はいまやグローバル化している」（Merry 1993: 39）。

国に導入されつつあるのである。本書は、そのような現象について、以下で述べるような法人類学と法社会学の複数の視点から考察することを目的とする。

2 オルタナティブ・ジャスティス研究は何をめざすのか

　本書は、従来の裁判制度にたいする多様なオルタナティブ・アプローチについて、とくに次のふたつの論点を中心に批判的に考察する。第一は、多元的法体制研究から導かれる問題関心である。第二は、ホリスティックな〈社会〉学の手法によって狭義のジャスティス（司法）のみならず広義のジャスティス（正義）をも考察しようとする問題関心である。

（1）　多元的法体制の批判的考察へ

　本書4章〔石田論文〕が記述するような、裁判外の多様な紛争処理が従来から運用されてきた地域にとって、またそれらについての事例研究を積み重ねてきた法人類学にとって、いま注目される〈オルタナティブ〉のどこがどう新しいのかは一見すると不可解である。けれども、これまで周辺化されてきた紛争処理のさまざまなオルタナティブの積極的意義と役割が新たに「公認」されるようになったことで——他方で本書4章〔石田論文〕が記述するような紛争処理アプローチは、そうした「公認」を得ることのできないオルタナティブのひとつだろう——西洋近代法・公式法・国家法制度を頂点とする旧来の多元的法体制の制度構造全体に、これまでにない変化を引き起こす可能性がある[7]（石田 2007）。たとえば本書5章〔イトゥアルテ＝リマ論文〕は、オルタナティブ・ジャスティスの思想が公式法システムに浸透する

---

[7]　オルタナティブ・ジャスティスは、アジア・アフリカ諸国における司法改革あるいは法整備支援における現場主義的アプローチにもつながりうる考え方である。河村（2007: 180-181）は、欧米に由来する普遍主義的な法・司法制度を押しつけるのではなく、それぞれの地域に根ざしたジャスティス・システムを構築するための法整備支援の重要性を議論している。

具体的なプロセスを考察している[8]。旧来の多元的法体制はしばしば植民地主義に由来するという点からすれば、オルタナティブ・ジャスティスをめぐる現代的動向には、近代法の支配的構造に再編を迫る、いわばポストコロニアル状況が現れているといってもよい[9]。

　オルタナティブ・ジャスティスの思想と実践が旧来の多元的法体制に変化を引き起こす可能性があると述べたが、それが現実にどのような着地点を見いだすかを批判的に見極めていくことは、重要な研究テーマのひとつである。たとえば、インドネシアで新たに制度化されつつあるADRは、上述のSFCBに代表されるコミュニティ・ジャスティス型のADRとは目的と性格が明らかに異なっており[10]、効率性と迅速性を高める点で裁判を補完する機能が期待されている（本書7章〔高野論文〕）。日本でも、裁判を補完する「ミニ裁判」として設計されたADRのほうが一般化しており、そうした「ミニ裁判」としてのADRはほんらいの理念と相容れないものだと指摘されることもある[11]（早川 2004: 16）。そのような現状をみれば、こんにちのオルタナティブ・ジャスティスの世界的動向のすべてが、上述のような意味で旧来の多元的法体制の制度構造に変化を引き起こすと予断することはできない。

---

[8] 千葉（1991）は、国家法体系において移植法と固有法がそれぞれに公式法としての扱いを受ける場合や、国家法の中に非公式法が浸透していく場合などを想定し、そうしたプロセスにおいて多元的法体制のダイナミズムをとらえようとした。

[9] 安田（2005: 259）は、コミュニティ・ジャスティスの理念について次のように述べている——「非西欧開発途上国においては、この理念には、西欧型近代法を基礎とする「公式法」体制に対するアンチ・テーゼが含まれており、この検討を通じて、21世紀世界の法システムのあり方の理解に資するとも考える」。

[10] 安田（2005: 265-276）は、コミュニティ・ジャスティス研究の視点から、アジア諸国におけるADR導入の動向について比較分析している。安田は、コミュニティ・ジャスティス研究について、それらが「ともすれば定義困難な共同社会が国家ないし政治社会と接触する場としても重要」だとも付言している（安田 2005: 259）。

[11] 早川（2004）は、裁判を補完する制度としてADRを設計する場合に、効率性を優先する反面、民事訴訟法で要求されているような厳格な手続保障を看過してしまうことの問題点を指摘している。これとの関連で、本書1章〔山田論文〕は、企業対個人の紛争におけるADRの利用について批判的に考察している。

多元的法体制研究から導かれる別の批判的見解として次のようなものもある。法人類学者のローラ・ネイダーは、1980年代にアメリカでADRブームが拡大する過程で、交渉と調停が裁判にかわる新しい紛争処理のパラダイムとして位置付けられるようになったことで、自助⇒交渉⇒調停⇒仲裁⇒裁判という紛争処理制度の発展段階を仮定する古典的な図式がさかさまになったかのようにみえると述べている（Nader 2002: 150-151）。すなわち、それまで旧宗主国にならって「近代的」な裁判制度を整備してきた旧植民地諸国は、ADRと名づけられた新しいタイプの調停制度を再び欧米から導入する必要に迫られるようになった（Nader 2002: 146）。これは、主流の法・司法制度に対するオルタナティブとしての位置づけにあったアプローチが逆に主流化していくことについて批判したものであり、本書10章〔加藤論文〕もオルタナティブ・ジャスティスの「体制化」について独自の視点から批判的考察を試みている。本書6章〔荒井論文〕は、実務家の視点から、紛争解決メニューのひとつとしてのADRをあえて不完全なシステムとして位置づける方向性もあるのではないかと指摘している。

　オルタナティブ・ジャスティスのさまざまな実践は、裁判制度との対比において理解されるため、公式と非公式、専門家と素人、規則志向と関係志向、地域主義と普遍主義などの二項対立のうちの後者によって特徴づけられることがある（Merry 1993: 32）。だが、オルタナティブ・ジャスティスの思想と実践は、そうした二項対立の一方によって固定化されると、それがほんらいもっていた体制批判力を失ってしまう（Norrie 1999）。本書所収の諸論文は、そのような二項対立に対して批判的である。そして、本書5章〔イトゥアルテ＝リマ論文〕が議論する *sui generis* の法システムは、そうした二項対立をこえるオルタナティブ・ジャスティスの可能性を具体的に示している。

（2）　ホリスティックな〈社会〉学へ
　本書がとりくむオルタナティブ・ジャスティス研究は、テクニカルなジャスティス（司法）に関する実務的関心や制度論につきるものではなく、実現されるべき社会秩序（オルタナティブな社会）を構想する広義のジャスティ

ス（正義）をも議論の対象とする[12]。それは、司法制度の動向を追いかけることじたいを研究目的とするのではなく、新しい制度を構想したり導入したりすることで〈わたしたち〉がどのような社会を実現していこうとしているのかを考えることにもつながる。本書 8 章〔石田論文〕はケニアにおける植民地時代の暴力の記憶にむきあう民間の取り組みについて、本書 9 章〔馬場論文〕はブーゲンヴィルにおける停戦後の平和構築にかかわる NGO の取り組みについて、このような観点から議論をおこなっている。そして、本書 11 章〔久保論文〕が記述するコミュニティ・ジャスティスは、大阪府のある住宅地における近所付きあいのただしさとはなにかを問うものである。これら本書第 3 部の諸論文は、個別制度についての経験的研究を、究極的には諸制度の集合体としての社会全体の様態についての総合社会科学のなかで展開することをめざしている。つまり、オルタナティブ・ジャスティス研究は、このようなホリスティックな視点による未来志向の〈社会〉学として、狭義の法研究をこえるものにもなりうるのである。

　南アフリカの真実和解委員会（以下、真実委員会）の研究は、このような意味でのホリスティックな視点がとくにもとめられる分野である。真実委員会は、アパルトヘイト撤廃後の南アフリカにおいて和解と国民統合を導くことを目的に実践され、その可能性と課題が世界的に注目されるようになった。一般に、真実委員会とは、過去に犯された甚大な人権侵害の真相を公聴会開催による被害者証言の聴取と加害者召喚によって明らかにする公的なとりくみのひとつであり、紛争後の社会再建や平和構築のプロセスに寄与するものとして注目されている。そこでの真相究明は、いかにして人権侵害の再発を防止できるか、いかにして説明責任を果たす社会を実現できるかという課題と重なりあうため、将来展望的な平和構築にとって不可欠だと考えられ

[12) これとの関連で井上匡子の次の指摘はきわめて重要である——「ADR をめぐる議論には、法概念のとらえ方、現代社会に適合的な法の機能など、様々な法哲学的問題が横たわっている。それは、法システム内部の問題というよりも、司法による法形成と立法権・行政権との関係、あるいはより広く市民社会と国家・国家法との関係として議論すべき問題である。狭い意味での法システム・正義システム内部だけではなく、社会構想と関連づけ議論しなくてはならない」（井上 2007: 43）。

ている。それと同時に、真相究明のプロセスは、被害者と加害者とが互いにどのように向き合うのか、被害回復はいかにして可能かという個人レベルでの修復的司法を課題とすることでも広く知られている。本書3章〔パーメンティア論文〕が詳述するとおり、真実委員会は、それらの点で加害者の刑事告発に対するオルタナティブ・アプローチとして注目されている。

　真実委員会についての社会学的研究にとりくんだ阿部（2007）は、個別事件についての真実追究と社会全体における和解構築とを単純な因果的関係として捉えることはできないと指摘する[13]。このような問題提起のうえに、阿部は、真実委員会で目指された和解を、被害者と加害者のあいだの個別の対面的・個人的和解の次元のみで理解するのではなく、むしろ社会的和解にむけた紛争転換プロセスへの「間接的効果」に着目する独自の解釈モデルを提示している。

　オルタナティブ・ジャスティス研究は、トランスナショナルな現象を批判的に考察するだけでなく、法実務と法学における伝統的なカテゴリーの境界を再考するきっかけにもなる。すなわち、コミュニティ・ジャスティス、ADR、修復的司法、真実委員会については、それぞれに研究の蓄積があるが、これら多様なオルタナティブ・アプローチを、オルタナティブ・ジャスティスという包括的枠組において横断的・総合的に討議する試みはなかった。横断的な検討がされてこなかったのは、たとえばADRと修復的司法とではそれぞれが扱う事案の性質が異なるので、一緒に議論してしまうのは妥当ではないとする考え方が支配的であることによるとおもわれる。たしかに、前者は民事紛争を、後者は犯罪・刑事事件を対象とするアプローチであり、そのような民事と刑事の〈境界〉——「民刑峻別」の原則——を横断するオルタナティブ・ジャスティスの概念化は、それぞれの概念のコンテクストを無視した乱暴な着想だといわれるかもしれない[14]。

　けれども、ADRにせよ修復的司法にせよ、それじたいがきわめて多様な

13）たとえば阿部（2007: 263）は「告白するという行為を実体的に捉えたうえで「告白する＝癒しが起こる＝和解する」あるいは「赦しが語られる＝和解した」という変換関係を想定することは妥当とは言えない」と指摘する。

アプローチをひとくくりにした概念であり、オルタナティブ・ジャスティス概念だけが批判されるのはおかしい。一般概念としてのオルタナティブ・ジャスティスは操作的概念であり——とくに〈オルタナティブ〉はつねに状況的に定位される（本書9章〔馬場論文〕参照）——それこそ個々の具体的コンテクストに立ちかえる過程で、批判精神に満ちた新しい思考を触発することができればよいのではないだろうか。

じっさい、最近では、民事と刑事の境界をこえて民事司法における ADR と刑事司法における修復的司法の間の思想上あるいは理論・方法論上の共通項を検討する論考（前原 2006）、ADR の思想的・歴史的背景における刑事司法との接点に言及する論考（久保 2009）、さらには、真実委員会における修復的司法アプローチの適用可能性を検討する論考（本書3章〔パーメンティア論文〕）もある。

法学者の紛争研究は、「対争のうち言語上のもの」ないしは「具体的な対争を意図的に加工・変形して得られる、抽象的な対争形態の一つである」争論（dispute）を分析するものであり、対争（contention）や混争（distrubance）を含めた包括概念としての紛争（conflict）[15] を対象にするものではなかった（千葉 1980: 47）。だが、紛争（コンフリクト）がほんらい有する多元性を重視しつつ討議の場を共有するには、本書でしめすような領域横断的なオルタナティブ・ジャスティス研究が必要になるはずである。

---

[14] だが、そもそも「民刑峻別」の再考を迫る点において修復的司法が注目されているといえる側面もある（前野 2005: 14-16; 本書2章〔河村論文〕参照）。

[15]「対争」とは「現象的には二対立当事者間に生ずる意識的な攻撃防御を広く意味するので、たとえば、個人間の組打ち・なぐりあい・喧嘩・格闘・決闘などや、集団間の衝突・闘争・戦闘・戦争・会戦などの身体的物理的な紛争のほか、口論・論争・争論・口喧嘩などなどの言語上の紛争、および、不和・あつれき・葛藤・抗争・対立・敵対などの心理的な紛争のすべてを含み、不作為によるものにも及ぶ」（千葉 1980: 46）。「混争」とは「現象的には、集団秩序に生ずる混乱を指すもので、通例、無秩序・騒動・騒乱・動乱・暴動・一揆などのものから、不安定・動揺・パニック状態・アノミーのようなものまでを含む」（千葉 1980: 48）。対争が二当事者間の対立であり個人としての問題にとどまるのに対して、混争は当事者の数がきわめて多数におよぶため社会一般に及ぶ問題となる点が異なる（千葉 1980: 48）。

3　本書の内容

　本書は、大阪大学グローバル COE プログラム「コンフリクトの人文学国際研究教育拠点」における研究プロジェクト「オルタナティブ・ジャスティスの世界的動向に関する共同研究」の成果である。このプロジェクトでは、編者が大阪大学人間科学研究科に勤務した 2007 年 10 月から 2009 年 9 月までの 2 年間、およそ 2 ヶ月にいちどのペースで研究会を実施するとともに、オルタナティブ・ジャスティス研究のための国際研究ネットワークの構築にとりくんだ（石田・河村 2009; 2010; 石田ほか 2010; 河村 2009; 高野 2009）。また、このプロジェクトは、国立民族学博物館を拠点に 2008 年 9 月から 2010 年 8 月にかけて実施した研究プロジェクト「アジア・アフリカ諸国における裁判外紛争処理の再編が旧来の多元的法体制に与える影響についての共同研究」とも連携してきた（石田 2010）。本書所収の諸論文は、それら大阪大学と国立民族学博物館を拠点とするふたつの研究会での研究発表と討論を経てとりまとめたものである。

　この共同研究は、オルタナティブ・ジャスティスという全く新しい概念を活用して、人類学と法学のふたつの研究分野を横断するコンフリクト研究を構築することを目指した。そして、わたしたちのオルタナティブ・ジャスティス研究は、裁判制度にたいするオルタナティブ・アプローチの世界的拡大について、具体的事例に注目するところから研究を開始した点に最大の特徴がある。したがって、以下で各章の内容を簡潔に紹介するとおり、裁判制度に対するオルタナティブとは何かという問題意識を共有しつつ、それぞれの事例研究からはじめてオルタナティブ・ジャスティスとは何かを議論する内容になっている[16]。

I部　オルタナティブ・ジャスティスの実践

テクニック化する裁判外紛争処理と法の正義のゆくえ（山田論文）

　紛争当事者間の社会的格差が大きい場合、あるいは法人と個人とが争う場合に、裁判外紛争処理をつうじた正義の実現はいかにして可能となるか。山田論文は、このような問題意識から、カナダとハワイにおけるふたつのバイオ特許紛争事例——社会文化的弱者の「権利」保護における公共の利益と社会的正義の確保がじっさいに問われた紛争事例——を比較し、それらに対する裁判外紛争処理の方法論的妥当性と課題を批判的に考察する。

　第一の事例は、菜種遺伝子の使用をめぐって、遺伝子組み換え種子を開発したカナダのバイオ企業（モンサント社）と、購入契約をせずにそれを「使用」した農場主（シュマイザー）とが争ったものである。カナダ連邦最高裁判所の判決では、モンサント社の特許権を侵害したとしてシュマイザー側の敗訴となったが、企業側が求めた遺伝子組み換え種子の使用料と訴訟費用の支払い請求は認められなかった。山田は、モンサント社が当初は裁判外での和解を打診していたにもかかわらず、シュマイザーがあえて訴訟による解決を選択したことに注目する。モンサント社が和解に訴えようとしたのは、特

16）本書でしめされる知見をふまえつつオルタナティブ・ジャスティス研究の可能性をさらに広げていくならば、本書でとりあげるもののほかにも、数多くのとりくむべきテーマやトピックがあるはずである。たとえば、民間人の自警行為（ヴィジランティズム）についての民族誌（Gordon 2004）、汚職（コラプション）の人類学的研究（Haller and Shore 2005）、日本のヤクザ法文化の分析（角田 1997）など、いずれもオルタナティブ・ジャスティス研究に接合可能なテーマだとおもわれる。法人類学は経験的な紛争事例分析を方法論上重視してきた一方で、がまんや沈黙をもふくめた紛争回避のメカニズムについての実証研究（たとえば宮本 1986; Greenhouse 1986）はあまり実践されてこなかった。だが、そのような意味での紛争回避メカニズムもまた、オルタナティブ・ジャスティス研究における重要なテーマとなるはずである。さらには、こんにち応報的司法に対するオルタナティブとして修復的司法がとくに着目されているが、法人類学の古典的なサンクション研究においては、否定的サンクションに対する肯定的サンクションについて考察する必要性が指摘された（千葉 1973; 馬場 2006）。そうした観点からのオルタナティブ・ジャスティス研究も重要である。

許登録によって得られる経済的利益を確保しつつ、訴訟にすすむことによる企業イメージの低下を避けるためだった。しかし、企業に対峙する一個人としてのシュマイザーが、その関係性における社会的弱者として正義を模索するなかで、あえて訴訟による解決を選択したことで、結果的にはモンサント社の利益確保の目論見が公の場で退けられることになった。つまり、この事例では、裁判における大企業の（個人に対する）優位、あるいは裁判外紛争処理における社会的弱者のエンパワメントといった紋切り型の理解はあてはまらないのである。

　第二の事例は、ハワイ大学によるタロイモ特許品種の特許化をめぐって、先住民が異議申立てを行い、結果的にハワイ大学が特許権を破棄したものである。これは上記シュマイザー事件と同様にバイオ特許紛争事例のひとつだが、その解決策は裁判外での当事者間の交渉に委ねられた。ハワイ大学側は、品種改良のなかで開発した3種類のタロイモ交配種について、自らの特許権の取得により企業による営利目的での特許取得を防ぐことができると主張した。他方、それに対する異議申立ては、先住ハワイアンにとって特別な文化的価値を有するタロイモを外部者——それが大学という公的研究機関であれ——が所有しようとすべきではないとする立場によるものだった。では、異議申立てを受けたハワイ大学がタロイモ交配種の特許権を破棄したことで、はたして社会的正義は実現されたのだろうか。この点について、山田は慎重な検証が必要だと述べる。この紛争を通じて、大学の公共性が問い直され、先住ハワイアンの文化的権利が注目されたことは事実である。だが、その一方で、紛争の法的論点が回避され、結果的にはその根本的解決が「今後見込まれるバイオ特許紛争に委託されてしまった」可能性があることを批判する。

伝統的刑事和解の実践と修復的司法（河村論文）

　謝罪と賠償の手法による被害者と加害者とのあいだの関係修復を重視し、かつそこにいたる過程として被害者と加害者との直接対話を重視する、いわゆる修復的司法が法学者のあいだで関心をあつめている。そうした現代の修

復的司法は、東アジア諸国の刑事司法システムにたいして、どのような点で新しい思想や方法を提供しうるのだろうか。

河村論文は、懲罰的な刑事司法からの脱却あるいはパラダイム転換とも位置づけられる現代の修復的司法と、東アジア諸国の伝統的刑事和解の実践とのあいだの共通点と相違点について、法人類学による研究の必要性を強調する。具体的に日本固有の「示談」という和解実践が現代の修復的司法となんらかの関係を有するのか、「被疑者の自白・改悛・赦し」という刑事司法をめぐる特徴が現代の修復的司法とどう関連するのかを検討することは文化論的に興味深いと指摘する。

中国では「私了」とよばれる裁判外の刑事和解が伝統的におこなわれている。河村論文では、刑事事件として公訴が提起された時点ですでに「私了」が行われていることが多く、ある地域の調査においては、傷害事件・強姦事件・窃盗事件ではそのうちの 80 パーセントをしめるとする。また、現代中国では、このような伝統的実践とはべつに、諸外国における修復的司法の議論をうけての刑事和解制度が試験的に導入されている。この新たに導入された制度と上述の伝統的刑事和解の実践である「私了」とではどのような点に違いがあるのか。湖南省の被害者・加害者プログラム（2006 年に半年間試行された）では、加害者が過ちを認めて被害者に謝罪し、両者のあいだでの刑事和解協議書等に合意するなどの諸条件が重視された。伝統的な「私了」の手続きでは、非公式の取引にゆだねるために被害者の泣き寝入りに結果することがあったが、新たに導入された修復的司法プログラムでは、そうした問題を生じさせないためのしくみがとられており、その点が「私了」と決定的に異にする。

中国では、以上のような伝統的刑事和解の実践とは別に、公式の刑事司法システムのなかにも修復的司法の特徴をそなえた制度が存在する。国家訴追主義をとるわが国とは違って、中国では被害者自らが裁判所に刑事の訴え（自訴）をおこすことが認められている。この自訴制度は、被害者の刑事司法への関与を保障することに加えて、加害者の更生・社会復帰を目的としたものでもある。裁判所は、自訴の審理にあたって積極的に調停をおこなうも

のとされ、たとえば1998年の河南省開封市における調査では自訴をした被害者の70パーセントは加害者と和解して訴えを撤回していたことが示されている。また、犯罪被害者には、物的損害に対する損害賠償を請求するために、刑事手続において附帯民事訴訟を提起する権利がある。自訴制度及び附帯民事訴訟制度については、「紛争の平和的解決、社会関係の修復を実現することを価値目標とする」点で修復的司法と共通するとの見解もあり（陳瑞華・北京大学教授）、じっさい被害者と加害者を当事者と位置づけ、かつ被害者のニーズと権利を重視する点でも共通点を認めることができる。

　河村論文は、以上のように中国を手がかりとして東アジアの刑事和解と修復的司法について比較法的見地から詳説したうえで、それが実践される社会の固有の文化的・歴史的文脈をふまえてそれらの実践を分析する必要がある点に注意を喚起している。そうした文脈を度外視した修復的司法の理念論のみでは修復的司法の概念の拡散を招き、結果的に議論が錯綜してしまうからである。

政治犯罪に修復的司法は可能か——南アフリカの教訓（パーメンティア論文）

　修復的司法は、おもに少年犯罪や軽微な犯罪を対象とする犯罪の解決方法として発達してきた歴史的経緯がある。はたして、修復的司法は、甚大な人権侵害をともなう大規模な集団暴力犯罪や政治犯罪に対する解決においても有効なのだろうか。

　2002年に国際刑事裁判所ローマ規定が発効し、国際犯罪としての政治犯罪や集団暴力——集団殺害犯罪（ジェノサイド）、人道に対する犯罪、戦争犯罪——を解決するための新しい国際的枠組みが整備された。国際刑事裁判所は、深刻な人権侵害をともなう重大犯罪について締約国が捜査と刑事訴追をする意思と能力がない場合に管轄権を行使するという点で、従来の国家レベルの刑事司法制度に対する補完的役割を担う。この新しい国際的枠組みは、犯罪者の訴追・処罰を主軸とする応報的司法を基礎とする点では、刑事司法における従来の支配的アプローチによるものである。これに対して、真実委員会は、刑事訴追という応報的アプローチを補完するアプローチとして

の修復的司法を、政治犯罪や集団暴力の解決において実践しようとする新しい試みである。

パーメンティア論文がとくに注目する南アフリカの真実委員会は、1995年に設置された。真実委員会は、2年余りの期間をかけて南アフリカ国内各地で公聴会を開催した。委員会は、被害者に対して被害の陳述を呼びかけ、陳述書を集めたり公聴会での証言を求めたりした。また、加害者に対して人権侵害の事実を明らかにした場合は特赦を与えるなど、真実解明のための独自のとりくみもなされた。1998年に真実和解委員会が提出した報告書において、アパルトヘイト政策を「人道に対する罪」にあたると位置づけるとともに、政府に対して（1）同様の人権侵害の再発を防止するための政府組織の改革、（2）特赦されなかった加害者のうち、証拠の明白な者に対する刑事訴追、（3）経済的格差是正のためのとりくみ、（4）被害者に対する賠償などを勧告した。南アフリカにおける真実和解委員会のとりくみは、中南米諸国やアフリカ諸国における真実委員会設立の理念や制度的枠組にも大きな影響を与えている。

パーメンティア論文は、D・ロシュが指摘した修復的司法の4つの原則（人格主義、賠償、再統合、参加）を基準に、南アフリカの真実委員会がそれぞれの原則をどの程度実現することができたかを検討する。本論文では、それぞれの原則について南アフリカ真実委員会が実現しえなかった事柄――たとえばアパルトヘイトの受益者たちにアカウンタビリティを求め、加害者の再統合を実現することには数多くの課題が残った――が明らかにされており、他所での将来の実践にむけた教訓として提示されている。パーメンティアは、応報的司法から修復的司法へと「レンズを替える」可能性について議論しつつ、「異なるレンズは、それぞれが代替物ではなく補完物」であると述べている。すなわち、国際犯罪としての政治犯罪や集団暴力を解決する枠組みとして、ふたつのメカニズムは相互補完的な性格を持つものであり、たとえばアカウンタビリティの重視（犯罪者が責任を負うこと）は犯罪者の更生保護（彼らを社会に統合すること）と連動するものでなければならない。

ケニア中央高地における兄弟分の役割──当事者対抗にかわる紛争処理はいかに補強されるか（石田論文）

　オルタナティブ・ジャスティス思想の歴史的背景に関連して、アジア・アフリカのローカルな紛争処理に関する民族誌がアメリカにおける初期のADR構想に多大な影響を与えたといわれている。非公式な紛争処理の実態を経験的に記述したことにくわえて、紛争処理のアプローチそのものの性質において裁判にはない方法上の可能性を明らかにしたことで、オルタナティブ・ジャスティスの可能性を広げることに寄与したためだろう。

　石田は、ケニア中央高地ニャンベネ地方の農村における伝統的な紛争処理を民族誌的に記述する。ニャンベネ地方では、裁判所のほかに非公式の長老裁判が営まれており、どちらにおいても対立する当事者どうしが意見をぶつけあい、第三者が裁定する裁判型の紛争処理がおこなわれている。第三者の最終的な判断が両当事者にとって納得できるものであればよい。しかし、納得できない場合にはどうするのか。ニャンベネ地方には、そうした場合の手段として、当事者対抗的な紛争処理にかわるオルタナティブな方法としての無罪宣誓がある。石田論文は、ムーマとよばれるその方法がいかなるものであり、その実効性がどのように補強されているのかを具体的な事例記述をつうじて明らかにしている。

　2005年8月、村のある老女に、近所に住む少女を呪い殺そうとしたという疑いがかけられた。少女は、数ヶ月前から学校や家庭で突然気を失うことが多くなり、診療所や病院に通ってもなおらなかった。それを心配した父親が詮索したところ、少女は、老女の指図で不可解な儀式に巻き込まれたことを語った。いったいどんな儀式を行ったのか。問いつめられた老女は、それがキエンゲレという、乳幼児の体調不良を治す古来の治療方法だとこたえた。老女がいうところのキエンゲレは、確かにかつて使われていた治療法だったが、少女もその父親もキエンゲレが何かを理解できなかった。しかも、老女の息子の一人がかつて病死した際に、老女によって呪い殺されたのだとする噂がささやかれたことがあったことをも想起して、父親はますます疑いを強め、近隣住民も巻き込んで恐怖心が膨張した。村の長老たちは、老

女に無罪宣誓させることにきめた。

村の長老たちの手引きにより、老女は誰も呪い殺そうとしていないと宣誓し、彼女の義兄弟（ムイシアロ）が噛みくだいた一切れの山羊肉を飲みこんだ。この一切れの山羊肉には、義兄弟の唾液がしみこんでいる。ニャンベネ地方では義兄弟は相互に特別な力を持つ関係であり、もし宣誓で嘘をつくと、この唾液が、嘘つき本人そしてその家族に、将来いつか恐ろしい災厄をもたらす。ムーマとよばれるこの方法は、いわゆる詐欺や盗難の疑いや、言った言わないをめぐるトラブルへの対処法としても頻繁に利用されている。

石田は、もう一つの事例記述をつうじて、ニャンベネ地方の農村におけるムーマを補強する義兄弟の力が、以上のような無罪宣誓とは別の文脈においても、当事者対抗にかわる紛争処理のためにもちいられることを明らかにしている。

II部　オルタナティブな〈法〉の創造

環境正義と知的財産権──ペルーにおける地域に根ざした法の創造
（イトゥアルテ＝リマ論文）

オルタナティブ・ジャスティス研究の論点を、非公式法・司法──いわゆる生ける法や民間の紛争処理など──の分析にとどめずに公式法の分析に敷衍するとしたら、どのような方法が可能だろうか。イトゥアルテ＝リマは、ペルー共和国法律第27811号（生物資源に関する先住民共有の知識を保護する制度を導入する法律）の事例をてがかりに、国家法の条文や知的財産権をめぐる法的カテゴリーの分析においても、オルタナティブ・ジャスティス研究の視点を応用することができると指摘する。

ペルー共和国法律第27811号は、生物資源に関する共有の知識を尊重し、保護すること、それを利用する場合には先住民の同意をとること、共有の知識の利用から生じる利益の公正かつ公平な配分を促すことなどを目的として、2002年に導入された法律である。この法律によって認められた知的財

産権は、欧米諸国の伝統的な知的財産権概念ともペルー国内の先住民の所有観念とも異なる独自の内容をもち、またじっさいの運用形態においても両者と異なっている。イトゥアルテ＝リマは、この点に着目して、法律第27811号が *sui generis* の知的財産権概念をうみだすきっかけになった重要な法律だと指摘する。*sui generis* とは〈それじたいに特有の〉という意味のラテン語であり、従来から法律用語として通用する概念である。だが、こんにち先住民の伝統的知識の保護を目的とする「オルタナティブなシステム」についていう場合に、これが *sui generis* システムとして国際的に認知されるようにもなっているという。

　イトゥアルテ＝リマによると、従来の研究では、西洋については個人を知的財産権の保持者とみなし、非西洋のとくに先住民の社会については集団を保持者とみなして二極化する傾向が強かった。だが、法律第27811号は、そのような二元論を排し、さまざまな個人と集団を権利の保持者と認めており、その点で個人と集団とのあいだの連続性が確保されている。そのことは、たとえば条文のなかで「先住民」の概念がたいへん広義に定義されていることに現れており、じっさいの法運用のプロセスのなかから導かれる新しい解釈に開かれている部分もある。イトゥアルテ＝リマは、この点にも法律第27811号の *sui generis* 性が示されていると指摘する。

　オルタナティブ・ジャスティス研究では、これまで周辺化されてきたさまざまな法と紛争処理のアプローチが新たに承認される現場ばかりを注視してしまうと、中心を占める公式法運用のプロセスにおけるオルタナティブ・ジャスティスの実現可能性を見落としてしまう危険性がある。イトゥアルテ＝リマが本論文の結論において指摘しているとおり、地域固有の規範体系が文化的・歴史的に形成されているのと同様に「西洋法」や「公式法」もつねに変化する性質をそなえている。そして、ペルー共和国法律第27811号は、多数のアクターが交渉するプロセスのなかで、オルタナティブな環境正義の拠点を提供する可能性さえ展望しうるのである。

ADR「過渡期」における紛争解決の方法——調停における弁護士の役割（荒井論文）

　こんにちのオルタナティブ・ジャスティスの世界的動向は、日本国内における近年の司法制度改革のなかにも見いだすことができる。2007年4月には「裁判外紛争解決手続の利用の促進に関する法律」（いわゆるADR法）が施行され、従来型の訴訟に対する代替的な紛争解決手段として、さまざまな「民間型ADR」がうまれている。現代日本の司法はこのような意味で過渡期にある。荒井は、自身の経験をふまえて、紛争解決手続の多様化時代において弁護士がはたすべき役割とはなにかを考察する。

　こんにちの新しい民間型ADRについて「弁護士協働型をとる必然性はない」とする論調が一部に見られるが、荒井はそうした主張を慎重に退ける。弁護士は「法的問題をかぎ分けるセンス（法的な素養）と最低限の知識を駆使して、事案を分析し、必要な法条文や判例にアクセス」する。個々の事件に適した手続きを選択し、当事者が納得できる紛争解決を実現するには、弁護士が持つそうした「かぎ分ける」センスと能力が不可欠である。その点は、従来型の訴訟にかぎらず、民間型ADRについても司法型ADRとしての調停についてもいえることである。

　日本における司法型ADRとしての調停は、こんにちのオルタナティブ・ジャスティスの世界的拡大にともなって導入されたものではなく、80年をこえる長い歴史をもつ。荒井は、本論文のなかでいくつかの事例を紹介し、それぞれにおける弁護士のじっさいの役割を考察する。一つめの事例は、表面上は隣人からの土地の買取請求をめぐる調停事案である。一方の当事者が隣人の土地の買取を提案したのは、感情的にこじれた両者間のトラブルを「根本的」に解消するためには、買取というかたちで転居を促すことにより隣人関係を解消するほかなかったためである。ここでの代理人弁護士には、買取請求というかたちでの調停申立てを設定し、じっさいの行動に移すところからはじめて、隣人関係の消去という「根本的」な問題解決へと根気づよく迫っていく技術が求められている。二つめの事例は、別居がつづいたまま離婚にむけた話し合いが進展しないままにある離婚調停の事案である。一方

の当事者である妻は「(夫の不貞行為について) 本当のことを話してくれれば、離婚に応じます」と繰り返すが、解決させないことで夫を苦しめようとしているためか、夫側のあらゆる説明や釈明を真実として受け入れようとせず、話し合いはまったく進展しない。一つめの事例と同様に、人間関係を解消するための離婚調停でも、当事者たちが不幸な関係から脱出しようとする過程で、「善と悪の線引きが溶解する瞬間が到来する可能性」があり、そこに「許しへの第一歩」があるのではないか。そして、弁護士はそうした瞬間を見逃してはならないと荒井は述べている。このような意味で、調停においては、当事者にいかに語らせるか、そして当事者の声にいかに耳を傾けるかという点での調停技法が求められているのであり、紛争解決実務の専門家であり、かつ調停業務について長年の経験を有する弁護士の役割はそこにおいてきわめて重要である。

インドネシアの司法改革における法とそのオルタナティブ——ADR法成立後のメダン地方裁判所における紛争処理 (高野論文)

オルタナティブ・ジャスティスの世界的動向において、アジア・アフリカ諸国の地域社会に根づいた固有法や慣習法を、国家の制定法や宗主国からの移植法に対するオルタナティブとみなして再評価しようとする語り口が現れることがある。高野によると、インドネシアでは「伝統的ADR」としてのアダット (慣習法) を積極的に活用すべきだとする声がある。だが、経験的に観察してみると、じっさいの紛争処理の現場でアダットが活用されることはあまりなく、紛争処理において果たしうる具体的な役割はほとんど何もないかのようにみえてしまう。

インドネシアでは、1999年にADR法 (仲裁および裁判外紛争処理に関する1999年第30号法律) が制定され、一見するとADRの公的な導入がすすんでいる。高野によれば、インドネシアのADRは、企業間の紛争を効率的に仲裁する制度を改善することで外国企業による投資環境を整備する試み、あるいは地方裁判所に訴訟を提起した当事者に対して調停や和解による紛争処理を促す試みなどとして動き始めてはいる。だが、そうしたADRでは、

アダットは紛争処理の規範としては働いていない。ADR 導入過程では、上述のようにアダットによる紛争解決や「伝統的 ADR」を再評価しようとする意見が各方面から提起されているけれども、それらはあくまでも理念に留まっている。

　高野によると、多民族国家インドネシアでは、民族集団ごとのアダットを公式法として承認することは、国家を民族集団別に分割する危険性があり、国民統合の障害となるとみなされてきた。そのため、地域ごとに多様なアダットは、民具や民俗芸術などの展示可能な物質文化あるいは有用な観光資源としては積極的に評価され、活用されてきたけれども、土地所有権をふくむ諸々の権利義務を律する公式法としては承認されてこなかった。このように、アダットには、脱政治化され、司法の現場から排除されてきた歴史的経緯がある。

　では、ADR 導入により、地方裁判所における調停や和解による紛争処理の件数はじっさいに増えたのだろうか。結論からいえば、統計上の和解・調停の成立件数に目立った増加は見られない。メダン地裁の裁判官たちは、判決よりも調停をなるべく優先するよう最高裁から促されているけれども——紛争当事者が和解ではなくあくまでも判決を求めていると理解（誤解）しつつ——裁判所における ADR の活用については懐疑的な立場をとる。

　高野によれば、メダン地裁の当事者たちは、じつは裁判官による判決そのものを望んでいるわけではなく、「裁判というプロセスに付随する正当性の感覚」を求めている。じっさい民事訴訟件数全体のうち判決までにいたる事件は一部に留まっており、「取下げ」や「不明」が多数をしめる。これらの未決事件について高野が注目するのは、いわば裁判所における裁判外の交渉である。ここでの「取下げ」や「未決」は、それじたいが判決に対するオルタナティブでありながら、裁判と不可分の関係にあるという点が特徴である。要するに、ADR 導入による和解や調停の成立件数は増加していないかもしれないが、統計上の数値に表れないところで、オルタナティブな紛争処理の可能性が確保されているのである。

Ⅲ部　オルタナティブな〈社会〉へ

呼応するオルタナティブ——ケニアにおける平和事業とメノナイトの合流（石田論文）

　こんにちのオルタナティブ・ジャスティスの世界的動向には、メノナイトの平和主義が各所で顔を出している。その具体例には、修復的司法ならびに紛争転換の理論と実践においてメノナイトの知識人が提唱者として認知されていること、メノナイト調停サービスがSFCBとならんでアメリカにおけるコミュニティ・ジャスティスの先駆的試みのひとつとして知られていること、メノナイト中央委員会がアジア・アフリカ諸国で独自の平和事業を展開していることなどが含まれる。

　メノナイト・ケニアの主な活動は、乾燥地への水供給や災害被災地への食糧支援、教育支援、エイズ対策をはじめとする開発援助事業である。そして、事業全体のなかでメノナイトとしての特徴が最も現れているのが、本論文で述べる一連の平和事業への支援である。メノナイト・ケニアが支援する平和事業は、1994年に着手した牧畜民コミュニティ開発プログラムに端を発する。当初は、牧畜民を対象にした援助事業だった。後にコミュニティ平和博物館プログラムへと名称を変更するとともに、農耕民にも事業対象を拡大し、2000年には31の民族を対象とするようになった。2000年当時、35人のフィールド・アシスタントが、地域・民族ごとに多様な「平和文化」の記録と教材化を進め、これを各地に設置した「平和博物館」で展示するとともに、小中学校での平和教育に活用し始めていた。また、2000年7月には、マウマウ闘争（ケニア独立闘争）期に発生した虐殺事件の現場に、ギクユ社会で「平和」を象徴する木を植樹する追悼行事を催した。メノナイト中央委員会のワークブック2000年度版には、平和事業をメノナイト・ケニアの重点課題のひとつとする方針が示されている。

　石田論文は、以上のような意味での両者の関係を模索するけれども、メノナイトの平和主義が、一貫性のあるかたちでオルタナティブ・ジャスティス

の世界的動向のなかに反映されているとは考えない。あるいは、メノナイトが、何か具体的な制度的実体を提示したり、独自の教義を広めたりすることで、オルタナティブ・ジャスティスの世界的動向に寄与しているとも捉えない（その点を完全に否定することはできないけれども）。むしろ、現状批判としてのオルタナティブ・ジャスティスが自由な想像力や構想力を解き放ち、その一方で従来の公式法・司法体制のなかで周辺化されていた紛争解決・和解・平和構築のさまざまなアプローチが新たに多数のオーディエンスを得て公認されるようになったことで、結果的にオルタナティブ・ジャスティスとメノナイトとの接点や親和性が積極的に評価されるようになったのだと考える。石田は、両者の接点を〈布教〉ではなく〈合流〉によるものだととらえている。

　石田は、以上の問題関心から、メノナイト知識人が発信する考え方、メノナイト団体がグローバルに展開する活動に注目しつつ、オルタナティブ・ジャスティスをめぐるさまざまな実践や思想が、どのような社会的文脈で、いかにして発信され、公認され、受容されているのかを考察する。

パプアニューギニアにおけるオルタナティブ・ジャスティスの生成――ブーゲンヴィル紛争の修復的プロセスを事例に（馬場論文）

　馬場は「修復的司法だからオルタナティブ・ジャスティスだ」という単純な議論を明確に退ける。具体的な文脈を度外視してオルタナティブ・ジャスティスの概念的本質を――たとえば修復的司法として――見定めてしまうと、この概念にほんらい備わる批判的含意が失われてしまうからである。馬場論文は、オルタナティブ・ジャスティスへの構築主義的な視点を強調し、既存の修復的司法論やADR論の単なる延長線上においてではなく、現状批判型あるいは未来志向型の交渉のなかで立ち現れてくる新しいジャスティスの生成過程に焦点をあてる。

　西太平洋のブーゲンヴィル島では、パプアニューギニアからの分離独立の是非をめぐる対立が武力衝突に発展し、1988年から1990年代後半まで戦争状態に陥った。このブーゲンヴィル紛争は、独立派を代表する暫定政府なら

びにその軍事組織（BRA、ブーゲンヴィル革命軍）と、パプアニューギニア政府軍とのあいだの軍事衝突にとどまらず、独立賛成派住民と反対派住民との間の対立をも伴った。パプアニューギニアの北ソロモン州にとどまることを主張する独立反対派住民は、別の軍事組織（BRF、ブーゲンヴィル抵抗軍）を組織してパプアニューギニア政府軍と共闘した。紛争下のブーゲンヴィル島では、そうした組織的戦闘のみならず、戦乱に乗じたさまざまな犯罪活動が地元住民のくらしを破壊した。

　馬場論文が紹介するメラネシア・ピース財団は、1994年からブーゲンヴィル島での平和事業を継続しており、その活動は修復的司法の実践例として国際的にひろく認知されている――たとえば「ブーゲンヴィル調停モデル」として修復的司法の専門研究者のあいだで認知されているほか、2007年にはキリスト教団体のプリゾン・フェローシップを設立母体とする「正義と和解センター」から国際修復的司法賞を授与されている。

　馬場は、ピース財団による平和事業の一部として行われた、被害者・加害者間での草の根レベルでの調停と和解の「成功例」を分析する。そして、そのプロセスのなかに、ピース財団独自の手法と地域固有の手法とがともに含まれていることを明らかにする。すなわち、加害者に被害者への賠償の支払いを求めるという方法が端から排除されたのは、賠償の支払いは和解の妨げになると考えるピース財団の方針を反映したものだった。他方で、最終段階でとりおこなわれた和解儀礼のなかでの人々のふるまいは、地元住民の慣習的な行いから自然に繰り出されたものだった。馬場は、多様な方法が組み合わされていく一連のプロセスを異種混淆的現象として理解する見方を示したうえで、そのようにして営まれる新しいジャスティスのありかたについて語ることが、オルタナティブ・ジャスティス研究の要諦だと述べる――オルタナティブ・ジャスティスは「絶えず現状を乗り越える想像／創造的営為の産物であり、終わりなき生成の流れのなかにある」。

　ピース財団による平和事業は、紛争後の被害者・加害者和解を求めたことで、上述のとおり修復的司法の実践例として国際的に認知されるようになった。ではなぜ賠償や報復あるいは裁判ではなく、そもそも和解が追求された

のか。馬場によれば、和解がジャスティス実現の方法として特権化されたのは、ブーゲンヴィル紛争の過程で分断され、破壊された社会全体の修復という地域住民の要請にもとづくものである。このようなコンテクストにおいてこそ、和解を模索するピース財団の方針が草の根レベルで受容されたのである。

義のない風景──ベトナムの文学作品にみる法と社会の外がわ（加藤論文）

こんにちのオルタナティブ・ジャスティスの世界的動向は、法と社会をめぐる既存の体制に対抗しようとする過程で、かえって自らを体制化してしまっているのではないか。加藤は、このような問題意識から、裁判外紛争処理論にしばしば認められる社会関係志向の言説を批判しつつ、ベトナムの和解組で重視される「義」の行動規範が、紛争当事者を「助け合い」の関係性のなかに拘束してしまう可能性を指摘する。

コミュニティ・ジャスティスや、修復的司法、真実委員会の試みではとくにそうだが、オルタナティブ・ジャスティスの理論と実践では、当事者にとって納得のいく紛争処理を実現するために、当事者間の人間関係の回復や活性化を有効な手段になるとみなしたり、人間関係の回復じたいを紛争処理の目的とみなしたりすることが多い。加藤は、このような社会関係志向を根本的に問いなおす。すなわち、関係志向の理念は、制度化されてしまうと「社会関係のなかで生きることを避けがたい現実であるかのように人々に信じさせるイデオロギー装置」として作動するのではないか。「修復すべき社会があたかもそこにあるかのようにふるまうことで、そこに実際に社会を生じさせる」という仕掛けがはたらき、人々をある特定の社会関係のなかに拘束してしまうのではないか。加藤によれば、このような批判的視点はこれまでのADR研究のなかでも示されてきたが、議論が十分につくされていない。ADRをつうじた関係切断の可能性を考えようとした法社会学者でさえ、それを円滑にすすめるための「関係的了解」がいかに可能かを検討しようとするのである。

加藤によると、ベトナムにおける「義」の概念は、公共の正義を実現すべ

くはたらく「おせっかい」のモラルと重なる部分があり、また特定の人間関係のなかで育まれる扶助のモラルと重なる部分もある。そうした行動規範としての「義」の概念は、農村部の和解組における紛争処理の現場で人びとがもっとも重視するファクターのひとつである。ベトナム政府もまた、和解組における「助けあい」を重視する方針を公式見解のなかで表明している。加藤は、これをふまえて次のような問題提起をする。和解組におけるこのような「義」の規範のために、結果的に、関係切断に対する願望よりも関係維持に対する願望を優先させたり、被害者に忍従を強いたりしてしまうのではないか。そのためか、ベトナムではじっさい離婚率が低く、村落部での離婚率は 2.4 パーセントにとどまっている。

　加藤は、オルタナティブ・ジャスティスの制度化について、「同一性を基盤とする共同体主義、リベラルな個人主義、ソシアルな関係主義の三つの要素のバランスのもとでの制度設計をめざしていくしかない」と述べる。だが、それと同時に「その制度は社会関係から逃避する自由を制度化できない可能性として保持しておくべき」だと付け加える。では、社会関係そのものからの逃避とはいかに可能なのか。加藤は、このような問題提起のうえに、ベトナムの作家ズオン・トゥー・フオンの小説『虚構の楽園』を手がかりに、ベトナムにおける「義のない風景」の一例を描き出している。

紛争処理の原初形態——現代におけるコミュニティ・ジャスティスの可能性（久保論文）

　紛争予防はどのような社会的条件において実現可能となるのか。これまでの紛争処理研究は、すでに発生した紛争の事後的処理を分析対象とみなし、予防的処理についての経験的研究にほとんど取り組んでこなかった。久保論文は、大阪府 J 市 N 町の住民たちが紛争の予防的処理にとりくんだ事例に注目し、生活環境を維持するためのとりくみをつうじて地域のコミュニティ意識が育まれていく過程を記述している。紛争予防につながる当事者間の相互理解を、コミュニティ形成につながる近所づきあいのなかで追求しようとした点で、この事例はコミュニティ・ジャスティスの実践例だといえる。

久保が記述するJ市N町の事例は、2004年に建設計画があきらかになった4階建ての介護付き有料老人ホームをめぐる、建築主側と近隣住民側とのあいだの交渉と合意である。当初、建築主側はJ市の指導要綱にしたがって住宅地における中高層建築物の建築計画についてのお知らせ板を設置したうえで住民説明会を実施した。だが、この措置によっては近隣住民の理解をえることはできず、むしろ両者は激しく対立した。近隣住民のO氏は、住民集会を組織して住民側の要望をとりまとめ、建築主（N町に代々住み続けてきた地主層のひとり）・老人ホーム運営会社・建設会社それぞれを相手に「契約書」3通を交わして、生活環境の保全を約束させることにした。建築主・関係業者側は、信頼関係を育むことを重視して、O氏をはじめとする住民側の要望を受け入れた。その後、老人ホームの建設は円滑にすすみ、すでにその運営がはじまっている。近隣住民は、建築主・関係業者側と「道で顔をあわせても、今ではお互い気軽にあいさつできるようになった」という。

　久保は、N町の老人ホーム建設をめぐる近隣住民側と建築主・関係業者側とのあいだの契約書作成が紛争予防にはたした役割にくわえて、契約書作成のプロセスをつうじてO氏を中心とする近隣住民のあいだで新しい親睦関係が生まれたことに注目する。この事例のなかで育まれるコミュニティは、老人ホームの建設計画が突如しめされたことを直接のきっかけとして生まれたものだが、そのきっかけを得るまえからO氏自身はそうした住民交流を広げたいと願っていたらしい。

　N町の事例は、コミュニティ・ジャスティスの試みとして世界的に有名なアメリカのサンフランシスコ・コミュニティ・ボード（SFCB）のような紛争処理のための制度化された枠組みではない。むしろ「たまたま対処すべき事態が生じたために、O氏を中心として草の根の住民運動が立ち上げられ、アド・ホックに取り組まれた紛争処理」だった。そのようなかたちでの「原初的」なコミュニティ・ジャスティスはいかに実現可能となったか。久保は、このような住民運動の組織化──住民集会の開催など──におけるO氏のリーダーシップに注目する。すなわち「住民のなかから出てきたリーダーの活躍によって、法律家（リーガル・サービスの専門家）や行政（官僚

制組織）に頼ることなく、素人の手による草の根のコミュニティ・ジャスティスが可能になっていた」のである。

(参照文献)

阿部利洋
 2007 『紛争後社会と向き合う――南アフリカ真実和解委員会』京都大学学術出版会。

石田慎一郎
 2007 「ADRとメノナイト――アジア・アフリカにおける多元的法体制の新しい展開」『法律時報』79 (12): 120-126。
 2010 「オルタナティブ・ジャスティス――法と社会の新たなパラダイム」『民博通信』129: 28-29。

石田慎一郎・河村有教
 2009 「ロンドン大学東洋アフリカ学院（SOAS）におけるアジア・アフリカ法研究及び教育の動向――ヴェルナー・メンスキー教授との交流を中心に」『コンフリクトの人文学』1: 251-259。
 2010 「移行期社会におけるオルタナティブ・ジャスティス――真実委員会と修復的司法」『コンフリクトの人文学』2: 5-14。

石田慎一郎・河村有教・加藤敦典・久保秀雄・高野さやか・馬場淳・クラウディア・イトゥアルテ＝リマ
 2010 「政治犯罪・集団暴力に対する修復的アプローチをめぐる総合的検討――ワークショップにおけるコメント及び質疑応答」『コンフリクトの人文学』2: 87-124。

井上匡子
 2007 「ADRの現代的意義と市民社会――社会構想としてのADR論」名和田是彦編『社会国家・中間団体・市民権』pp.39-65、法政大学出版局。

河村有教
 2007 「アジアの地域統合と共通法形成に向けて――法整備支援をめぐる言説を手がかりに」樫村志郎編『規律と自律』pp.174-187、法律文化社。
 2009 「ルーヴェン・カトリック大学との研究協同に向けて――『トランジショナル・ジャスティスと人権』研究の動向を中心に」『コンフリクトの人文学』1: 261-271。

久保秀雄
 2009 「司法政策と社会調査――ADR運動の歴史的展開をめぐって」鈴木秀光・

高谷知佳・林真貴子・屋敷二郎編『法の流通』pp.529-551、慈学社。
小林昌之・今泉慎也編
　2003　『アジア諸国の紛争処理制度』アジア経済研究所。
高野さやか
　2009　「『深く根ざした』紛争への取り組み──ジョージ・メイソン大学紛争分析・解決研究所における研究・教育活動から」『コンフリクトの人文学』1: 273-281。
高橋則夫
　2003　『修復的司法の探究』成文堂。
高橋裕
　2006　「ADRの生成」和田仁孝編『法社会学』pp.261-287、法律文化社。
棚瀬孝雄編
　1996　『紛争処理と合意──法と正義の新たなパラダイムを求めて』ミネルヴァ書房。
千葉正士
　1973　「未開社会におけるサンクションの諸形態」川島武宜編『法社会学講座9　歴史・文化と法』pp.43-52、岩波書店。
　1980　『法と紛争』三省堂。
　1991　「国家法に対する非公式法の浸透──移植法対固有法」『法文化のフロンティア』pp.174-191、成文堂。
角田猛之
　1997　『法文化の諸相──スコットランドと日本の法文化』晃洋書房。
早川吉尚
　2004　「紛争処理システムの権力性とADRにおける手続の柔軟化」早川吉尚・山田文・濱野亮編『ADRの基本的視座』pp.3-20、不磨書房。
濱野亮
　2004　「日本型紛争管理システムとADR論議」早川吉尚・山田文・濱野亮編『ADRの基本的視座』pp.41-59、不磨書房。
馬場淳
　2006　「想起される振る舞い──パプアニューギニア・クルティ社会におけるパラ・ソウエ儀礼の分析」『法社会学』65: 34-53。
前野育三
　2005　「修復的司法とは」藤岡淳子編『被害者と加害者の対話による回復を求めて──修復的司法におけるVOMを考える』pp.13-24、誠信書房。
前原宏一

  2006 「修復的司法と裁判外紛争処理（ADR）」細井洋子・西村春夫・樫村志郎・辰野文理編『修復的司法の総合的研究——刑罰を超え新たな正義を求めて』pp.58-68、風間書房。

宮本勝
  1986 『ハヌノオ・マンヤン族——フィリピン山地民の社会・宗教・法』第一書房。

安田信之
  2005 『開発法学——アジア・ポスト開発国家の法システム』名古屋大学出版会。

山田亨
  2007 「アメリカ法人類学における現代的動向——法と市民生活との乖離をめぐる議論を中心に」『社会人類学年報』33: 219-235。

和田安弘
  1996 「幻想としてのインフォーマル・ジャスティス」棚瀬孝雄編『紛争処理と合意』pp.23-42、ミネルヴァ書房。

DuBow, Fredric L. and Craig McEwen
  1993 Community Boards: An Analytic Profile. In S. E. Merry and N. Milner eds. *The Possibility of Popular Justice: A Case Study of Community Mediation in the United States*, pp.125-168. The University of Michigan Press.

Gordon, Robert
  2004 Popular Justice. In D. Nugent and J. Vincent eds. *A Companion to the Anthropology of Politics*, pp. 349-366. Blackwell.

Greenhouse, Carol
  1986 *Praying for Justice: Faith, Order, and Community in an American Town*. Ithaca: Cornell University Press.

Haller, Dieter and Cris Shore eds.
  2005 *Corruption: Anthropological Perspectives*. Pluto Press.

Merry, Sally Engle
  1993 Sorting Out Popular Justice. In S. E. Merry and N. Milner eds. *The Possibility of Popular Justice: A Case Study of Community Mediation in the United States*, pp.31-66. The University of Michigan Press.

Merry, Sally Engle and Neal Milner eds.
  1993 *The Possibility of Popular Justice: A Case Study of Community Mediation in the United States*. Ann Arbor: The University of Michigan Press.

Nader, Laura
  2002 *The Life of the Law: Anthropological Project*. University of California Press.

Norrie, Alan
   1999   From Law to Popular Justice: Beyond Antinominalism. In E. Darian-Smith and P. Fitzpatrick eds. *Laws of the Postcolonial*, pp.249-276. University of Michigan Press.

Rothschild, Judy H.
   1993   Dispute Transformation, the Influence of a Communication Paradigm of Disputing, and the San Francisco Neighborhood. In S. E. Merry and N. Milner eds. *The Possibility of Popular Justice: A Case Study of Community Mediation in the United States*, pp. 265-327.The University of Michigan Press.

Shonholtz, Raymond
   1993   Justice from Another Perspective: The Ideology and Developmental History of the Community Boards Program. In S. E. Merry and N. Milner eds. *The Possibility of Popular Justice: A Case Study of Community Mediation in the United States*, pp. 201-238. The University of Michigan Press.

Yngvesson, Barbara
   1993   Local People, Local Problems, and Neighborhood Justice. In S. E. Merry and N. Milner eds. *The Possibility of Popular Justice: A Case Study of Community Mediation in the United States*, pp.379-400. The University of Michigan Press.

I 部

オルタナティブ・ジャスティスの実践

1章　テクニック化する裁判外紛争処理と法の正義のゆくえ

山田　亨

1　はじめに

　近年、裁判外紛争処理（Alternative Dispute Resolution: ADR）が注目を集めている。ADR が制度として発祥したアメリカにおいて、ADR が司法政策として推進されるようになったのは「法と市民生活との乖離」に対して問題を投げかけた 1960 年代の社会運動にさかのぼる（山田 2001: 220; 和田 1981）。たとえば公民権運動の法的議論の根底には、合衆国連邦憲法において市民の平等が謳われたにもかかわらず、実際には先行する裁判判例の結果として「人種的差異」による市民の区別が法的に裏付けられていたことなどが挙げられる（山田 2007: 220-222）。公民権運動の背景には、法律のもと裁判所が各個人の人権を保障すると思われていたのに対し、実際のところ裁判所は訴訟技術や知識を有する個人や集団にとって「法の正義」のもとに自己目的を達成する場になっていたことに対する社会的な不満の蓄積があった。つまり、1960 年代のアメリカにおける社会運動は、法の機能が市民の手の届かないところにあった当時の社会状況の変革を求めた動き（反法律運動：anti-law movement）であったといえる。
　このような当時の司法制度に対する社会的批判が吹き荒れているさなかの 1970 年代、アメリカ連邦司法は、制度改革の目玉として ADR の司法制度化を発表する。裁判所においては当事者間における社会的背景の考慮が欠落しがちであった状況において、ADR という新しい選択肢は、一見、画期的な政策が導入されたかのように見えた。しかし、アメリカ連邦司法が ADR の

主な対象とした項目に目を向けてみると、この制度改革が決して希望に満ちたものでなかったことが浮かび上がってくる（山田 2001: 41-44）。なぜならば 70 年代の司法制度改革においては、裁判所における訴訟処理速度の迅速化に改革の機軸が置かれたなかで、環境問題や消費者問題、そして、ジェンダー差別問題やマイノリティ差別問題といった紛争当事者間の社会的格差が大きい諸々の社会問題が裁判所外で解決されることが推奨されたからである（Levin *et al.* 1976; Merry 1999: 117; Moore 2001: 103; Nader 1993: 101; 1999: 107; Nader and Grande 2002; Yngvesson 1993）。主に調停、もしくは、和解を模索する場となる ADR は、当事者間に明確な社会的力関係の格差がある場合において有効に機能するのであろうか。たとえば、極端な功利主義的経営体制のもと環境問題に注意をはらっていない企業が環境保護対策に利益を見出せないとき、被害を受けている近隣住民が望むかたちでの和解・合意を受け入れるだろうか。いったい司法制度改革の目玉であった ADR は、1960 年代の市民運動が問いかけた司法制度の問題に対してどのような選択肢を提示したのだろうか。この問題はアメリカの司法制度改革が始まってから約 40 年が経つ現在においてより先鋭化している問題である。

　本稿においては、バイオ特許問題における ADR の問題点と可能性を事例とともに批判的に分析する。バイオ特許問題は、生命を人為的な発明として解釈することにより知的財産権の問題として取り扱われることが一般的である。しかし、バイオ特許問題は知的財産問題という枠組みを越え、環境問題や先住民問題と重層的に絡み合った複雑な側面を内包しており、たとえば、近年において議論がより複雑化してきている動植物の特許登録という法的行為に批判的な立場においては、花粉を媒介として特許遺伝子が拡散することを「遺伝子汚染」として捉えることができ、また、特定の動植物を民族の祖先として捉えている先住民族にとっては植物の知的財産化は他者による先住民族の支配化の表象としても受け止められるのである。

　本稿では、特許登録された菜種遺伝子の使用をめぐり民事訴訟において争われたシュマイザー事件（Monsanto Canada Inc. v. Schmeiser: 2004 年カナダ連邦最高裁判所）[1]と、ADR 的な当事者間の直接交渉で裁判外において決着

が図られたハワイ大学のタロイモ特許紛争（2006年）を事例として用いることにより、裁判外紛争処理の活用の可能性と問題点を両面から検討したい。シュマイザー事件においては、裁判外紛争処理の運用の提案がモンサント社という企業側から戦略的に提案されたのに対し、ハワイ大学におけるタロイモ特許紛争においては、メディアや反対派のあいだで比較的ことばの定義が曖昧な用語が用いられたことにより、法的な争点の幅を超えたより多くの聴衆の関心を引くこととなった。これら二つの事例が提示することは、一般的な訴訟と比較して裁判外紛争処理においては、法的議論よりも社会的要素や社会的文脈が交渉過程により強い影響力をもつということなのである。

2　裁判外紛争処理制度の魅力

　1970年代、アメリカ司法制度のあり方を議論する場となったロスコー・パウンド会議（Roscoe Pound Conference: 1976年）の目玉の一つとして打ち出されたのがADRであった。この当時より始まった司法制度改革のもとアメリカにおいて仲裁機関や少額裁判所などが設立されることとなるが、これらの新制度は金銭的な理由などからそれまで裁判所に訴訟を持ちかけることができなかった人々に対して、司法による救済の新たな可能性を提供したという点で新鮮、かつ、斬新、つまり、オルタナティブであったといえる。たしかに、紛争処理の選択肢の幅を広げたという意味においてこの司法制度改革はオルタナティブであったかもしれない。しかし、司法制度改革以前の1960年代における社会運動において議論された「法と市民社会の乖離」の問題に対して、この司法制度改革は実際にはどのような対策を提供したのであろうか。

　当時、ネイダー（Laura Nader）を中心としたアメリカの法人類学者は、彼女たちが取り組んだ世界15地域を対象とした共同研究の結果として、GNPが高い国の住民がもつ法認識の度合いが、開発途上国に居住する住民

1）1 S.C.R. 902, 2004 SCC 34

がもつ法認識の水準より低かったことを指摘した（Nader and Todd 1978）。この背景には、都市化にともなう対人関係の疎遠化により社会的秩序や社会的倫理の捉え方に変化が生じることや、情報の肥大化や訴訟技術の特化などという法律が身近に感じられなくなる要因があったからである（Merry 1990; Nader 1980; O'Barr 1999）。たとえば、1960年代の公民権運動の背景には、憲法で市民の平等が謳われているにもかかわらず、実際には人種差別が法的、および、社会的にも是認されていることに対する鬱積した感情があった。アメリカ合衆国憲法修正第14条（1868年修正）が「市民」（修正条項原文においてはperson）の権利について言及しているのに際して、関連する判例を通じて、修正条項が言及する「市民」の定義や運用のあり方が詳細なことばの運用の分析と共に法的に定義されていった[2]。その結果、アフリカ系アメリカ人をはじめとした有色人種や女性、そして、労働者などは、彼らの権利を保護するために存在するはずの法律が、実際には機能を果していないと受け止めたのである[3]。訴訟などにおける特化した法的な議論をかわすには、先行する判例の分析に加えて、法的知識や法律の運用能力、そして、

---

[2] Civil Rights Cases, 109 U.S. 3（1883）; Plessy v. Ferguson, 163 U.S. 537（1896）; Buchanan v. Warley, 245 U.S. 60（1917）; Brown v. Board of Education of Topeka, 347 U.S. 483（1954）ほか参照。

[3] たとえば、メリー（Sally Engel Merry）は、ドメスティックバイオレンスなどの問題を抱えた市民が法による保護を模索する際、アメリカの地方裁判所が、往々にしてこのような訴えを法的議論としては捉えず、むしろ、倫理的問題や精神医療問題として捉え、訴えの多くを却下してきたことを分析した（Merry 1990）。メリーは、原告が持つ法認識と裁判所が持つ法解釈に隔たりがあることを問題の背景としてあげている。仮に、裁判所が訴えを受理したとき、つまり、原告が法廷における法的な議論の中に置かれたとき、原告が議論についていけなくなってしまう可能性がある反面で、法廷での論争を通じることにより原告が自らの訴えを法廷において効果的に伝える手法を得ることができる。このことについてメリーは、訴訟というやりとりを経ることにより一般市民の法認識は高くなると分析している（Merry 1999: 117）。メリーやネイダー、そして、イングベッサン（Barbara Yngvesson）をはじめとした人類学者は、裁判外紛争処理制度の導入は市民から訴訟を通した法の下の救済や法認識の強化といった可能性を奪い取ってしまう危険性があるものとして批判したわけである。ちなみに、アメリカの人類学者による裁判外紛争処理に対するこのような分析に対する見解としては、キング（Carol King）（1994: 65-98）や吉田（2008: 199-252）などをはじめとした議論を参照。

訴訟技術を持ち合わせていなければ非常に難しい。

とくに、アメリカ個人主義に代表される欧米的な自然人概念を基礎にした法制度においては、企業や組織といった集団に法的機能を与えるために、法的に自然人と同等である権利能力を付加する。これにより、集団は法的な自然人と同じように法人として財産を保有することが可能となる。しかし、個人と法人の間において対立が生じると、対立する二者が現実的には明確に不平等であるが法的には平等であるという矛盾が生じるのである。

実際、個人対企業における訴訟などでは、個人は法人という法律家などを含めた時には千人を超える専門家集団を抱える組織を相手にしなければならないという現実的な問題に直面する (Coombe 1998: 41-87; Cox 1989)。現実的に司法の場においては、組織としての情報収集力と人材、そして、専門特化した用語や訴訟技術等を身につけた集団（法人）が、法学的トレーニングがない個人と法的に同等とみなされる。個々人が法の下に平等であることが重要視されるのに対して現実的・社会的要因が見落とされがちになるということは、「法の正義」のあり方が議論される裁判所が企業関係者や法曹関係者の日常生活においては身近な存在であるのに対し、一般市民の生活からは乖離した存在になるわけである。このような「法と市民社会の乖離」という問題に対し、1970年代のアメリカにおけるADRの導入は有効な対策であったのであろうか。

この問いかけに対して、アメリカの代表的な法人類学者は否定的な見解を持っているが、その理由はADRの導入の背景となった司法における文脈とそれに対する連邦司法の対応のあり方にあった。ADRを含めた連邦司法制度改革の発起の場となったロスコー・パウンド会議においての中心議題のひとつが、訴訟プロセスをどのように迅速化するのかという問題であった (Levin *et al.* 1976; Nader 1999; Nader and Grande 2002)。つまり、利用者にとって新しい選択肢であったADRは、政策立案者にとっては1960年代以降における訴訟激発（Litigation Explosion）の傾向に対する訴訟の迅速化・合理化のための選択肢であった。連邦司法は、環境問題や消費者権利の問題、ジェンダー差別問題、そして、マイノリティ差別問題などに対して、

ADRの活用を推奨することで、比較的規模の大きい訴訟の迅速化を目指したのである（Nader 1993; 1999: 107; Merry 1999: 117; Yngvesson 1993）。

　しかし、ADRの対象となった上記の紛争には共通する別の問題がある。それは、紛争当事者間の社会的格差の大きさである。環境問題や消費者権利の問題においては個人や市民団体が企業や行政による行為に対してもつ疑問であり、また、ジェンダー差別問題やマイノリティ差別問題は社会的弱者による社会に対する問題提起である。つまり、上記のような社会問題に対して裁判外紛争処理制度の活用を推奨するということは、司法における根本的な問題の解決になっていないだけでなく、司法制度改革自体が市民を裁判所という「法の正義」による救済の可能性から遠ざけていると解釈できるのである。この裁判外紛争処理制度に対する疑問は、近年先鋭化しているバイオ特許問題を環境問題や人権問題の側面から捉えたとき、如実になる問題である。次節からは、①バイオ特許の問題が民事訴訟の場において争われたカナダ連邦最高裁判所におけるシュマイザー事件と、②ADR的交渉において争われたハワイ大学によるタロイモ品種の特許化の問題を例として、裁判外紛争処理制度に内在する問題点と可能性を検証したい。

3　シュマイザー事件

（1）　バイオ特許問題——権利侵害問題なのか、環境問題なのか

　バイオ特許をめぐる紛争においては、情報収集の能力に必然的な限界のある個々人に対して、大企業側には各分野の専門家が複数所属しているという現実的な不平等を内在している場合が多く見受けられる。バイオ特許は遺伝子組み換えにより導き出された人為的なDNAの配列を登録したものから、交配などにより作成された改良品種の登録まで多岐にわたる。そのため、法学や生物学分野でのトレーニングを受けていない個々人が、それぞれのバイオ特許の特性を正確に把握することは容易ではない。特に、個々人は限られた時間の中で日々の生活を送っており、複数のことを同時に処理する可能性にはそれぞれに限界がある。具体的には、営農に従事する個人が農作業に取

り組みながら、バイオテクノロジーの研究や特許申請の動向を把握し、同時に関連する判例の動向や法律を分析し続けていくには必然的な限界があるのである。

企業にとってバイオ特許の取得は、研究・開発に用いられた投資に対する保障の可能性を見込む貴重な担保であるといえる。これは、1980年にアメリカ連邦最高裁判所がチャクラバティー判決（Diamond v. Chakrabarty）において、人間の手によって生成された元来自然界に存在しない動植物（人間を除く）は特許登録が可能であるという判決を下したこと以来加速化されることとなった[4]。しかし、仮に利益至上主義の下、企業による動植物の特許登録が進められる可能性は否定できない。そのような中、バイオ特許の所有と発動のあり方に対する社会的関心を集めたのが、2004年にアメリカの隣国カナダの連邦最高裁判所で争われた菜種の遺伝子特許の問題をめぐるシュマイザー事件であった。

1997年、カナダ・サスカチュワン州にあるシュマイザー（Percy Schmeiser）の農園において、モンサント社が特許権を有する除草剤耐性の遺伝子組み換え菜種が発見された[5]。モンサント社は自社によって登録された特許において、購入契約と栽培協定を経ない除草剤耐性の遺伝子組み換え菜種の種子であるラウンドアップ菜種の栽培を禁止していること、そして、その栽培によって得られた種子の利用を禁止していることを挙げ、シュマイザーに契約への合意と種子の使用料の支払いを迫った。しかし、シュマイザー側はモンサント社の呼びかけを拒否した。それだけでなく前年に自身の農園におい

4）447 U.S. 303（1980）。この判決においては、ジェネラル・エレクトロニクス社（GE）のチャクラバティー（Chakrabarty）研究員が発明した、石油を分解するバクテリアを特許法で保護することが可能であるかないかが問われた。チャクラバティー判決においては自然界に存在せず、人間の手によってのみ生成された動植物（人間を除く）は法律上「製造物（manufacture）」と解釈されることなり、DNAを含む生物情報が一般特許として（utility patent）登録される道筋を作ったといえる。

5）シュマイザーはカナダ北西部のサスカチュアン州ブルーノにおいて営農、および、種子の交配の研究を1946年より営んでいる（2008年10月のイェール大学におけるシュマイザー氏による講演より）。また、シュマイザーはサスカチュアン州議会議員（1967 – 1971年）及びブルーノ市長（1963 – 1982年）の役職も歴任している。

1章　テクニック化する裁判外紛争処理と法の正義のゆくえ

て得られた菜種の種子を栽培、そして市場へと出荷した。この一連の流れを把握したモンサント社は、カナダ司法における訴訟を準備した。モンサント社はシュマイザーの農園から花粉のサンプルを検出し、2000年4月、カナダ連邦裁判所（Federal Court of Canada）においてシュマイザーを相手に遺伝子組み換え種子の使用料と訴訟費用の支払いを求めた訴訟を起こした。

　法廷ではシュマイザーによるラウンドアップ菜種の栽培が故意であったのか、過失であったのか、それとも、遺伝子汚染だったのかという点に焦点が絞られ議論された。モンサント社がシュマイザーによる遺伝子組み換え種子の使用は意図的であったと指摘したのに対して、シュマイザーは組み換え遺伝子が入った花粉が輸送中のトラックから農園に飛んできた可能性、もしくは、近隣の畑から飛んできた可能性を指摘し、種子は自然現象により偶発的に配合されたものであり意図的な使用ではないことを主張した。むしろ、シュマイザーはこれを遺伝子汚染としてモンサント社による他人の農業活動の侵害の行為であると指摘したのである[6]。カナダ連邦最高裁判所は、種子の交配や混入に関する判断をすることは避け、シュマイザーがラウンドアップ菜種を積極的に栽培していたという事実に焦点を絞った。それにより、シュマイザーが主張した「無実の傍観者」（innocent bystander）という主張を退け、菜種の使用という行為自体がモンサント社の特許権の侵害にあたると判断し、2004年5月、同社の訴えを認める判決を下したのである[7]。

　この判決は、バイオ特許のあり方に大きな疑問と不安を投げかけることになった。法廷においてシュマイザーが主張した種子の偶発的な配合の可能性、つまり遺伝子汚染は、花粉が大気を飛ぶことを念頭に入れれば、カナダに限らず世界各地で起こりえる可能性がある問題である。つまりカナダ連邦最高裁判所の判決は、気がつかないうちに他人の特許権をともなった種子が

---

6) 1 S.C.R. 902, 2004 SCC 34 at 25-97。

7) Id. at 1-7, 25-97, Patent Act at 42。ちなみに下級審であるカナダ連邦裁判所（2001 FCT 256 at 53）と連邦控訴裁判所（2002 FCA 309 at 55-58）は、シュマイザーがラウンドアップ菜種を故意に栽培したと判断した。つまり、連邦最高裁の判決は、故意、もしくは、事故の議論や判断を避けたということにおいて先行する下級審の判決と大きく異なったのである。

自分の農園に混ざり込み、その種子の特許権を有する個人、もしくは企業による損害賠償の請求の法的根拠となりえることを容認するものだった[8]。

またシュマイザー事件の訴訟全体を通して再確認されることとなったのが、企業対個人の紛争に関わる法制度の問題点である。シュマイザー事件においてモンサント社とシュマイザーの2者の間には、法的知識、人材、そして、資金力といった多方面において明確な格差があった。訴訟にいたるまでの段階においてモンサント社は、シュマイザーの農園より菜種の種子を入手し、その種子からDNAを抽出、そして、その調査結果を基に同社の法務部局が民事訴訟と民事契約の両方の準備を整えていた。訴訟の準備にかかわる一連の作業に複数の技術者や専門家が関わっているにも関わらず、モンサント社は法人として扱われるため法廷では「個人」として扱われる。それに対して、文字通り「個人」であるシュマイザー側は募金を募りながら訴訟に取り組んだのである。

（2） 何に対して「オルタナティブ」なのか

シュマイザー判決は、法人と個人との間の紛争に内在する現実的な問題における現行の司法制度が内包する欠点を如実に示した訴訟であったといえる。しかし、シュマイザー側が敗訴したものの、判決の内容に対して多くの市民団体は好意的な反応を示した。その理由は、判決の内容自体が必ずしもモンサント社側の訴えを全面的に支持したわけではなかったからである。実際、判決においてカナダ連邦最高裁判所は、シュマイザー側による特許権の侵害のみを認めるのみに留まった。むしろ、モンサント社側が求めていたシュマイザー側に対する遺伝子組み換え種子の使用料と訴訟費用の負担は棄却されたのである[9]。その理由として、裁判所は、モンサント社が特許登録をしている遺伝子組み換えの菜種を利用した場合と、利用しなかった場合の

8）Id。ちなみに、本判決の主文においてカナダ連邦最高裁は、植物種子の生成過程に関する議論やバイオテクノロジー関連の発明に関する安全性の問題については立法府の判断に委ねている。

9）Id at 98-106。本判決が引用した賠償に関する先行判例については101と102を参照。

シュマイザー側の農業収入には差異が見られないとの判断を下したことがあげられる[10]。つまり、本事件においてシュマイザーは、訴訟という手続きをうけることにより司法を媒体として対立を解決する道筋を選んだわけであるが、この選択肢は司法制度上においては、特にオルタナティブであるわけではない。しかし、現実的な文脈において訴訟やADRが紛争処理の技術として捉えられ、対立相手への揺さぶりの手段として用いられているとき、訴訟を選択すること自体が社会通念的にオルタナティブになりえることがある。

モンサント社は、自社のホームページ上にあるシュマイザー判決に関する項目において、興味深い見解を示している[11]。モンサント社は、シュマイザーとの問題を当初は訴訟以外の方法で解決することを試みたと主張している。実際に訴訟という選択肢には、日本と同様に、カナダやアメリカにおいても社会的な負のイメージがともなっている。そのような社会的文脈において、企業が訴訟以外の紛争処理の実践を試みるということは、企業がもつ対外的なイメージを保つために和解を演出として利用していると解釈することができる。内容が公開される訴訟を選択肢とすることにより企業イメージの低下という危険を冒すよりも、内容の機密性が比較的保たれやすい裁判外紛争処理の手段として用いることにより、企業側は最大限の利益を確保しながらも自社の社会的イメージを崩すことを最小限に留めることが可能になるのである[12]。つまり、本来は社会的弱者を救済するためのオルタナティブとして提唱された裁判外紛争処理が、実際には社会的なメインストリームである大企業のための新たな法的手法となっている現状がある。シュマイザー事件におけるモンサント社の見解は、ADRが社会的強者の保身のために機能しているという現実的な問題を提示しているのである。このような社会経済的文脈において敢えて訴訟という道筋を選んだシュマイザーの行為は、司法

---

10) Id at 103-106。判決においてはシュマイザーが1998年よりラウンドアップ菜種を栽培しているにもかかわらず、ラウンドアップ菜種の使用がシュマイザーに対して商業ベース、および、営農ベースにおいて特段の利益をもたらしていることが見出されないと指摘している。

11) http://www.monsanto.com/monsanto_today/for_the_record/percy_schmeiser.asp（2009年11月24日閲覧）

における企業優位の現状に対するオルタナティブな行為として受け止められるのである[13]。シュマイザー事件においては、皮肉にもADRを利用して保身を図ろうとする企業の法的戦略に対して、訴訟という手法がオルタナティブな紛争処理機関として機能を果たした。そして、法の正義の下、特許登録された菜種品種の経済的利益が否定されたことで、仮に特許登録された品種を栽培しても農業従事者は特許所有者に対して賠償責任を負わないという法的根拠を判例により示したことになったのである。

4 ハワイ大学によるタロイモ品種の特許登録

(1) 葉枯病の流行とタロイモの品種改良

カナダにおいて、訴訟という手法がオルタナティブな選択肢として認識されたのに対し、同時期にハワイにおいて議論されたタロイモ品種の特許登録

---

12) シュマイザー判決の翌年である2005年、シュマイザーの農園よりラウンドアップ菜種が再度発見されたことを受け、シュマイザーは上記菜種の除去作業にかかった費用として660カナダドルをモンサント社に請求している。当初、モンサント社はシュマイザーの請求を受け入れる代わりに、合意の詳細を口外しないことを求める同意書への署名を求めた。これを緘口令（gag order）的であると主張するシュマイザーは同意書への署名を拒否し、この件を小額訴訟裁判にもちこんだ。シュマイザーが訴訟という方法を取ったことにより、モンサント社は戦略として活用してきた機密性の保持という裁判外紛争処理の手法を用いることが出来なくなり、メディアをとおしてモンサント社の手法が公にさらされることとなった。2008年3月19日の判決においてシュマイザー側の主張が認められた際、モンサント社の広報部長であるトリシュ・ジョーダンはメディアに対して、「私たちが2年半前に提案したものと同じ内容に対してシュマイザー氏が今回合意したということに対し、ある種の苛立ちをもっている。2年半前に同氏が合意していれば、氏は今回の訴訟費用を捻出する必要がなかったであろう」（Hartley 2008）と述べている。ちなみに判決の同日にモンサント社が発表したデータでは、小額訴訟の判決が出された前年の2007年に、カナダ西部の16農家がモンサント社が持ちかけた裁判外紛争処理方法に同意、署名している（Hartley 2008）。
13) この一連の訴訟によりシュマイザー夫妻は、主に環境保全運動や人権活動に貢献した個人や団体に贈られるスウェーデンのライト・ライブリフッド賞（Right Livelihood Award）を2007年に受賞している。ちなみに、ライト・ライブリフッド賞はオルタナティブ・ノーベル賞（Alternative Nobel Prize）とも呼ばれている（Miller 2008: 27-45）。

をめぐる論争では、裁判外における紛争処理が用いられ、シュマイザー事件とはまったく違った道筋を辿ることとなった。カナダ連邦最高裁判所がシュマイザー判決を出してから約1年半後の2006年1月、ハワイの主要新聞社のひとつであるホノルル・スターブリティン（Honolulu StarBulletin）はハワイ大学熱帯農学研究所（College of Tropical Agriculture and Human Resources: CTAHR）（写真1）の研究員が3品種のタロイモの交配種の特許権を所有していることを記事として配信した（Yerton 2006）。この時期は、シュマイザー事件を含めモンサント社がアメリカ・カナダ全土においてバイオ特許絡みの衝突を繰り返している時期であり、北アメリカ全土において農業関係者がバイオ特許のあり方に対して非常に敏感になっている最中であった。そのため、この報道は、ハワイに限らずアメリカ本土やカナダはもちろんのこと、タロイモを主要な食糧とする太平洋諸国からも注目を集めることとなった（The Center for Food Safety Press Releases, 2006; Organic Consumers Association, 2006; Pacific Magazine, 2006 など）。

　実はハワイ大学の研究員であったトゥルヒオ（Eduardo Trujillo）がアメリカ連邦特許商標局（United States Patent and Trademark Office: USPTO）より3種類のタロイモ交配種の特許権を得たのは報道から約4年前に遡る2002年のことであった。トゥルヒオが特許登録した3種類のタロイモ交配種は、ハワイ原産のタロイモであるマウイ・レフア（Maui Lehua）とパラオ原産のタロイモであるゲルーチ（Ngeruuch）を人為的に交配したものである[14]。連邦特許商標局が認定したのは、この3種類の交配種が持つ葉枯

写真1　ハワイ大学熱帯農学研究所が入っているギルモア・ホール

病への耐性であった[15]。タロイモの葉枯病は19世紀以降、アジア・太平洋地域の広範囲で確認されているが、その中でも1994年におけるサモアでの葉枯病の流行はタロイモ農耕に従事する関係者を震撼させた[16]。特にハワイ原産のタロイモは、サモア原産のタロイモと同様に葉枯病に対する免疫が弱い（College of Tropical Agriculture and Human Resources 2009）。そのため、サモアでの葉枯病の流行は、必然的にハワイ原産のタロイモの葉枯病への耐性を高める研究を促すこととなった。ハワイ大学熱帯農学研究所は、サモアにおいて葉枯病の流行後のタロイモ栽培の事業に取り組んでいたこともあり、その、一連の流れを受けてハワイ原産タロイモの品種改良の研究に取り組んだ[17]。この研究結果の一部を特許申請し、連邦特許商標局により認可されたのが3種のタロイモの交配種であった。

（2） タロイモの知的財産化への疑問

しかし、タロイモ交配の研究と交配種の特許としての知的財産化は、以下のような批判を受けることとなった。連邦特許商標局による特許申請の認可が2002年7月であったのに対し、同内容が注目を集めるようになったのは新聞報道が配信された2006年1月であった。1994年のサモアにおける葉枯病の流行から上記の新聞報道までの約12年間の間に、アメリカにおけるバ

14）特許として認可されたタロイモは、パアカラ（Pa'akala［連邦特許商標局登録番号:PP12,722 P2]）、パウケア（Paukea［登録番号:PP12,342 P2]）、パレフア（Pa'lehua［登録番号:PP12,361 P2]）の3種である。
15）ちなみにアメリカ合衆国は、2011年現在生物多様性条約（Convention on Biological Diversity［CBD]）を批准していない。
16）1994年の葉枯病の流行において、アメリカ領サモアにおけるタロイモの収穫量は前年度の収穫量と比較し約1パーセント程度しかなく、危機的状態であった（AgAlert 1993; American Samoa Community College 2000a; 2000b）.
17）サモアにおける葉枯病の流行後の対策として、関係者は葉枯病に耐性のあるパラオ原産のタロイモ品種をサモアの農園に移植した（College of Tropical Agriculture and Human Resources 2009）。つまり、サモアにおいては疫病が流行した事後的対策として外来種であるパラオ産のタロイモを持ち込んだのである。これに対して、ハワイ原産のタロイモの品種改良の研究は品種絶滅の予防を念頭に入れた対策である。

イオテクノロジー関連の研究に対するまなざしは「希望」より「不信」へと変化していた[18]。

まず、社会的不信の要因のひとつは、連邦特許商標局による認可から新聞社による報道までの間に見られた3年半という時間である。報道により「発表」（ある意味リークされた）されたことは、大学側が情報を隠していたという印象を与えることとなった。アメリカの特許制度においては2000年まで出願公開制度を採用していなかったことによる「サブマリン特許」（特許の成立を故意に遅らせ技術の普及後に特許権を発動させること）の問題もあり、特許に関わる情報の公開・非公開に対する社会的関心は非常に高いといえる。この批判への対策としてハワイ大学熱帯農学研究所は、タロイモ交配や遺伝子組み換えの研究の重要性と正当性を訴えるコメントをハワイの主要新聞に寄稿している。その中で研究所が強調した点は、研究所が伝統的な交配技術にも取り組んでいること、そして、ハワイ原産の植物の急激な減少に対して研究所による取り組みが有効である点であった（Wieczorek 2006a; 2006b）。しかし、記事上においては、なぜ特許申請が必要だったのか、また、実際に特許として認可された品種がどのような工程を経て作成されたのかということには触れられなかった。むしろ、特許取得の情報が報道機関という第三者により知られたことは、社会的不信感をより深いものにしてしまったのである。

シュマイザー事件においてモンサント社が特許権を有していた菜種の種子は遺伝子組み換え作物（genetically modified organism: GMO）であった。自然界で派生する無作為的な変異において派生した新種が周囲の環境との作用を経ているのに対して、遺伝子組み換え作物は人為的作業により急激な変異のプロセスを経ている上に、変異プロセスにおける周辺環境との作用は限定されている。このことに対して、環境保護団体をはじめとして遺伝子組み換え作物への慎重派は、遺伝子組み換え作物が長期的に見て環境や人体に対し

---

[18] カナダ連邦特許庁がモンサント社の特許申請を認可したのは1993年2月23日（登録番号：1313830、ちなみに申請日は1986年8月6日）である。これは、サモアでの葉枯病の流行の1年前にあたる。

てどのような影響を与える可能性があるのかということに危機感をもっている。それに加え、シュマイザー事件や、それにつづく小額裁判所における訴訟において、シュマイザー側が主張した「遺伝子汚染」という種子の偶発的な配合の可能性は、バイオ特許の問題が知的財産権の問題のみならず環境問題と複雑に絡み合っているということを提示した[19]。特許権の所有者が農園から得られた種子の自家栽培に制限をかけている場合、この遺伝子汚染への懸念は深刻なものとなる。

特に遺伝子汚染への懸念は遺伝子組み換え作物への取り扱いに限ったことではない。特許として保護された遺伝子が花粉を媒介として広がる可能性がある限り、遺伝子汚染への懸念は常に植物の特許登録に伴う問題である。タロイモは根栽植物として種芋を植えることにより栽培されるだけでなく、タロイモの花にある花粉を媒介として交配することが可能な植物でもある。そのため、反対派はシュマイザー事件と同じく遺伝子汚染の可能性と汚染後における特許権を所有者による権利の発動により、自由な農業を営む権利が侵害されることを危惧したのであった。

また、ハワイ大学によるハワイ原産タロイモの交配品種の特許認可についての抗議活動を精力的に推進したのが先住ハワイアンのグループであった。伝説上、タロイモは先住ハワイアンの祖先の兄弟と位置づけられている[20]。そのため、ミリラニ・トラスク（Mililani Trask）などをはじめとした先住ハワイアンの反対派が指摘したのは、自分たちの祖先が特許となり他人の手の元で知的財産になることへの危惧であった。つまり究極的には、タロイモの知

---

19) 特に、シュマイザーが持ちかけた小額訴訟（2005年－2008年）を通じ、ラウンドアップ菜種の拡散に対する損害賠償を求めていた農家に対して、モンサント社が農家の訴えに応じていたことが報道された（脚注12参照）。ラウンドアップの菜種の拡散とは、すなわち、シュマイザーを含めた環境活動家が指摘する「遺伝子汚染」が現実に発生したということを訴訟という手法を通じて認識されたと解釈できる。そのため、本判決の結果は、バイオ特許慎重派や反対派が「遺伝子汚染」の可能性に関する議論をおこなう際の根拠になっている。
20) タロイモはハワイ語でハロア（haloa）と呼ばれるが、ハロアは先住ハワイアンの先祖兄弟の名前である（写真2参照）。

的財産化は外部者による先住ハワイアンを所有する行為として解釈され、環境経済的要素のみならず先住民族のアイデンティティの問題といった文化的要素も複雑に絡み合った問題であったといえる。そのため、ハワイ大学によるタロイモの交配品種の特許化は、歴史的に支配されてきた先住ハワイアンを公共の高等教育研究機関が所有するという支配的行為として

写真2　2006年のハワイ大での抗議活動の際に作成されたタロイモと先住ハワイアンのつながりを表現した彫刻。タロイモを人がささえている。この彫刻が、ハワイ大学のハワイアン・スタディーズセンターに移設されたとき、彫刻のわきに先住ハワイアンの先祖兄弟の名前である「ハロア（haloa）」のプレートが付け加えられた。

解釈されることとなったのである。つまり、ハワイにおけるポストコロニアルな文脈上、アメリカ連邦特許商標局によるタロイモの特許申請の認可は、先住ハワイアンが現在においても外部者に支配されていることを意味するものとして解釈された。そのため、先住ハワイアンが求める唯一の解決方法は、ハワイ大学による特許権の破棄だった（Center for Food Safety Press Releases, 2006）。

（3）　公共研究機関の位置：農業権利保護としての特許

　多方面からの批判に対してハワイ大学側が強調したのは公立研究機関が持つ非営利性である。ハワイ大学の担当者は、大学による特許権の取得の行為は、企業による営利追求のための動植物の特許化より一般人の権利を保護するための行為だったと説明した（Gima 2006; Island Television, 2006）。ハワイ大学熱帯農学研究所は、1994年のサモアでの葉枯病の流行の際、研究所が社会的活動としてサモアのタロイモ産業の再生に関わってきたことを強調

し、特許権の取得はサモアにおける社会的活動と同等に論じられるべきであると主張した（UH News, 2006）。特にサモアでの葉枯病流行のような農業問題が仮にハワイで生じた際、仮に営利企業が種子・種芋の特許権を所有していると、農業従事者が企業に搾取される可能性が非常に大きくなるといえる。つまりこれは、ハワイ大学によるタロイモ交配品種の特許化により、営利企業によるバイオ特許による搾取の可能性を防ぐことができるという論である。シュマイザー事件においては、除草剤耐性の菜種の遺伝子に関する特許権を所有していたのはモンサント社という多国籍企業であり、多国籍企業による特許権の発動が個人農家を搾取するという構図になったといえる（これに対して、企業側の立場においては特許権の防御のための発動である）。

　しかし、タロイモ交配品種の特許登録の情報が新聞報道を通して公表されたことは、社会活動としての特許化という主張に疑問を投げかけた。それだけではなく、認可された特許において交配品種の利用料の支払いが求められていることがこの問題を難しくしたといえる。これはつまり、シュマイザー事件にみられたように、自らが栽培するタロイモが気づかないうちに特許登録された品種になっている可能性があることを意味していただけでなく、農家が特許権の侵害を大学より追及される可能性があったことを意味するからである。

　特許の申請にあたっては、ハワイ大学が州内の農業従事者や先住ハワイアンと密接な連絡を取り、各関係者の合意形成と利害調整を事前に行うことにより不信感を払拭・軽減できたことも選択肢として考えられた。しかし、同時に特許の申請に求められる内容の新規性を保持する為には、ある程度の情報の機密性は求められる。地域貢献を念頭に入れた情報公開と、特許申請のための機密性のバランスを保つことは簡単ではない。また、大学も法人であり、個々の農家との現実的な力関係は同等ではない。そのため、各関係者との密接な連携がない場合、大学は多国籍企業と同様に社会的不信が向けられる対象になる可能性を常に伴っていたわけであり、ハワイ大学による特許取得行為への反対運動は、情報の機密性と社会貢献のバランスの難しさを提示した論争であったといえる。

5　裁判外紛争処理の可能性と法の正義のゆくえ

　シュマイザー事件においては裁判所による審判を仰ぐ形式になったのに対し、ハワイにおけるタロイモ交配品種の特許権論争はハワイ大学による特許権の放棄という形で決着がなされた。特許権を有する大学側と反対派側が直接の交渉の場を持ち、合意に至ることにより裁判外において紛争の解決が図られたわけであり、ADR のプロセスを経たといえる。最終的には大学による特許権の破棄という反対派側が望む結果となったわけであるが、これが司法によって求められる法的正義や社会的正義の達成の結果と捉えるには批判的な検証が必要である。

　まず、ハワイ大学が特許権を破棄する理由となったもっとも重要な理由は、大学が置かれている社会的関係性であるといえる。つまり、シュマイザー事件に見られるように、バイオ特許の所有者による特許権の防御的発動の可能性はいつでも起こりうるのである。タロイモ交配品種に関する特許を大学が所持しているという事実は、多国籍企業の営利的行為から地域社会を守るという可能性を持っていると同時に、地域社会に対して特許権の防御的発動の可能性を有しているということであり、社会的イメージとしては諸刃の剣である。

　また、ハワイ大学は先住ハワイアンとの関係に非常に敏感である。1990年代におけるトラスク（Haunani-Kay Trask）、リネケン（Jocelyn Linnekin）、キーシング（Roger Keesing）の 3 者間で紛糾した研究者と植民地主義の関係性の問題に関する論争に代表されるように、ハワイ大学は先住ハワイアンとの関係の維持に敏感である（Keesing 1991; Linnekin 1991; Trask 1991）。いくらタロイモの交配品種の特許化を地域貢献と宣伝しても、先住ハワイアンの祖先とされるハワイ原産のタロイモを大学が知的財産として所有するという行為は外部者による先住民族支配の体現として解釈することが可能である。つまり、大学側の主張には先住民族文化の保護を志しながら法律のもとに先住民族を支配するという矛盾が内在している。それゆえ、文化的な文脈

において、ハワイ大学が特許権を所有し続けることを肯定的に捉えることは難しかったといえる。

つまり、大学は先住ハワイアンとの関係性や社会におけるバイオ特許が持つイメージなどをはじめ、大学が社会的に置かれている状況を総合的に考えて特許を破棄したと考えられる[21]。これはゲーム理論に代表される合理的選択論（rational choice theory）の考えに基づく判断といえる。つまり、これは大学の行為が社会に与えるイメージやそのイメージによって得られる利益（社会的評価、経済的利益、政治的役割など）を総合的に判断し特許権の破棄を判断したからである。一連の過程において、もともとハワイ大学側が主張していた特許権を活用した地域社会のサポートといういわば公共機関の地域貢献という社会的正義の論点は、この合理的判断のもと影を潜めることとなった。ハワイ大学による特許権の廃棄によって恩恵を受けることとなったのは、先住ハワイアンの団体が主張した文化的権利の保持であると同時に、その文化的権利を最終的に尊重したハワイ大学がもつ社会的イメージの保持であったといえる。

また、注意を払うべきことは、メディア、および、反対派が展開した議論において比較的尺度の大きい用語が使用されていたことである。メディアや反対派が展開した議論においては、主に生物工学や生物資源調査（bioprospecting）といった比較的尺度の大きい用語が用いられたことにより、結果としてより多くの聴衆の関心を効果的に引いたのである[22]。本来、遺伝子組み換え（genetic modification: GM）に関する手法と、本件の特許登録の焦点である交配（plant breeding）より生まれた新品種は、理化学的にも法的にもその性質が異なる。特に、交配による品種改良は幅広く取り組まれてきた技術であり、遺伝子組み換えに関する議論とは根本的に性質が異なる

---

21) 実際にハワイ大学は特許権を破棄する際の声明において、特許取得が先住ハワイアンの伝統への配慮が足りなかったことを第一の理由としてあげている（UH News, 2006）。
22) 例としては、AP通信が1月21日に配信した記事上において、同通信社のエリアス（Paul Elias）記者がハワイ大学の研究員による特許取得の行為をbioprospecting（生物資源調査）と表現したことなどがあげられる（Elias 2006a; 2006b）。

(Wieczorek 2006a; 2006b など)。しかし、「バイオエンジニアリングという過程を経て特許登録された種子の遺伝子汚染の可能性」というように、ことばの意味の尺度を大きく捉えることにより、法的・理化学的議論とは違った枠組みに論点を置くことが可能になるのである[23]。ADR においては法的論議以外の社会的要素も交渉プロセスにおいて重要な影響を与えやすい。つまり、交渉を有利に進めていくために、組織的に抗議行動やメディア運動を展開し、相手側の社会的イメージに損害を与えていくことも ADR においては重要な要素になるのである。ADR においては法的な論点のみならず、社会的な要因を自らの主張にいかに有利に結び付けていくかということがよりいっそう必要となってくるといえる。

　仮に、大学側が特許権の破棄という行為になにかしらの利益を見出すことができなかった場合は、本交渉は反対派が希望する結果に結びついたか疑問が残る。もし、経済的利益の可能性が先住民族の文化的権利の保護の結果として得られる見返りよりも大きい場合、特許権の破棄は行われただろうか。大学が市場原理に基づき調査・研究に取り組んでいたとすれば、この仮説は現実になりうる可能性があったわけである。ADR においては法の下の正義よりも、対立する当事者がおかれている関係性が重視される。この関係性とは対立する 2 者の関係はもちろんのこと、当事者がおかれているさまざまな社会的関係性（政治、経済、文化、権力など）が複雑に作用する（Nader 1980; Merry 1990; O'Barr 1990）。たとえば、対立する片方の経済的利益が仲裁行為を通じて得られる見返りを上回る可能性がある場合、社会的な関係性において弱い立場におかれる側が求める法的正義や社会的正義を ADR において追求できるだろうか。

---

[23] しかし同時に、メディアや反対派による尺度の大きい用語の使用を、単に論点の置き換えだけと捉えるのも問題がある。社会的な言説としての「バイオ特許」という用語に対応することばとして「バイオエンジニアリング」や「生物資源調査」を捉えると、上記のような論点の立て方はメディアや反対派が持つバイオ特許のあり方に対する法認識を表象していると受け取れる。つまり、法曹関係者や研究者、そして、反対派それぞれのあいだで「バイオ特許」という用語に対応する用語や概念が違うのであり、その相違点を正確に把握することが出来ないと、議論は平行線をたどることになるのである。

対立する 2 者間の関係が、金銭や情報、そして人材、といった複数の側面において対等である場合は ADR は有効に機能するかもしれない。しかし、バイオ特許の問題を含めた環境問題や消費者問題においては、組織対個人という構造が多くの場面において見られるわけである。同様の問題は訴訟にも内在しているわけではあるが、訴訟においてはあくまでも法が判断基準になるのに対し、ADR によっては社会的関係性が判断基準になるため、力関係が対等でない場合に ADR を運用することになれば、紛争当事者が法的正義の恩恵を受けられない危険性が如実に現れるのである。

1970 年代よりアメリカ連邦最高裁主席裁判官であったウォーレン・バーガー（Warren Burger）によって進められた司法制度改革において、環境問題や消費者問題、そして、ジェンダー問題や人種問題といった紛争当事者の社会的な力関係の不均衡が背景となる紛争に対する ADR の活用が推奨されていたわけである。司法制度改革が始まって約 30 年以上が経つ現在、バイオ特許問題や環境問題に目を向けてみると、ADR は果たして有効であるといえるのか。

6　おわりに

ハワイ大学によるタロイモの交配品種の特許権の破棄は、ADR を通して先住民族の文化的権利が尊重されるという成果を見ることができた。しかし、タロイモの交配品種の特許権が大学の手を離れてパブリック・ドメインに移動したことは、交配品種の使用が一般に解禁されただけでなく、企業による交配品種を用いた営利目的の交配研究や遺伝子組み換えの研究の扉を開けたことを意味する。つまり、反対派が危惧した遺伝子汚染の可能性の問題は解決されていないのである。それに対して、訴訟によって争われたシュマイザー事件においては、シュマイザーによる特許権侵害の判決が下された反面、カナダ連邦最高裁判決は、特許登録された除草剤耐性の遺伝子組み換え菜種を販売してシュマイザーが得た利益と従来の菜種の販売から得られる利益には相違がないという判断を下したのである。これは、モンサント社の特

許が商業ベースにおいては特殊な利益を有してないという判断であり、シュマイザーはモンサント社が求めていた損害賠償と弁護士費用を負担せずに済んだのである[24]。つまり、シュマイザーは部分的敗訴の中にも、法の正義の恩恵を受けることができたのである。

　ADR 慎重派のまなざしは民事訴訟においても ADR においても、対立する当事者が審判や仲裁を受けるにあたり、法的知識、金銭、情報、人材といった複数の側面において対等関係におかれているかどうかに向けられている。ハワイのタロイモ論争においては文化的権利の尊重が垣間見られたという点において ADR の一定の成果を見ることができた。しかし、ハワイ大学側と反対派側の紛争当事者が、紛争の法的論点を法の正義に照らし合わせることを避けたことにより、この問題は解決されなかっただけでなく、今後見込まれるバイオ特許紛争に委託されてしまったといえる。司法制度改革の目玉であったオルタナティブな新制度が、本当の意味で市民に開かれた司法制度の確立に貢献しているのか、それとも、社会的強者の為のオルタナティブな選択肢として機能しているのか、裁判外紛争処理の有効性はそれぞれ紛争の背後にある社会的文脈に対する十分な考察をもとに判断する必要がある。

（参照文献）

山田文
　2001　「アメリカにおける ADR の実情（上）」『NBL』78: 40-47。

山田亨
　2007　「アメリカ法人類学における現代的動向――法と市民生活との乖離をめぐる議論を中心に」『社会人類学年報』33: 219-235。

吉田勇
　2008　「日本社会における ADR の可能性――「納得のいく解決」を求めて」『熊本法学』113: 199-252。

和田安弘
　1981　「多元的紛争処理の試み」『東京都立大学法学会雑誌』22（1): 1-74。

American Samoa Community College Division of Agriculture, Human and Natural Resources

---

[24] 脚注 6 から 10 を参照。

  2000a *Taro in American Samoa: Pests and Diseases of American Samoa.* Pago Pago: American Samoa Community College
  2000b *Taro Leaf Blight: Pests and Diseases of American Samoa.* Pago Pago: American Samoa Community College.
Brown, Michael F.
  2003 *Who Owns Native Culture?* Cambridge; London: Harvard University Press.
Center for Food Safety
  2006 University of Hawaii Told to Give Up Taro Patents. *Center for Food Safety Press Releases*, January 12, 2006.
Conley, John M., and William M. O'Barr
  1990 *Rules versus Relationships: the Ethnography of Legal Discourse.* Chicago: University of Chicago Press.
Coombe, Rosemary J.
  1998 *The Cultural Life of Intellectual Properties: Authorship, Appropriation and the Law.* Durham: Duke University Press.
Cox, Gail D.
  1989 Don't Mess With the Mouse: Disney's Legal Army Protects a Revered Image. *The National Law Journal* 1.
California Farm Bureau Federation
  1993 Taro Blight in Western Samoa and American Samoa. *Ag Alert* 10.
College of Tropical Agriculture and Human Resources
  2009 *CTAHR and Taro: Taro Research by the College of Tropical Agriculture and Human Resources.* Honolulu: University of Hawaii.
Elias, Paul
  2006a Bioprospecting Stirs Controversy. *Honolulu Advertiser*, January 21, 2006.
  2006b Who Owns Taro? *Honolulu Star-Bulletin*, January 21, 2006.
Gima, Craig
  2006 Native Hawaiians Temporarily Shut UH Medical School: The Demonstration was Held in Protest of UH Taro Patents. *Honolulu Star-Bulletin*, May 18, 2006.
Hartley, Matt
  2008 Grain Farmer Claims Moral Victory in Seed Battle Against Monsanto. *The Globe and Mail*, March 20, 2008.
Island Television
  2006 Protestors Chain Doors To UH Medical School: Group Protests School's Use Of Taro Patents, *TheHawaiiChannel.com*, May 19, 2006. http://www.kitv.com/

news/9240299/detail.html.（2010 年 1 月 1 日閲覧）

Keesing, Roger M
 1991 Reply to Trask. *The Contemporary Pacific* 3（1）: 168-71.

King, Carol J.
 1994 Are Justice and Harmony Mutually Exclusive? A Response to Professor Nader. *Ohio State Journal on Dispute Resolution* 10: 65-98.

Levin, A. Leo, *et al.*
 1979 *The Pound Conference: Perspectives on Justice in the Future: Proceedings of the National Conference on the Causes of Popular Dissatisfaction with the Administration of Justice*. St. Paul: West Publishing Company.

Linnekin, Jocelyn
 1991 Text Bites and the R-Word: The Politics of Representing Scholarship. *The Contemporary Pacific* 3（1）: 172-77.

Merry, Sally Engle
 1990 *Getting Justice and Getting Even: Legal Consciousness among Working-class Americans*. Chicago: University of Chicago Press.
 1999 Pluralizing Paradigms: From Gluckman to Foucault. *PoLAR: Political and Legal Anthropology Review* 22（1）: 115-122.

Miller, Sally
 2008 *Edible Action: Food Activism and Alternative Economics*. Black Point: Fernwood.

Monsanto Company
 2009 Percy Schmeiser, *MonsantoToday.com*, July 16, 2009. http://www.monsanto.com/monsanto_today/for_the_record/percy_schmeiser.asp/.（2010 年 1 月 1 日閲覧）

Moore, Sally Falk
 2001 Certainties Undone: Fifty Turbulent Years of Legal Anthropology, 1949-1999. *The Journal of the Royal Anthropological Institute* 7（1）: 95-116.

Nader, Laura
 1980 *No Access to Law: Alternatives to the American Judicial System*. New York: Academic Press.
 1994 A Reply to Professor King, Commentary. *Ohio State Journal on Dispute Resolution* 10: 99-104.
 1999 Pushing the Limits-Eclecticism on Purpose. *PoLAR: Political and Legal Anthropology Review* 22（1）: 106-109.

Nader, Laura, and Elisabetta Grande
  2002 Current Illusions and Delusions about Conflict Management: In Africa and Elsewhere. *Law and Social Inquiry* 27 (3): 573-594.
Nader, Laura, and Harry F. Todd
  1978 *The Disputing Process-Law in Ten Societies*. New York: Columbia University Press.
O'Barr, William M.
  1999 Combining Approaches: Some Reflections on Two Decades of Collaborative Research. *PoLAR: Political and Legal Anthropology Review* 22 (1): 110-114.
Organic Consumers Association
  2006 Native Hawaiians Protest Patent on the Sacred Taro Plant. *Oread Daily*, May 19, 2006. http://www.organicconsumers.org/articles/article_504.cfm.（2009年6月5日閲覧）
Pacific Magazine
  2006 Palau President Elated That UH Has Released Taro Patents. *Pacific Magazine*, August 1, 2006.
Trask, Haunani-Kay
  1991 Natives and Anthropologists. *The Contemporary Pacific* 3 (1): 159-67.
University of Hawaii
  2006 Taro Patent Discussions Advancing. *UH News*, May 16, 2006.
Wieczorek, Ania
  2006a We'll Thank Biotechnology When Ships Don't Come in. *Honolulu Advertiser*, January 22, 2006.
  2006b Engineering Helps Keep Hawaiian Taro Healthy. *Honolulu Star-Bulletin*, January 22, 2006.
Yerton, Stewart
  2006 Activists Oppose UH's Patenting of Taro Plants: The University Owns the Rights to Three Varieties of the Traditional Staple. *Honolulu Star-Bulletin*, January 13, 2006.
Yngvesson, Barbara
  1993 *Virtuous Citizens, Disruptive Subjects: Order and Complaint in a New England Court*. New York: Routledge.

2章　伝統的刑事和解の実践と修復的司法

　　　　　　　　　　　　　　　　　　　　　　　　河村有教

1　はじめに——修復的司法とは何か

　刑事事件とは、刑事裁判の対象となる事件であり、犯罪にかかわる。一方、民事事件とは、私人間の生活関係に関する事件であり、二当事者間のもめごと・紛争にかかわる。わが国では、刑事事件は刑罰に、民事事件は紛争解決と損害回復にそれぞれ焦点がおかれ、刑事事件、民事事件の処理には、別個の手続きが用意されている。こうしたなかで、とりわけ、犯罪にかかわる事象への対処、すなわち刑事事件の処理において、従来の国家対犯罪者という懲罰的な刑事司法からの脱却を目的として、犯罪被害者・加害者・コミュニティの三者の関係修復を目指す「修復的司法」(restorative justice) の思考にもとづく実践プログラム[1]が20世紀後半から諸外国において取り組まれるようになり、日本でも修復的司法に対して、学界、実務の双方から関心が注がれている[2]。

---

1) たとえば、victim-offender reconciliation programs や victim-offender mediation とも称される被害者・加害者和解プログラムや、ニュージーランドにおいて先住民族であるマオリ族が実践してきた紛争解決方法を模範として導入された、家族集団会議やカナダのネイティブ・アメリカンを中心として会議での処分の決定を行う量刑サークル等の「コミュニティ司法」等がある。

2) 懲罰的な刑事司法の枠組においては、被害者のさまざまな疑問やニーズは疎外され、ただ罪と罰を明らかにするのに焦点をあわせて手続きが進行していくため、被害者と加害者との間に真の意味での和解、被害の治癒の機会が相対的に少なくなる。こうした現行の懲罰的な刑事司法制度の限界を克服し、また、当事者たちがより満足な正義をなすために、修復的司法の思考に基づく制度的措置の導入について議論されている。

I部　オルタナティブ・ジャスティスの実践

　修復的司法は、ハワード・ゼア（Howard Zehr）によって実践化された。ゼアは、ジョージア州アトランタのモアハウス大学を卒業後、シカゴ大学から修士号を受け、さらに、ラトガーズ大学社会史研究科からヨーロッパ史に関する博士号を取得した。彼の 1976 年の著書『犯罪と近代社会の発展』（*Crime and the Development of Modern Society*）は、犯罪史についての重要な著作である。その後、アラバマ州タラテガにあるタラテガ大学の人文学・歴史学の准教授を経て、メノナイト中央委員会につとめるようになり、1979 年よりメノナイト中央委員会の刑事司法事務局（U.S. Office of Criminal Justice）の所長をつとめた後、1996 年から東部メノナイト大学において社会学および修復的司法論の教授となった。アメリカにおける最初の被害者加害者和解プログラムの設立に尽力したことでも知られている。

　ゼアは、著書『修復的司法とは何か』（*Changing Lenses*）において、次のように述べている。犯罪によって生じた害を、司法は回復し癒しを促進させる。司法を応報と規定するのではなく、修復という行為と規定し、犯罪の害によって壊れたバランスを取り戻すことが重要である。そして、修復という行為においては、被害者のための回復と癒しでなければならず、また被害者と加害者の関係を癒すことによって、和解（十分な改悛と赦しを意味し、被害者と加害者の間に前向きな関係を築くこと）が達成されることを目標とする（ゼア 2003: 189-190）。

　犯罪は、他の悪事とは類型的に別のものであり、国家を被害者とし、悪行をルールの違反として（法違反と罪責によって定義づけられる）、体系的規則（手続き）にしたがい、加害者と国家とのたたかいの中で、責任を決定し苦痛を科す。こうした、被害者と加害者の関係を重要としない従来の「応報的司法」に対して、修復的司法はその脱却を目的として、加害者、被害者やコミュニティが司法手続に参加して、三者の関係修復を目指すものであるとして、世界中で注目されるようになってきた。犯罪は、人々やその関係に対する侵害であるとされ、司法はその害を回復し、癒しを促進させる。すなわち「修復」という行為によって、犯罪の害によって壊れたバランスを取り戻すことにあるとする修復的司法の思考は、被害者の回復と赦しを、さらには

被害者と加害者の関係を癒すことで、両者のあいだに前向きな関係を築く（＝和解）ことを目標としている[3]。

　法学者のなかには、「民刑峻別＝民事と刑事を峻別する」思考に立脚する刑事司法や、犯罪被害者への配慮を欠いた懲罰的な刑事司法及び少年司法が、犯罪者の改善更生や、非行少年の教育や福祉に果たして寄与するのかという批判から、修復的司法の理念（〔刑罰的対応よりも〕被害者と加害者との関係の修復、そのための謝罪と賠償を重んじ、そこに至る過程として、被害者と加害者との直接対面による対話を重視する）に関心をもち、従来の刑事司法にかわるパラダイム転換として、その正統性を説くものもある。

　修復的司法の実践として、ゼアの著書においては、カナダのオンタリオ州で少年二人が行った器物損壊事件の被害者・加害者和解の取組みが紹介されている。被害者の損害の回復と赦しにむけて、また被害者と加害者の関係を癒す手続的プロセスとして、判決の前に、被害弁償を実行するため、（二人の少年担当の保護観察官らに付き添われて被害者の家を訪ね）被害者と加害者を直接対面させ、被害弁償が協議され、弁償金が支払われた。今日、こうした被害者・加害者和解の取組みは、カナダ・アメリカ・イギリス・ドイツ・フランス・ベルギーなど、多くの国で実践されている[4]。たとえば、ベルギーにおいては、1994年に「被害者・加害者調停に関する立法（刑事事

3）ゼアは、犯罪は、第一に社会に対する加害行為ではなく、ましてや国家に対する加害行為でもない。何よりもまず人々に対する加害行為であるとする。犯罪は、さまざまな害や紛争を恣意的に区別しようとする法制度の産物であるが、犯罪に対人関係の側面があるため、紛争が絡むのは明らかだが、犯罪を紛争と同列に論じるのは誤解を招きやすく重要な側面を曖昧にしかねないとの批判もある。そのため、犯罪と他の類型の害悪や紛争との関連を考える別の用語があれば便利だろうが、今のところ、それに代わるふさわしい用語がみつかっていないとして、仮の用語として犯罪という言葉を使っている（ゼア 2002: 184-186）。

4）藤本哲也編『諸外国の修復的司法』（中央大学出版部、2004年）は、ニュージーランド、オーストラリア、イングランド・ウェールズ、ベルギー、カナダ、アメリカ合衆国における修復的司法の実践の動向を紹介している。その他、細井洋子＝西村春夫＝樫村志郎＝辰野文理編『修復的司法の総合的研究』（風間書房、2006年）においても、世界の修復的司法の実践についての紹介がある。

件における調停手続の規則に関する法律）」が制定され、それにともなう刑事訴訟法が改正され、2年以下の懲役刑に処せられる可能性のある軽微な犯罪について、調停（penal mediation）がおこなわれることになった。当初は、ごく一般的な犯罪である侵入盗などの財産犯のみが被害者・加害者和解の対象だったが、近時は、特別な配慮のもとで財産犯以外の重大な暴力犯罪にまでその対象が広がりつつある[5]。

それぞれの社会の犯罪や犯罪の処理（犯罪解決）のあり方については、人類学において多くの研究の蓄積がある。ブロニスラフ・マリノウスキーは、「現代の人類学において、法はほとんどもっぱらその異常で扇情的な操作、すなわち部族的復讐をともなう戦慄的犯罪の事例、報復をともなう犯罪的呪術の事項、近親相姦、姦通、タブーの違反あるいは虐殺の事項等において研究される……すべてこれらの点において、人類学者は事件の劇的な刺激のほかに、原始法のある種の予期しない、風変わりな、驚異すべき特徴、すなわち、あらゆる私欲の感情を排除する親族集団の超越的連帯、法的ならびに経済的共産主義、厳格で未分化な部族法への服従といったようなものを跡づけることができるのである。あるいはできると考えるのである」と述べている（マリノフスキー 2002: 64-65）。マリノウスキーは、トリブリアンド島の16歳ばかりの若者がヤシの木から飛び降りて自殺した事件から、トロブリアンドにおける自殺の意味をみごとに抽き出している（マリノフスキー 2002: 67-86）。

一人の少年が、氏族外婚制のルールに違反して母方の従妹（彼の母の姉妹の娘）との結婚を欲したために、恋敵から全共同体の者が聞いているところで近親相姦を公然と非難され侮辱された。その結果、少年は自殺した。自殺は裁判を執行する手段ではないが、それは非難され抑圧された者に（罪を犯

---

[5] 財産犯に対する修復的アプローチはいくぶん明らかになってきたが、今や、さらに「重大事件」にもあてはめて検証してみる時期が来ている。殺人、配偶者虐待、児童虐待、強姦について、どのような可能性、どのような限界があるのか、どのような手順がうまく機能し、あるいは機能しないのか、またどのような制度的保障が必要になるのか、探究する必要がある（ゼア 2003: 224）。

した者であると無辜の者であるとを問わず）脱出と名誉回復の手段を与える。マリノウスキーは、自殺という現象について、邪術と同じく原住民をして法を厳格に遵奉せしめる手段であり、人々を極端で異常な行為の類型へおもむくことを妨げる手段であり、法および秩序を強く支持するものであるとする（マリノフスキー 2002: 84-85）。このように、人類学においては、それぞれの社会の犯罪および犯罪解決のあり方に関心がおかれ、その社会の、あるいはその社会における文化の内在的意義が探求されてきた。

　他方で、法学者においては、それぞれの社会の犯罪にかかわる事象への対処として、国家対犯罪者という懲罰的な司法とは異なる、犯罪被害者・加害者・コミュニティの三者の関係修復をめざす修復的司法の実践例を数多く紹介してきたが、そこでの私の関心は、伝統的な刑事和解の実践（ある社会で歴史的に継承されて、広く是認された行動様式）と現代の修復的司法の実践との関係をどのように考えるのかである。たとえば、ニュージーランドのマオリ族の伝統が基である家族集団会議（family group conference）や、事件に関心のあるコミュニティのメンバーも参加するカナダ北部の先住民コミュニティを基にした量刑サークル（sentencing circle）は、多くの法学者によって修復的司法の実践の代表例として紹介されているが、それは、果たしてニュージーランドのマオリ族やカナダ北部の先住民コミュニティにおける文化に根づいた実践なのだろうか。わが国においても、「示談」を例にあげて修復的司法の実践として紹介されることもある。その一方で、これらの例を修復的司法と解する者は、少なくとも日本においてはいないであろうと批判的な見解も見受けられる（宿谷・安 2010: 109）。修復的司法における法と文化との関係、すなわち伝統的な刑事和解の実践と現代の修復的司法がどう関連するかは、法人類学において格好の研究対象であろう（河村 2009: 89-92）。そこで、本論文においては、中国における伝統的な刑事和解の実践をとりあげて、それらの実践と現代の修復的司法との関係について検討することにしたい。

2　『秋菊の物語』からみる伝統的な刑事和解の実践

　民事事件において、和解とは、争っている当事者が互いに譲歩をして、その間に存在する争いをやめることを約することをいう。たとえば、不法行為による損害の額について、被害者が 100 万円、加害者が 50 万円を主張し、互いに譲歩した結果、70 万円で折り合って約することが和解である。他方で、刑事和解とは、刑事事件について、犯罪者（加害者）と被害者との間で、被害者が被った損害の回復について合意を形成し、被害者の赦しを得ながら、被害者と加害者の関係を癒すことをいう。

　わが国では、交通事故による紛争を当事者間で話し合って解決する場合のように、争いごとなどを裁判にかけず、双方の話合いで解決することとして「示談」というものが存在する。示談は、一方が全面的に譲歩する場合もあり得るし、互いに譲歩して争いを解決することもある。加害者と被害者との間で示談が成立したか否かは、刑事事件において、加害者が被害者に告訴を取り下げてもらうため、あるいは、被害者の感情が慰撫され、加害者の反省の意を象徴しており、検察官による訴追（起訴・不起訴）の決定及び裁判所による量刑において考慮されるため、事実上、刑事手続を通じての損害回復の機能を果たしてきた。示談書は、かつては債務名義とはならず執行力を持たなかったが、平成 12 年に成立した「犯罪被害者等の保護を図るための刑事手続に付随する措置に関する法律」によって、刑事裁判の軒先を借りて民事上の和解に対しての執行力が付与されることになった（犯罪被害者等保護法 5 条）。さらに、一定の犯罪の被害者等が、被告事件の係属する刑事裁判所に対し、被告人に損害賠償を命ずる旨の申し立てをすることができる損害賠償命令という新たな制度が創設されたことにより、民事手続の中での損害賠償という枠組みを維持した上で、それに刑事手続の成果を利用するというかたちで、刑事裁判において有罪判決がいい渡された後に損害賠償命令に関する審理が行われている（川出 2008）。

　ゼアは、「自白、改悛、猶予といったパターンが日本における法執行の各

段階を支配している。最初の警察の取調べから量刑に関する最終的な審理に至るまで、大多数の被疑者・被告人は自白をし、改悛を表し、被害者の赦しを請い、そして当局の慈悲に身を委ねる。その代わり、被告人は意外なほど寛大に扱われ、公式な手続から完全にはずれることによって、少なくとも司法側からの猶予の見込みが得られる」という特徴をあげて、日本の刑事司法は、公式な司法機関と国家に対して一定の役割を与えるものの、修復的司法の余地を残し、被害者と加害者により大きな役割を与えている一つのモデルとする（ゼア 2003: 219）。他方で、圧倒的な力の差と高圧的で社会と隔絶した雰囲気の中で、修復的司法のプログラムを行うことなど決してできず、警察や検察などにおける、被疑者・被告人、少年への「温情」や「説得」は、RJ（Restorative Justice, 修復的司法）のそれと解する者は、少なくとも日本においてはいないであろうとする批判もある（宿谷・安 2010 109）。ゼアが特徴としてあげた日本の刑事司法文化と修復的司法との間に何らかの関わり合いを一切否定しまってよいものだろうか。

　韓国刑事政策研究院の安成訓は、現代の韓国における修復的司法の実践として、2006年から開始された少年犯罪に対する修復的司法の試験的プロジェクトの開始、すなわち2007年の少年法改正によって和解勧告の規定が設けられたこと（少年法25条の3）、また2007年に成人に関する刑事調停制度が導入されたことをあげる（宿谷・安 2010: 111-112）。東部メノナイト大学で学びゼアに影響を受けて帰国した李在永らが2001年に設立した韓国アナバプティスト・センター（Korean Anabaptist Center）の活動が韓国における修復的司法の実践に大きな影響を与えたとするが、韓国の伝統的価値観についての影響も否定していない。安は、「韓国は儒教の伝統的価値観を残しており、それは人間との関係を重視する思想を多く含んでいるのも事実であ（り）、また、そこには、強い連帯感のもとで、被害者を慰めて加害者を再び共同体に帰属させようとする伝統があった（ここでいう儒教の伝統的価値が意味をもつのは、それが修復的正義という新しい試みを支える可能性をもつという点のみにおいてである）」という（宿谷・安 2010: 46）。

　安の指摘は、韓国においては修復的司法を支える可能性をもつ伝統・文化

が存在したことをうながしているが、日本に固有に存在する「示談」という和解実践が現代の修復的司法となんらかの関係を有するのか否か、また「被疑者の自白・改悛・赦し」という刑事司法をめぐる文化的特徴が現代の修復的司法とどう関連するのかを検討することは文化論的にも興味深い。以下では、伝統的な刑事和解の実践と現代の修復的司法との関係について、中国を例に検討する。ここでは、伝統的な刑事和解の実践を理解するために、一本の中国映画を紹介したい。

1992年に公開され、同年のベネチア国際映画祭グランプリ金獅子賞に輝いた映画『秋菊の物語』(『秋菊打官司』)は、1991年に発表された陳源斌の小説『萬家訴訟』を脚色したもので、1989年4月4日に公布、1990年10月1日に施行された行政訴訟法を題材にしている (図1)。

中国内陸部の奥地にあり、黄河の中流流域に位置する中国の陝西省のとある農村 (図2) で起きた軽微な傷害事件 (刑事事件) の処理をめぐって、被害者の妻である秋菊と加害者の村長との間での和解への道のりが描かれ、映

図1 映画『秋菊の物語』(秋菊打官司)
監督・張芸謀　製作・馬逢国　撮影・池小寧／于小群／盧宏義　音楽・趙季平　主演・鞏俐
(1992年　ベネチア国際映画祭グランプリ金獅子賞受賞)

像に映し出される中国の警察署や裁判所の様子を見ることもさることながら、刑事事件における警察官の役割、さらには中国の一般の人々にとって法とは何か、裁判とは何かを考える上で興味深い映画である。人類学においては、映像や文学作品を取りあげる際には、社会的、経済的、政治的、歴史的文脈からどのような背景でどういう人がつくったのか、広く読まれたのか、どんな反響を呼んだのかなど、映像や文学作品を取り上げるバックグラウンドを詳細に論述することが重要になる。だが、本論文では、伝統的な刑事和解の実践、犯罪解決のあり方を描き出すことを目的とするので、あらすじのみを概観する。

　物語のあらすじは、一人の村民（万慶来）が村長の王善堂に対して発した一言が村長の怒りを買い、村長に急所を蹴られて、肋骨骨折の傷害を負うことから始まる。万の妻である主人公の秋菊は、医師の診断書を持って村長宅に押しかけるが、悔悟の色が見えない村長の態度に立腹し、身重の身体で夫の妹（義妹）とともに、郷（行政単位の一つで、県の下に位置する）の警察署に相談に行く。郷の警察署の警察官の李は、秋菊と村長との間に入って、村長が医療費、慰謝料等200元を支払って仲直りするように和解を勧めるが、お金を受け取りに行った際の村長の高飛車な態度から、秋菊は金を受け取らず、さらに一つ上の行政単位である県の警察署に処理してもらうように訴え出る。県の警察署は、「治安管理処罰条例」にもとづいて処理し、郷の警察署の和解案を支持した。その裁決（決定）に不服の秋菊は、知り合いのつてを頼って、さらに上の行政単位である市の警察署長（公安局長）に

図2　『秋菊の物語』の舞台となった陝西省

相談に行く。その結果出された再議書においては、今回の事件は両者に責められるべき点があるが、村長が医療費、慰謝料等250元を支払うことによって仲直りするように書かれてあった。村長のまことの謝罪（説法）が欲しい秋菊は、その裁決（決定）にも納得がいかず、さらに市の警察署長に訴え出る。

そこで、市の警察署長は、秋菊に、市の警察署の裁決（決定）に不服があれば、裁判所に訴訟を提起するよう促す。市の警察署長によって訴訟を提起すること（「打官司」）を促された秋菊は、警察署長から紹介を受けた弁護士に訴訟の提起を依頼する。

中国の「治安管理処罰条例」（今日でいうところの「治安管理処罰法」）においては、刑法によって処罰する必要がない程度の軽微な反社会的行為に対して、警告、罰金、そして身柄を拘束する行政拘留（1日以上15日以下）というかたちで警察機関が決定を下すことができる（条例6条3号、条例33条)[6]。また、私人同士の殴り合いのけんか、他人の財物の損壊等の治安管理に反する行為において、情状が軽いものについては、警察機関が調停によって処理することができる（条例5条）。そして、治安管理処罰の裁決（決定）を受けた者、あるいは被害者は、公安機関又は郷（鎮）の人民政府の決定について不服があれば、その通知を受けてから5日以内に、一級上の公安機関に不服の申立て（申訴）することができ、一級上の公安機関は不服の申立て（申訴）を受け取った後5日以内に裁決（決定）を出さなければならない。その裁決（決定）に不服があれば、その通知を受け取った日から5日以内に人民法院に訴訟を提起することができる（条例39条）。

裁判になって、秋菊は、自らが原告となって、市の警察署長を相手に（被告に）して裁判を行っていることに驚く。「市の警察署長さんは私によくしてくれた。警察署長さんは悪くはない。悪いのは村長で、私は村長から謝罪が欲しいのだ」という秋菊に、秋菊の弁護士は、「裁判に勝てば、村長は謝罪する」と説明する。そして、判決がいよいよ出される。市の基層人民法院は、「県の警察署の西北部西溝村村長の王善堂の村民万慶来の傷害の件につ

---

[6] 治安管理処罰条例は、2005年8月28日公布、2006年3月1日施行された治安管理処罰法として改正されている。

いての裁決（決定）における市の警察署の再議決定については、証拠が確実、適用法規も正確で、法定手続にのっとっており、行政訴訟法第52条1項、54条1項によって維持されるべき」と判決を下した。

> 行政訴訟法52条：人民法院は、行政事件を審理する場合には、法律、行政法規及び地方性の法規に依拠する。地方性の法規は、当該行政区域内で生じた行政事件に適用する。
> 行政訴訟法54条：人民法院は、審理を経て、それぞれの状況にもとづき、次の各号に掲げる判決をする。
> (1)具体的な行政行為の証拠が確実で、法律及び法規の適用が正確で、法定手続に適合しているものについては、維持の判決をする。

　何が起こっているのかさっぱり検討もつかない秋菊は、「負けた」という弁護士の言葉に対して、中級人民法院に上訴するという。そして、秋菊の上訴によって、市の中級人民法院は、軽度傷害罪が成立するか否か、職権にもとづいて調査をはじめ、被害者の万にレントゲン撮影をすすめた。折しも、時期を同じくして、大晦日の夜、秋菊の陣痛がはじまり、助けが必要となる。対立しているはずの村長は、難産のために助けが必要であることを知り、村民を集めて、夜通しかけて一緒に県の病院まで秋菊を運び、病院に運ばれた秋菊は無事に男の子を出産する。そのことがきっかけとなって、秋菊は村長に感謝し、和解をする。

　しかし、赤子のお披露目の会に、招待した村長がなかなか現れないことを心配する秋菊のもとに、郷の警察官の李が訪ねて来て、夫の万のレントゲンの結果が決め手となり肋骨骨折が明らかになったため、警察が「治安管理処罰条例」にしたがって、15日の行政拘留のため村長を連行したことを知らせる。映画は、サイレンを鳴らしてパトカーが去っていくのを秋菊が追いかけていき、呆然と見つめているところで終わる。

　ある村で起こった一つの傷害事件をもとに、加害者と被害者の間の和解のプロセスが描き出されているが、和解への道のりは、金銭的賠償をはじめと

する犯罪によって被った被害者の損害の回復ではなく、加害者の心からの謝罪が被害者の赦しの鍵となっている。和解を規定するものは、当事者間の関係によって状況に応じて変化するものであり、ここでは、被害者側が難産で困っている際に加害者が手を貸して救ったことによって和解が達成されたことを意味している。

　法令上の用語ではないが、当事者の間で司法手続を経ずに解決する伝統的な和解の実践のことを「私了」という。中国において、非公式に話し合いを行い、法定の機関や公式の手続を通してではなく、取引などをすることによって解決することはじっさいに多くみられる。刑事事件として公訴が提起された際にすでに「私了」が行われていることも多く、なかでも傷害事件、強姦事件、窃盗事件がそのうちの80パーセントをしめているとされる。山東省のある農村の刑事事件において、およそ四分の一が、公訴が提起される前までに私了が行われていたとの報告もある。

　中国における「私了」は、ある意味、わが国でいう「示談」と共通性を有するものであるともいえるが、加害者から被害者に「示談」を申し出ることはあるものの[7]、中国のように、傷害事件において警察官が加害者と被害者との間に入って和解を勧めることはない。しかしながら、警察官の和解における役割については必ずしも否定できない。わが国においても、警視庁の家事相談（生活安全相談）をはじめ、家事相談あるいは防犯相談という名目でおびただしい数の民事紛争が取り扱われている現実があり、土地家屋関係、契約不履行関係、金銭物品貸借関係、身上困りごと関係、結婚離婚離縁その他の関係等の諸事件について、「結了」（話し合いのついたもの）、「教示」（法令問題による解決方法を教示したもの）、「打切」（話合い不成立で打ち切ったもの）、「移ちょう」（他の機関官公庁に移ちょうしたもの）等の処理が行われている[8]。

---

[7] 一般には、加害者（の弁護士）から、（1）被害者に告訴を取り下げてもらう目的で示談金の支払いを申し出る場合、（2）公判における裁判官への心証を良くしようとするために示談金の支払いを申し出る場合がある。

3　湖南省における被害者・加害者和解プログラムの試行

　ニュージーランドの家族集団会議（family group conference）は、1989年の少年法（Children, Young Persons, and Their Families Act）にもとづいて制度化された近年の修復的司法の実践の一例とされるが、マオリの伝統的司法がそのまま現在のニュージーランドに取り入れられたものではなく、「近代的司法と調和するように加工され、しかもマオリの伝統が生きるような形」で形作られたものである（前野 2000: 28）[9]。すなわち、家族集団会議という現代の修復的司法の実践は、先住民のマオリの伝統に淵源をもつものであり、マオリの伝統を現代の修復的司法の理念に照らし合わせて活かされたものであるが、それは、前時代的先住民モデル、すなわち伝統的な和解実践とは異質のものを含んでいる。

　人類学者の馬場淳は、パプアニューギニアにおいて、近年、諸外国で議論されている修復的司法の理念がパプアニューギニアの司法制度改革のトピックに掲げられながら、伝統的な実践として刑事和解が日常生活の中で行われており、パプアニューギニアの人々にとって、修復的司法は「馴染みがあり、自明なものでさえあるかもしれない」とする。しかし、現代の修復的司法の理念がメラネシアの伝統（慣習）的実践のなかに本質的に備わっていたのではなく、「『今、ここ』の伝統が現在の観点や立場性から捉えられ、『創られた伝統』である」ことに留意すべきであるという[10]。

---

[8]　一種の調停機能を営む制度であるとして、警視庁による家事相談を典型とする警察官の民事紛争処理について、日本社会においてこの制度がはたしている役割は、その取扱件数ひとつをとってみてもわかるように、家庭裁判所や簡易裁判所ないし地方裁判所での調停に比肩しうるものであるといっても過言ではない。警察のこうした役割については、吉田如子「警察官の正統性追求と警察活動の低下——交番における観察研究によって——」『法社会学』69号等参照。

[9]　ニュージーランドの修復的司法の実践の動向については、その他、前野（1999）を参照されたい。

[10]　馬場淳「パプアニューギニアにおけるオルタナティブ・ジャスティスの生成——ブーゲンヴィル紛争の修復的プロセスを事例に」（本書9章）。

犯罪解決のあり方を考えるにおいて、伝統的な刑事和解の実践と現代の修復的司法の実践においては何がどのように異なるのかに留意する必要があろう。そこで、最近の中国における被害者・加害者和解プログラムの試行的実践の取組みを紹介しながら、従来の伝統的な刑事和解の実践とどのような点が異なるのかについて考察したい。

中国においては、諸外国における犯罪被害者保護及びそれに付随しての修復的司法プログラムの実践の影響を受けて、公的なシステムの中で修復的司法を実施するための議論が活発になされ[11]、とりわけ各省レベルの司法機関において修復的司法プログラムの取組みが試験的に行われている。とりわけ注目に値するのが、全省に先駆けて、湖南省が実施した被害者・加害者和解プログラムである。2006年10月、湖南省の検察庁（人民検察院）は、「湖南省人民検察院の刑事事件の処理における刑事和解の適用についての規定（試行）」を出し、それにもとづいて修復的司法プログラムとして刑事司法における刑事和解制度を試行した。半年間のプログラムを検証した検察機関による報告書が出されているが、そこには40の事例が載せられている（龔佳禾 2007）。40件のうち、半数は傷害事件であるが（故意のみならず過失によるのもの含まれる）、その他、窃盗事件、器物損壊事件、住居侵入事件等の修復的司法のケースがあげられている。

刑事和解制度とは、軽微な刑事事件及び未成年者の犯した刑事事件に関して、被害者と加害者が和解を行う制度である。具体的には、加害者は過ちを悔い改め、謝罪して、損害を賠償する等によって被害者の理解を得て、被害者は、司法機関が加害者に対して法律に基づいて寛大に処理するよう合意する。

先にもふれたとおり、ゼアは、日本の刑事手続をあげて、刑事手続の各段階で、大多数の事案が公式な法制度からはずれ、ごくわずかのものだけが検察に起訴されることについて、公式な手続を第一義的として、罪責を確定し

---

11) フォード財団（2006年～2008年）及び中国国家社会科学財団（2007年）の助成金による「青少年犯罪者のための修復的司法に関する研究及びそのパイロット・プロジェクト」に関する成果をまとめたものとして、宋英輝＝袁金彪編『中国刑事和解の理論と実践』（北京大学出版社、2009年）がある。

て刑罰を適用することが主な目的である西欧諸国からみれば不思議なことであるが、罪を認め、回復と赦しのため被害者と直接交渉しながら改悛の意を表すことが、寛大な処置の前提であり、長期拘禁刑の回避へとつながっていることに対して、「公式な司法機関と国家に対して一定の役割を与えるものの、修復的司法の余地を残し、被害者と加害者により大きな役割を与えている」ものという（ゼア 2003: 220-222）。

湖南省の被害者・加害者和解プログラムの実践において重要なことは、従来の伝統的な刑事和解の実践とは異なり、公的な法システムの中で、加害者が心から過ちを悔い改めて、被害者に対して謝罪し、加害者と被害者との間で損害の回復に関する協議が行われ、「刑事和解協議書」・「刑事和解調停書」に合意することである。合意内容が履行されているもとで、刑事和解が有効に成立していると検察機関が認めた場合、不起訴の処分を下したり、あるいは公訴を提起するにおいて、裁判所に刑事和解の関係資料を移送して量刑を軽くする旨の意見書を提出する（試行規定 8 条及び 10 条）。中国においても、刑事訴訟法 142 条 2 項で、犯罪の情状が軽微で、刑法の規定により刑罰に処する必要がなく、又は刑罰を免除する場合は、人民検察院は不起訴の決定をすることができ、公式の司法制度において、起訴猶予といった公式手続から外していくやり方がとられている。そういった面で関係的・状況的に処理するという特徴がみられるが、湖南省の被害者・加害者和解プログラムの実践が昔ながらの関係的・状況的処理とまったくかわらないのかといえば、否とするのが私の見解である。

関係的・状況的道徳判断の欠陥は、「主観的になりやすい」、「場面や関係者によってころころと変化してしまいかねない」というパワーの不均衡の問題にあらわれる（藤岡 2005: 224）。すなわち、圧倒的に強力な加害者に対して、被害者が「泣き寝入り」せざる得ないという事態が生ずる。加害者の社会的権力による被害者の「泣き寝入り」のもとで刑事和解が行われるのであれば、それはゼアの意図するところの修復的司法とは到底いえない。臨床心理学者の藤岡淳子は、修復的司法とは何かについて、「現代の修復的司法は、民主社会が獲得してきた『個人の権利』『自由』を大前提として行われ

るべきであることは論を待たない」として、「民主主義に基づく個人の自由と人権とを保障したうえで、被害者と加害者とがそれぞれの自由意思により、主体的に葛藤と問題の解決に向かうものでなければならない」と主張する（藤岡 2005: 224-225）。

加害者と被害者のそれぞれの人権を保障した上で、決して被害者の「泣き寝入り」にならず、加害者と被害者の自由意思により和解することが、伝統的な刑事和解の実践との大きな違いといえるだろう。その意味では、湖南省の被害者・加害者和解プログラムの実践は、公式の司法機関と国家に対して一定の役割を与えることで被害者の「泣き寝入り」を避け、「修復」という行為によって犯罪の害で壊れたバランスを取り戻す修復的司法の思考に合致するものであり、被害者の回復と赦しを、さらには被害者と加害者の関係を癒すことで、両者のあいだに前向きな関係を築く（＝和解）ことを目標としており、従来の伝統的な刑事和解の実践とは一線を画するものであるといえる。

湖南省の被害者・加害者和解プログラムによれば、和解が成立すると、担当の検事は本件に対して、刑事和解成立を酌量事由として考慮し、事件に対する処分を決定する。刑事和解を通じて被害者と加害者との間に合意が成立したとしても、そのすべての事件を不起訴処分とするのではなく、不起訴になるのは、未成年者の犯した刑事事件、及び一般の刑事事件のうち 3 年以下の有期懲役あるいは罪が軽減されて 3 年以下の有期懲役に処せられる場合とされている（試行規定 10 条）。たとえ合意をしたとしても、犯罪の嫌疑が認められて、事案が重大な場合には起訴されるが、その場合には、合意が成立したという事実を考慮して、より軽い処罰を受けるようにする（試行規定 10 条）。

半年間のプログラムを検証した報告書によれば、刑事和解が成立したものが 317 件あり、それは湖南省の裁判所が受理した公訴事件のうちのおよそ 2.1 パーセントを占める（龔佳禾 2007: 3）。また、刑事和解の成立によって不起訴とされた事件が 296 件であり、刑事和解がなされたものの全体の 93 パーセントを占めている。そして、公訴の提起がなされた事件は 21 件で、

全体の7パーセントを占める。刑事和解が成立しなかったものが全体のどの程度かは不明であるが、和解が不成立の理由として、(1)加害者と被害者の双方において、損害賠償額についての合意が成立しない、(2)加害者に賠償能力がない、(3)被害者が加害者との和解をのぞんでおらず、被害者の方は断固として加害者の法的責任を追及することを求めている、等があげられる（龔佳禾 2007: 5）。

【参　考】
湖南省人民検察院の刑事事件の処理における刑事和解の適用についての規定（試行）

第一条　社会の安定を守るため、未成年者が罪を犯すことを予防して、訴訟の効率を高めて、社会主義の調和社会を構築するために、《中華人民共和国刑法》、《中華人民共和国刑事訴訟法》、《中華人民共和国未成年者犯罪防止法》等の法律規定ならびに関連する刑事政策によって、わが省の検察実務と結びつけて、本規定を制定する。

第二条　刑事和解とは、被疑者、被告人が過ちを悔い改めて、謝罪して、損害を賠償する等の方式で被害者の理解を得て、被害者は司法機関が被疑者、被告人に対して法律に基いて寛大に処理することに合意することである。

　　　　刑事和解の実現においては、検察機関は、法律に基いて被疑者を逮捕しない、あるいは不起訴にする、さらには、起訴された場合にも、人民法院は罪を軽減して判決を下すように提案する。

第三条　刑事和解は当事者の意志で公平、公正を原則とする。

　　　　刑事和解において、国家、集団その他の公民の合法的権利を損なってはならず、社会の公共利益を損なってはならず、法律と社会道徳に背いてはならない。

　　　　経済賠償及びその他の救済方法によって、被害者が犯罪によって被った実際の損失と被疑者、被告人の責任が適応されるべきであり、あわせて被疑者、被告人及びその法定代理人の賠償、救済能力

を考慮されなければならない。

第四条　本規定によって処理される事件は、主に軽微な刑事事件と未成年者の刑事事件であり、しかも同時に以下の条件を備えていなければならない。
　(1)被疑者、被告人が自然人であること
　(2)基本的な事実が明らかであり、証拠が十分であること
　(3)被疑者の行為が刑法にふれること
　(4)被疑者が罪を悔やんで、しかも犯罪事実に対して異議がないこと

第五条　人民検察院は下記の方式によって成立した刑事和解について、その効力を認める。
　(1)当事者で和解が成立した場合
　(2)当事者の親族、代理人、弁護人が助力して当事者の和解が成立した場合
　(3)人民調停委員会あるいはその他の下部組織の仲裁によって和解が成立した場合
　(4)当事者の所属する「単位」の人員の仲裁によって和解が成立した場合
　(5)その他の機関と「単位」の職権によって和解が成立した場合

第六条　当事者とその代理人、弁護人が検察機関に事件に対して寛大に処理するように申請した場合、本規定の第五条の第(1)、(2)に照らして刑事和解が成立した場合、検察機関に「刑事和解協議書」を提出する。本規定の第五条の第(3)、(4)、(5)によって刑事和解が成立した場合、検察機関に「刑事和解調解書」を提出する。

第七条　人民検察院は事件を審査するにおいて、すでに成立した刑事和解に対して合法で行われたものかどうか、真実かどうかを審査する。

第八条　同時に以下の状況を備えて、双方がすでに刑事和解が成立すると認定することができる。
　(1)被疑者、被告人が心から過ちを悔い改めて、被害者に対して謝罪している場合

(2)被疑者、被告人と被害者及び法定代理人が弁償して、賠償等の事項に関する協議が一致して、しかもすでに「刑事和解協議書」、「刑事和解調解書」が実際に履行されている、あるいは履行が担保されている場合

(3)被害者が明確に被告人に対して理解を与えるとあらわして、司法機関が被疑者、被告人に対して寛大に処理しあるいは刑事責任を問わないことに同意している場合

第九条　人民検察院は、本規定第四条の状況に合致し、また事件が受理される前に刑事和解が成立していない場合、被疑者、被害者及びその代理人、弁護人に告げられ、本規定第五条の規定の方式によって刑事和解を成立することができる。

第十条　人民検察院は、審査を経て、すでに成立した刑事和解が合法的で、真実で、有効であると認めれば、事件についてそれぞれ異なった情況に対して法律に基いて処理する。

(1)未成年者の深刻な社会危害行為、不良行為について、《中華人民共和国刑事訴訟法》第142条①によって不起訴の決定を行った場合、家長あるいは後見人にしつけるように責任をかす、あるいはコミュニティや関連「単位」に矯正を行うようにしなければならない。

(2)被疑者が3年以下の有期懲役の罪を犯した、あるいは罪が軽減、免除されて3年以下の有期懲役に処せられる場合、《中華人民共和国刑事訴訟法》第142条②によって不起訴の決定を下す。

(3)犯罪の情状が比較的重くて、公訴を提起する必要がある場合、刑事和解の関係資料を人民法院に移送して、併せて量刑を軽くする旨の意見書を提出する。

(4)未成年者の犯罪事件及び軽微な刑事事件については、公安機関に対して逮捕をしないよう求めることができる。すでに逮捕されている場合にも、もし訴訟の順調な進行を妨げないならば、他の強制措置に代えて行うことができる。

第十一条　刑事和解が成立して不起訴になった事件については、検察委員会の討議決定を経て、一級上の人民検察院に報告する。《中華人民共和国刑事訴訟法》第142条①の不起訴の決定に照らして、一級上の人民検察院が審査して、そして湖南省人民検察院に報告する。

第十二条～第十四条（略）

4　附帯民事訴訟制度・自訴制度と修復的司法

　伝統的な刑事和解の実践である「私了」とは異なり、すでに公式の刑事司法システムのなかにも修復的司法というべき制度が存在することも中国における特徴である。さいごに、刑事手続における附帯民事訴訟制度と自訴制度をあげながら、これらの制度と現代の修復的司法との違いについて考察したい。

　従来の刑事司法制度の基本構造を被害者保護の視点から抜本的にあらためる司法制度の可能性が探求されるようになり、わが国でも修復的司法の思考にもとづく新しい実践が模索されていることについてはすでに述べたが、中国の刑事司法においては、被害者は刑事手続の当事者であり、その法的地位が確立されている。それによって、被害者は刑事手続に関与するように制度的に保障されている[12]。中国には、附帯民事訴訟という財産の損害を回復するための刑事手続上の制度と、自訴という軽微な刑事事件に対して被害者が加害者の刑事責任を追及する制度が存在する。それらの制度と現代の修復的司法との違いは何であろうか。

　中国刑法第36条1項においては、犯罪行為によって被害者が経済的損害を被った場合は、犯罪者に対して法による刑事罰を科するほか、さらに状況に応じて経済的損害の賠償を命じなければならないと規定されている。ほか

---

[12] 中国における被害者の法的地位及び刑事手続の関与について詳しくは、拙稿「現代中国の刑事裁判とデュー・プロセス——被疑者・被告人と被害者の法的地位を手がかりとして」『神戸法学雑誌』51巻4号及び栗津光世「中国における刑事附帯民事訴訟（1）・（2）」『産大法学』42巻2号・『産大法学』42巻3号を参照。

に、同条 2 項において民事損害賠償責任を負う犯罪者が、同時に罰金刑に科せられ、その財産が全部を支払うのに不足し、又は財産没収に処せられた場合には、まず被害者に対する民事賠償責任を負わなければならないと、刑罰としての損害賠償を命じる規定がある。また、刑事手続の中で被害者が犯罪によって被った損害の回復をはかる制度として、附帯民事訴訟と呼ばれる制度が設けられており、被害者は加害者の犯罪によって被った物的損害に対して、刑事手続において附帯民事訴訟を提起する権利を有する。

附帯民事訴訟（附帯私訴）制度の内容は国によっても必ずしも一様ではない。わが国においても、戦前に附帯私訴の制度が存在したが（旧刑事訴訟法 567 ～ 613 条）、アメリカ法の影響を受けた新しい刑事訴訟法が制定されたことに伴って廃止された。最近では、被害者保護の施策を推し進める方向の下に、わが国においても附帯私訴制度の復活ないし新たな導入を検討すべきであるとする議論も浮上しているが[13]、それについては懸念もある。第一に、刑事手続と民事手続が結合されることによって、刑事手続自体が、被害者の利益の保護に過度に傾斜したものになってしまうのではないかという懸念である（川出 2003: 302）。附帯私訴を導入すれば、申立人の権利行使を民事上の請求に関する部分に限るといえども、民事上の問題と刑事上の問題とがある部分では重なり合わざるを得ず、被害者は刑事手続の当事者ではないという大前提がある日本の法制度のもとでは、刑事手続における被害者の法的地位そのものの見直しを視野にいれなければならなくなる（川出 2003: 303-305）。第二に、ドイツのように、職権主義のもとで、裁判所が主体となって、刑事上の問題と民事上の問題の双方を解明していく刑事手続の構造とは異なって、わが国では、当事者主義のもとに審理が進められていく。それによって、検察官と被害者とで主張の内容が食い違ったような場合には訴訟進行に混乱をきたすおそれもあり、また、刑事裁判所が民事上の請求原因を基礎づける事実の有無だけでなく、損害の額まで認定しなければならないということになると、手続の遅延の問題も生じてくるという懸念である。被

---

[13] 全国犯罪被害者の会「附帯私訴制度案要綱」http://www.navs.jp/（2010 年 8 月 31 日）。

害者は刑事裁判の当事者とはならないという前提のもとでの日本の刑事手続のあり方を考えれば、附帯民事訴訟制度の導入によって生ずる問題が大きいといえよう（川出 2003: 311）。

中国において、附帯民事訴訟を申立てることができるのは、被害者、その近親者及び法定代理人である（最高人民法院司法解釈84条）。国家財産、集団所有の財産について損害を被った「単位」が附帯民事訴訟を提起しない場合は、人民検察院が公訴を提起するにおいて、あわせて附帯民事訴訟を提起することができる（司法解釈85条）。附帯民事訴訟の申立ての対象となるのは、犯罪行為から生じた物的な損害に対する賠償の請求である（司法解釈84条）。附帯民事訴訟の申立ては、立件された後で第一審の判決が宣告される前に、捜査段階で捜査機関（公安機関・人民検察院）に対して賠償の要求を行うほか、事件が係属している刑事裁判所に対して行ってもよい（司法解釈90条）。ドイツの附帯私訴のように、中国における附帯民事訴訟は、刑事手続と民事手続がいわば一体となったものであり、刑事判決の中で民事上の請求について判断される。したがって、いい渡される判決は一つである（司法解釈97条）。

中国の附帯民事訴訟も、ドイツと同じく、附帯民事訴訟の申立てはあくまでも民事上の請求を行うものであって、公訴参加の申立とは異にする。よって、申立人たる被害者が、公訴参加人としての地位、権限を獲得するわけではない。その意味では、フランスの私訴（action civile）のような検察官が公訴の提起をしない場合にも被害者が犯罪を原因として生じた民事上の請求権たる私訴権を行使することによって公訴権を発動させる類の附帯民事訴訟制度とは異なる。しかし、中国においては、軽微な刑事事件について被害者が加害者の刑事責任を追及する自訴とよばれる制度（公訴に対するものとして自訴）が存在する（刑事訴訟法170条—173条）。

中国法は、旧ソビエトの社会主義法の影響を受けている。旧ソビニト法においては、殴打・誹謗・侮辱など一定の軽微な犯罪については、被害者が訴追人となって訴訟を遂行する私訴（частное обвинение）が認められていたが、中国法においても、犯罪被害者は刑事訴訟の当事者として位置づけられ

ており、被害者あるいはその法定代理人、近親者が、直接裁判所に刑事の訴えを起こすことが認められている（刑事訴訟法 88 条）。

　自訴の範囲は広く、侮辱罪、誹謗罪、暴力を用いて他人の婚姻の自由を妨げる罪、虐待罪、財物不法占有罪等の親告罪のもの、故意傷害罪、住居侵入罪、通信の自由を侵す罪、重婚罪、遺棄罪、偽造・劣悪商品の生産・販売の罪、知的財産権を侵害する罪、国民の人身的権利や民主的権利、財産を侵害する罪で 3 年の有期懲役以下の刑罰に処せられるものにおいて、被害者（被害者死亡の場合、あるいは行為能力喪失の場合、法定代理人、近親者）による自訴が認められている（刑事訴訟法 145 条、 170 条）。その他にも、被害者が証拠を有する軽微な刑事事件で、被害者が被告人の人身又は財産的権利を侵害した行為を証明する証拠を有するにもかかわらず、捜査機関が被告人を追及しなかったものや、人民検察院が不起訴の決定をした事件で被害者が納得しないものにおいて、自訴が認められている。全刑事事件のおよそ 40 パーセントを自訴が占めると報告されており、国家訴追主義をとる日本から見れば驚くべきことである（粟津 2008）。

　自訴を審理するにおいて、裁判所は積極的に調停を行うものとされ、訴えを提起した被害者らは、判決までに加害者（被告人）と和解をして訴えを撤回することができる（刑事訴訟法 173 条）。1998 年の河南省開封市中級人民法院における調査によれば、自訴のおよそ 70 パーセントは公判において被害者らが訴えを撤回しており、20 パーセントは調停が成立し、残りの 10 パーセントに判決が下されている（表 1、図 3）。

　自訴制度は、フランスのように民事上の請求権たる私訴権を行使する、すなわち犯罪によって被った損害を回復するための制度とは異なる。自訴の目的は、裁判所が調停を行い、当事者双方を説得して、教え諭す（「説服・教育」）ことを目的とするものであるとする見解がある（王国枢主編 1998: 348）。これによれば、被害者の刑事司法への関与を保障することに加えて、あわせて加害者の更生・社会復帰を目的としたものであるともいえる。北京大学教授で刑事訴訟法学者の陳瑞華は、中国の刑事手続における附帯民事訴訟制度や自訴制度をあげて、「中国の刑事和解は、その趣旨、それからその

歴史的な展開から、西欧の修復的司法とは一律に同じ土俵で論じられないが、附帯民事訴訟制度・自訴制度と修復的司法は、紛争の平和的解決、社会関係の修復を実現することを価値目標とすることで共通している」という（陳瑞華 2008:91-95）。

たしかに、中国の附帯民事訴訟制度や自訴制度については、被害者と加害者を主たる当事者と考え、被害者のニーズと権利を中心におかれていることでは、ゼアの修復レンズに沿うものともいえる。ゼアは、「修復的司法の概念は、さまざまな文化や伝統や経験の視点から評価される必要がある」と指摘する。中国における附帯民事訴訟制度・自訴制度が、中国の文化や伝統、

表1　自訴の範囲

告訴をまって処理する事件 （刑事訴訟法170条1号）	○侮辱・誹謗罪（刑法246条） 　※但し、社会秩序や国家利益への危害が重大なものは除く ○暴力を用いて他人の婚姻の自由を妨げる罪 　（刑法257条1項） ○虐待罪（刑法260条1項） 等など
被害者が証拠を有する軽微な証拠を有する事件 （刑事訴訟法170条2号）	○故意傷害罪（刑法234条1項）※軽傷 ○住居侵入罪（刑法245条） ○通信自由侵害罪（刑法252条） ○重婚罪（刑法258条） ○遺棄罪（刑法261条） ○偽造・劣悪商品を生産・販売する罪（刑法140条－150条） 　※但し、社会秩序や国家利益への危害が重大なものは除く ○知的財産権を侵害する罪（刑法213条－220条） 　※但し、社会秩序や国家利益への危害が重大なものは除く ○国民の人身的権利・民主的権利を侵害する罪（刑法232条－262条）で被告人が3年の有期懲役以下の刑罰に処せられる可能性があるもの ○財産を侵害する罪（刑法263条－276条）で被告人が3年以上の有期懲役以下の刑罰に処せられる可能性があるもの等など
被告人が自己の人身的又は財産的権利を侵害したという行為を証明する証拠を被害者有するにもかかわらず、公安機関又は人民検察院が被告人の刑事責任を追及しなかったもの（刑事訴訟法170条3号）	
人民検察院の不起訴処分に被害者が納得しないもの（刑事訴訟法145条）	

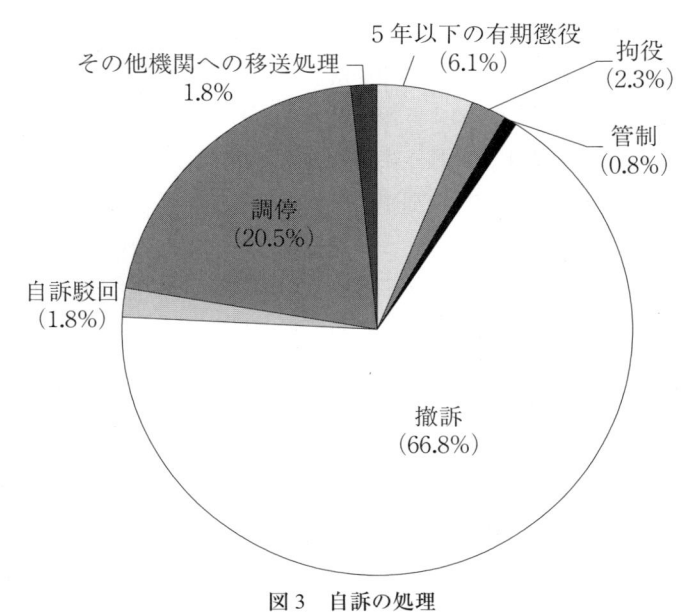

[円グラフ: 5年以下の有期懲役 (6.1%)、拘役 (2.3%)、管制 (0.8%)、その他機関への移送処理 1.8%、調停 (20.5%)、自訴駁回 (1.8%)、撤訴 (66.8%)]

図3　自訴の処理
河南省開封市中級人民法院資料（孫振民「対刑事自訴案件的調査分析」）

さらには歴史的経験によって裏づけられた現代的修復的司法の実践と解釈し得るのか、その答えについては、他日、機会をえて総合的に再考したい。

5　おわりに

　以上、中国における伝統的な刑事和解のあり方をとりあげたうえで、現代の修復的司法の実践として、湖南省の被害者・加害者和解プログラムについて大まかに概観し、さらにすでに公式の刑事司法における附帯民事訴訟や自訴制度をあげながら、伝統的な刑事和解の実践と現代の修復的司法との関係について、それぞれどう関連するかを検討してきた。
　ゼアは、聖書から契約によるジャスティスとしての修復的司法のルーツを語るが（ゼア 2003: 129-160）、アジア・アフリカ社会における修復的司法における実践と文化との関係を明らかにする作業は、いまだなおざりである。

歴史学者、人類学者、そして法学者による共同作業が必要だろう。ひとりの法学者として、それぞれの社会の犯罪解決において、その多元的にあらわれた「型」に注目し、何故そのような「型」にあるのか、その社会システムの全体から、その特徴を丁寧に描き出すことを人類学には期待している。一方で、法学者は、各国の伝統的な刑事和解の実践及び現代の修復的司法の事例をいくつかの「型」に類型化し、その類型化した「型」の共通点・相違点を探究し、さらに現代の修復的司法のそれぞれの社会にあたえる効用・意義、問題点等について検討していくことが重要だと思われる。

　法原則に従って刑罰を科すか否かは、論理的に黒白つけるものではなく、修復的司法における判断とは、関係性の維持に焦点をあて状況に応じて変化するものである。修復的司法が修復する価値は、異なる文化の中で多様であり、そのためにこれらの諸価値を実現するための方法についての見解も大きく異なる。それゆえ、犯罪社会学者のジョン・ブレイスウェイト（John Braithwaite）は、「修復的司法は、一つの文化的に多様な運動であり、普遍的なものに到達するため、真実の追求において、戦略的に豊かな多様性を採用しなければならない。それはあたかも人的な条件に関する人々の経験について、人々が深い共通性に気付いた時に、異なる文化が互いに手を携えることである。それはまた、人々が分かち合った経験に基づいて、お互いにその文化について学ぶこと、そして価値の多様性について認識することでもあり、また、文化的な履歴に根ざしているが故に、機能している修復的司法の伝統を保存することである」という（ブレイスウェイト 2008: 17）。

　修復的司法とは何か、その意味するところは必ずしも確定していない。わが国においては、被害者の刑事司法の関与の拡大を目的とした修復的司法の支持、加害者（とりわけ少年）の更生・社会復帰を目的とした修復的司法の支持、これらは同じ地平の議論とはいい難い状況にあり、修復的司法の実践の可否をめぐっても、それぞれの論者が抱いている修復的司法の目的、内容、手続に統一性がなく、議論の錯綜を助長しているとの批判もある（瀬川 2005: 575-576）。さらには、家族集団会議や量刑サークルのようなコミュニティ司法にもとづく修復的司法の実践において、「コミュニティ」の実体が

不明確であり、その意味について明らかにする必要性があるとの批判もある（瀬川 2005: 577）。

それぞれの論者の修復的司法の理念からその方向性を考えることは、いたずらに議論を錯綜させてしまう可能性が大きい。今後は、それぞれの社会における被害者・加害者・コミュニティという三者の関係修復に関するさまざまな和解の試み、すなわち修復的司法の実践例の分析の中から、現代の修復的司法とは何か、その実践におけるコミュニティとは何かを抽出していく方向に議論の展開をみせるべきだと思われる。

(参照文献)

粟津光世
 2008 「中国における刑事附帯民事訴訟（1）・（2）」『産大法学』42（2）: 291-251;（3）: 478-455。

井上正仁
 1983 「犯罪の非刑罰的処理──「ディヴァージョン」の観念を手懸りにして」『岩波講座基本法学8　紛争』岩波書店。

川出敏裕
 2003 「附帯私訴制度について」廣瀬健二・多田辰也編『田宮裕博士追悼論集下巻』信山社。
 2008 「損害回復のための刑事手続の成果の利用」酒巻匡編『平成19年犯罪被害者のための刑事手続関連法改正』有斐閣。

河村有教
 2002 「現代中国の刑事裁判とデュー・プロセス──被疑者・被告人と被害者の法的地位を手がかりとして」『神戸法学雑誌』51（4）: 65-142。

龔佳禾編
 2007 『刑事和解制度研究』中国検察出版社。

宿谷晃弘・安成訓
 2010 『修復的正義序論』成文堂。

ジョンストン、ゲリー
 2006 『修復的司法の根本を問う』（西村春夫監訳）成文堂。

ゼア、ハワード
 2003 『修復的司法とは何か』（西村春夫・細井洋子・高橋則夫監訳）新泉社。

瀬川晃
  2005 「修復的司法論の混迷」『同志社法学』56（6）: 2053-2070。
宋英輝・袁金彪
  2009 『我国刑事和解的理論與実践』北京大学出版社。
高橋則夫
  2003 『修復的司法の探究』成文堂。
  2007 『対話による犯罪解決――修復的司法の展開』成文堂。
陳瑞華
  2008 『刑事訴訟的中国模式』法律出版社。
寺田浩明
  1997 「権利と冤抑――清代聴訟世界の全体像」『法学』61（5）: 863-946。
馬場淳
  2010 「パプアニューギニアにおけるオルタナティブ・ジャスティスの生成――ブーゲンヴィル紛争の修復的プロセスを事例に」（本書9章）。
藤岡淳子編
  2005 『被害者と加害者の対話による回復を求めて――修復的司法におけるVOMを考える』誠信書房。
藤本哲也編
  2004 『諸外国の修復的司法』中央大学出版部。
ブレイスウェイト、ジョン
  2008 『修復的司法の世界』（細井洋子・染田惠・前原宏一・鴨志田康弘訳）成文堂。
細井洋子・西村春夫・樫村志郎・辰野文理編
  2006 『修復的司法の総合的研究』風間書房。
マリノウスキー、ブロニスラフ
  2002 『新版　未開社会における犯罪と慣習』（青山道夫訳）新泉社。
前野育三
  1999 「修復的司法の可能性」『法と政治』50（1）: 13-32。
  2000 「ニュージーランドのFamily Group Conferenceとマオリの文化的伝統」『法と政治』51(1): 15-40。

3章　政治犯罪に修復的司法は可能か
───南アフリカの教訓───

ステファン・パーメンティア
（石田慎一郎・河村有教訳）

1　はじめに

　第二次大戦後の時代は人類の歴史のなかで最も暴力的な時代のひとつだといっても過言ではない（Eriksson and Wallensteen 2004）。一般的な理解とは逆に、こうした紛争の圧倒的多数は国家間で生じたものではなく、むしろ「国家内」の紛争とみなしうるものであり、しかも甚大かつ大規模な人権侵害を含むものである。1946年から1996年の間に232件の武力紛争が発生し（Balint 1996）、ベルリンの壁崩壊後（1989年から2006年の間）は122件の紛争が発生したが、そのうちの89件は国家内の紛争だと推計されている（Harbom and Wallensteen 2007）。基本的権利を奪われた人々がどれほどいるのかを計ると同様、どれほどの人が殺害されたかを計ることは現実的には不可能だが、ある研究によると数千万人にもおよぶという（Balint 1996; Lacina and Gleditsch 2005）。

　このような深刻な人権侵害は、多くの国々の司法において長年にわたり犯罪行為とみなされ、国家レベルの刑事司法で処理されてきた。2002年に国際刑事裁判所ローマ規定が発効されて以降、こうした人権侵害は、ジェノサイドの罪（集団殺害犯罪）や人道に対する罪ならびに戦争犯罪として構成される「国際犯罪」とみなされるようになった。さらに、真実委員会のような暴力的な紛争を処理する新しいしくみが現れ、被害者に開かれたフォーラムを提供するようにもなっている（Bassiouni 2002; Kritz 1995）。被害者志向・重視のアプローチを強調することは、紛争の勝者にとって都合のいいように

被害者の処遇が左右されてしまうことに対して問題意識が高まってきたことの必然的結果である。こうした重要なシフトを民主制モデルの漸進的強化と説明するむきもある（Todorov 2001）。同時に、犯罪学ならびに犯罪を理解する方法に、同様のパラダイム転換の過程がみられる。すなわち、犯罪者のみならず、被害者もまた社会的弱者であることが少しずつ理解されるようになっている（Lea 1999）。

比較的新しい概念としての「国際犯罪」（international crimes）と、従来からある「国家犯罪」（state crimes）とを同一視できないことは明らかである（Friedrichs 1998; Kauzlarich 2003）。国家犯罪は、例えば、反逆罪、スパイ行為、汚職というような従来は暴力的とみなされていなかった犯罪行為も含まれるという点では、国際犯罪よりも広い概念である。他方で、国家犯罪は、国際犯罪よりも狭い概念でもある。なぜなら、国家犯罪が国家の権限が委譲された組織あるいは個人によって犯されたものであるのに対して、国際犯罪は、ゲリラ組織や私人といった非国家的アクターによっても犯されるからである。どのような概念枠組であれ、学問としての犯罪学が、国際犯罪、国際犯罪の類型、国際犯罪における加害者と被害者に関心を払ってこなかったことは明らかである。国際犯罪を含む暴力的な紛争が多数発生しており、それらの犯罪が被害者とコミュニティに対して破壊的影響をもたらしていることを考慮するならば、こうした現状は驚くべきことである。犯罪学における国際犯罪への関心の欠如は、少なくともふたつの要因が考えられる。第一の要因は、暴力的な紛争の事後ならびに最中は、そうした犯罪について信頼に足る情報の収集が困難だという点にあり、ゆえに洗練された新しい資料収集方法ならびに分析方法が求められる。第二の要因は、そうした犯罪はたいてい当該社会の権力構造に非常に密接に結びついており、それらの研究が権力者集団にとって脅威とみなされるという意味での、国際犯罪のコンテキストに関するものである。以上から、国際犯罪にもっと注目すべきであり、国際犯罪の研究が犯罪学に対して極めて重要かつ必要不可欠な貢献をなすと確信している。

過去に発生した重大な人権侵害と国際犯罪についての議論は、それらの社

会が非民主的体制から脱却しようとする政治的移行期に始まるのが一般的である。その際に、新しい政治エリートは、暗い過去に伴う重大な責任にどのように向かいあうかという根本的問題に直面する。ラテンアメリカ諸国では1980年代、中東欧のすべての国では1990年代、アフリカとアジアのいくつかの国では過去10年において、このような問題に直面している。法学及び社会科学においては、「過去とどう向き合うか」という問いとして広く知られている（Huyse 1996）。「移行期のジャスティス」ならびに「紛争後のジャスティス」という、より広義かつ中立的なふたつの概念を、ここではそれらを置換可能なものとして用いたい。「移行期のジャスティス」の概念は久しく次のように定義されてきた。すなわち、「ある国家が専制的体制から民主的体制に転換する際のジャスティス」（Siegel 1998: 431）である。最近では、より広義に「アカウンタビリティと厳正なジャスティスを確保し、和解を実現するために、過去の大規模な悪弊に向き合おうとする社会のとりくみに関連する諸々の過程とメカニズムの全体」（United Nations 2004: 4）としている。ここでは〈移行期のジャスティス〉と〈紛争後のジャスティス〉とを置き換え可能な概念として用いるが、それは「暴力的な紛争の最中に行われた非人道的行為に対する応報的司法と修復的司法」（いいかえれば、主に過去をあつかうこと）と、「国家内の紛争の結果として崩壊あるいは弱体化した司法システムの修復・補強」（いいかえれば、将来に向けて準備を整えること）というふたつの連関する意味を含む（Bassiouni 2002）。これらふたつの概念は、完全に同一視できないし、概念自体に問題がないわけでもないが、国際犯罪をめぐる諸々の状況、問題を捉える上で格好のものである。新しい枠組みにおけるジャスティスの模索においては、過去における真実の追求、加害者の説明責任を確保すること、被害者に対してなんらかのかたちの償いをおこなうこと、そして紛争当事者間において和解を促進することといった問題に向き合わなければならない（Parmentier 2003; Parmentier and Weitekamp 2007）。

　暴力的な紛争をもたらした要因について理解しておくことがいかに重要だとしても、ここでは国際犯罪の発生源についてはあまり関心をいだいていな

い。むしろ、紛争後の状況下において暴力犯罪や集団暴力の結果にどうとりくむのかについて注目する。本論文の主な目的も、このような犯罪に対処するうえでの視野を広げ、加害者を罰することを主とする応報的アプローチから、被害者とコミュニティならびに新しい人間関係の構築に関心を払う修復的アプローチへと考察を広げることにある。ここで強調したいのは、紛争後社会の状況下で応報的メカニズムが介在する余地はないということではない。集団暴力の爪痕に対処するうえで修復的メカニズムがその役割を果たしうるということを強調したい。こうしたアプローチは、ハワード・ゼアが一般犯罪に対する修復的司法についての著書においていいあらわしたように「レンズを替える」ことを要請するのである（Zehr 1991）。ただし、写真家なら、プロであれアマチュアであれ、異なるレンズは、それぞれが代替物ではなく補完物だということを知っている。同様に、犯罪学における新しい切り口としての修復的司法の理論についても、集団暴力の被害者と加害者の理解に向けての、もうひとつのアプローチになると考えればよい。さらにいえば、一般犯罪への関心を国際犯罪への関心へと移してみることで、犯罪学の視野を広げていくことも可能になる（Parmentier and Weitekamp 2007）。

　本論文では、まず、国際犯罪に対する従来の支配的アプローチ、すなわち応報的司法とくに刑事訴追によるアプローチを概観し、移行期のジャスティスあるいは紛争後のジャスティスの状況下におけるこうしたアプローチの長所と短所について検討する。次に、修復的司法についての諸原則と具体的規準を紹介する。つづいて、国際犯罪に対して修復的アプローチをとる真実委員会に注目し、その中でも南アフリカの事例をあげる。最後に、政治犯罪に対する修復的司法の可能性について検討したい。

2　従来の支配的アプローチ——応報的司法

　国際犯罪に対応する古典的な方法は、加害者を罰し、またその目的のために刑事司法を用いることである。これは、応報的司法のアプローチに馴染むものである。アシュワースは、応報的司法の意味について、「処罰は犯罪へ

の対応として倫理的に適切なものであり、違法行為をおかした者は処罰を受けるに値するのであり、処罰は違反行為の程度に比例しなければならない」という（Ashworth 1997）。国際犯罪の刑事訴追は、一般犯罪の場合に比べて、はるかに多様なレベルにおいて行なわれ、国内のみならず国際レベルでも行なわれている。ここで明確にしておかなければならないのは、刑事訴追のみが応報に相当するものではなく、被害者への損害賠償や、かつての独裁体制に寄与した人物の公職追放（lustration）もまた応報に相当するということである。しかし、本論文では、刑事司法における応報的司法に論点を絞る。

(1) 応報的司法の長所及び短所

　体制転換が生じ、多少なりとも民主的な政権が旧独裁体制指導政権に取って代わり、言論の自由と活動の自由が可能になると、被告人を刑事裁判所に召喚することが声高に叫ばれるようになる。ピノチェト裁判の事例がはっきりと示すように、訴追に対するそうした要請がなされるまでに犯罪発生時から長い年月を要することがある（Roht-Arriaza 2005）。

　国際犯罪の刑事訴追における長所については広く研究されている。リュック・ヘイス（Huyse 1998）は、これに関する議論におけるふたつの主張を挙げている。第一に、道徳的秩序の再構築に関するものである。すなわち、社会全体の正義あるいは特定集団の正義に対する欲求を満たすために「実現されるべき正義」が求められるという一般的な考え方である。このような道徳的主張は政治的主張と組合わされることがしばしばある。すなわち、当該国に人権意識と人権文化を構築するための確固たる基礎を提供することに寄与する点で、「法の支配」の原則を確認し、訴追行為そのものが脆弱な民主主義を補強することにもなる。刑事訴追は、そうしたかたちで、不処罰という厚い壁を打ち破り、国家のアカウンタビリティをもたらすことに寄与するのである（X. 2002）。法の支配の補強という点に密接に関連するのは、しばしば第三の論点とされる犯罪の抑止である。すなわち、国際犯罪の犯罪者を訴追し処罰することは、犯罪者本人のみならず社会構成員全体が将来に同様のあるいは別種の犯罪をおかすことを抑止することにも寄与すると考えられて

いる。

　刑事訴追の長所に直接関連する以上ふたつの主張のうえに、適法性という局面もある。米国の法学者ダイアン・オレントリッチャー（Orentricher 1991）は、深刻な人権侵害については「国際人権法において訴追する義務がある」と強く主張する。彼女は、条約及びケースに基づいて、国連において専門家としてそう繰り返し主張してきた（Orentlicher 2005）。最近は、当初の立場を少し変え、「グローバルな規範」（訴追）と、規範を執行し解釈する「ローカルな行為主体」とをはっきりと区別する。一般的な法的理解では、刑事訴追と有罪判決は「法的・司法的真実」を確認する点ですぐれているが、これは当事者ならびに将来世代にとって疑いのない行為と事実についての見解である。南アフリカの真実和解委員会の言葉を借りていえば、この真実は「法的」（forensic）ないし「事実的」（factual）な真実であり（TRC Report 1998）、いうまでもなく犯罪者・被害者個人に焦点をあわせたものである。

　刑事訴追を求める声は、法令違反行為や犯罪の直接的被害者、すなわち不当な逮捕、拷問、冤罪、その他の抑圧を強いられた人々から求められることがほとんどである。被害者の親族ならびに遺族は、犯罪を目のあたりにし影響を被った人々でもあり、刑事訴追を強く支持する傾向がある。そうした人々は自分たちにとっての最愛の人に対して何が起ったのかを知りたいと望み、犯罪者が弁論の場に召喚されることを望む（Amadiume and An-Na'im 2000）。アルゼンチンの〈マヨ広場の母親たち〉あるいはホロコーストの生存者たちがその例である。他に、草の根あるいは国際的な人権団体や人権委員会、例えばアムネスティ・インターナショナル、ヒューマン・ライツ・ウォッチ、国際人権連盟などのサポートを受けて独自の活動を行なう被害者もいる（Amnesty International 2001）。

　しかしながら、刑事訴追に問題がないわけではないし、リスクがないわけでもない。ヘイス（Huyse 1998）はいくつかのリスクを指摘している。矛盾するようにもみえるが、犯罪者の刑事訴追は、新しい国家の「法の支配」の土台を侵食してしまうこともある。すなわち、すでに時効とみなされている犯罪や旧政権下では処罰されなかった犯罪を訴追しようとする場合、刑罰法

規不遡及の原則（事後法の禁止）との矛盾に直面する。もうひとつは、刑事司法の独立性と中立性を保障することの問題である。刑事司法が、旧政権によって確立された経緯をもち、旧政権時代の価値観を依然として支持している警察官と裁判官によって占められているため、刑事司法の独立性、中立性を維持することは必ずしも容易ではない。第二次大戦後のドイツやアパルトヘイト後の南アフリカの事例は (Dyzenhaus 1998)、こうした問題を考えるうえで興味深い事例である。警察官と裁判官が新たに任命される場合にも問題は起こりうる。なぜなら、過去とのきっぱりとした断絶を示そうとするうえで、被告人の権利に対する相当の注意 (due deligence) を欠いた極めて抑圧的なやりかたをとってしまう場合があるためだ。西欧諸国における戦後の抑圧的状況はそうしたアプローチにともなうリスクの可能性を示すものであり、長らく是非が問われてきた (Huyse and Dhondt 1991)。特赦が適用され、刑事と民事における訴訟を求めない場合には、犯罪者を訴追することもまた当然のことながら問題を含む (Roht-Arriaza and Gibson 1998; O'Shea 2002)。

さらに、法的というより政治的性格のリスクであるが、新たに誕生した民主主義政権は多くの場合に脆弱であり、旧体制の政治・軍事エリートは移行期の政府に対して抵抗を示す可能性がある。有名な犯罪者を訴追することによって、あるいはその脅威自体によって、権力を奪還しようとする動機づけをかつてのエリートに与えかねない。チリとアルゼンチンの事例は、かつてのエリートの力と、新しい政府への警告を如実に物語っている (Orentlicher 1991)。統治システムの能力に関係する問題もある。長期独裁体制では、一握りのエリートが政治的経済的側面で国家を支配するために必要な知識と技能を持ち合わせていることが多い。1990年代初頭の中欧や1990年代後半の南アフリカでは起らなかった事態だが、こうしたエリートを弁明の場に召喚することは、将来についての彼らの不安をかき立て、結果的にエリートの国外逃亡を促すことにもなる。

さらに、集団暴力の爪痕に向かい合う刑事司法のロジスティクスの点で問題が生じる。犯罪者ならびに潜在的犯罪の被疑者の実数があまりにも膨大な

ために、極端に多数の訴追が行なわれる場合にはシステム自体が働かなくなってしまうことがある。ルワンダの事例では、ジェノサイド発生後 13 年経っても 10 万人が収監されており、ルワンダ政府は新しい解決策を模索し、ガチャチャという伝統的な紛争解決手段を復活して、ジェノサイド犯罪への対処に活用した（Penal Reform International 2002）。それほど極端な状況でない場合でも、選択的に一部の犯罪者のみに限定して刑事裁判所に訴追せざるをえない場合がある。すると、たいへん難しい問題が生じる。すなわち、訴追機関は犯罪の指導者ならびに計画者のみに焦点を絞るべきか。犯罪を命令していた、あるいは犯罪の発生を把握していたのは誰か。命令を実行した人物ならびにそれを補佐した人物に限るべきか。直接犯罪には関与しなかったが、それを目撃し、また場合によってはそこから利益を得ていた、いわゆる傍観者はどうするのか。

　刑事裁判はその本質的性格として、犯罪者ならびに被告人の権利を重視し、被害者と被害者に与えた損害についてはほとんど重視しない（Zehr 2003）。それは一般犯罪にいえることであり、同時に国際犯罪ならびに集団暴力犯罪にも概していえることである。もっとも、被害者が全く無視されているというわけではないが、刑事手続における被害者の役割は証人といった局面に限られているのである。

　刑事訴追に伴う様々な問題を考慮すると、とるべき選択肢は数多くある。それゆえ、刑事訴追が標準というよりは例外にあたるということがしばしばあるという点は驚くべきことではない。刑事訴追を希望する声とその現実との間には、数々の法・法規制に加えて、それに反対するいくつかの立場が存在する。

（2）　刑事訴追の国際化

　国家は、刑事司法の諸機関（警察、検察官、事実審裁判所、刑務所、その他の刑事司法執行機関）を通して、一般犯罪の被疑者に対する刑事訴追を実行するために十分な制度を備えている。だが、上記のとおり、集団暴力犯罪をあつかう場合には新しい課題に直面する（Parmentier and Weitekamp

2007)。ひとつは、犯罪者の意図であれ犯罪の目的と文脈であれ、政治に関係するという意味で、犯罪の政治的性質にある。もうひとつは、国際犯罪においては、被害者そしてときには犯罪者が膨大な数にのぼる点にある。それゆえ、多くの国々において、とりわけ十分な刑事司法制度を備えていない国々においては、広範囲にわたる刑事訴追に着手することについて消極的な姿勢を示す場合が多い。

かつては国際犯罪に対する刑事訴追は犯罪が発生したその国に限られていたけれども、過去20年の間に重要な転換が見られる。

第一の変化は、多くの国々で議論されているいわゆる「普遍的管轄権」(universal jurisdiction) の立法化に関することである。これによって、犯罪が発生した地域と直接的つながりがない場合、あるいは犯罪者と被害者の国籍と直接的つながりがない場合にも、第三国が国際犯罪を訴追・審理することができるようになった (Amnesty International 2001; Princeton Principles 2001)。それが正当とみなされるのは、国際犯罪があまりに凶悪で、被害者や犯罪が生じた国の刑事司法に影響を及ぼすのみならず、人道に対する影響も甚大だということによる。またそのためにこそ第三国が自らの刑事司法を世界共同体のために用いるのである。「純粋」な普遍的管轄権は、実際には今日の世界において稀であり、スペインとベルギーの旧法（2003年まで）はあくまでも例外である (Andries et al. 1994; Wouters and Panken 2002)。実際、多くの国、とりわけ欧州諸国での普遍的管轄権は制限されており、訴追ならびに審理を進めるためには当該犯罪となんらかのつながりがあることが求められる。人道に対する道徳的功績として一部で歓迎されているものの (X. 2002)、最近の動向から理解できるのは、普遍的管轄権の本来のシステムを構築するとりくみは、しばしば実際の国際関係における政治に左右されるということである。

第二の変化は、国際レベルにおける刑事司法メカニズムの確立である (Bassiouni 1997)。この先駆的ケースはふたつの特別法廷、すなわち旧ユーゴスラビア（ICTY）ならびにルワンダ（ICTR）の特別法廷である。これらは国連安全保障理事会によりそれぞれ1993年と1994年に設置され、活動時

期ならびに地理的な管轄権が限られていた。これらに続き、常設の国際刑事裁判所が設立され、2002年に活動を開始し、ジェノサイド・人道に対する犯罪・戦争犯罪からなる国際犯罪をあつかうことになった。上記のふたつの特別法廷が甚大な人権侵害に対処するためにもっとも重要な管轄権（primary competence）を備えたが、国際刑事裁判所は、締約国が訴追・審理をする「意思と能力がない」場合に国際犯罪の訴追・審理を行なうという補完的役割を負うものであり、国家レベルの司法システムに引き続き中心的位置を与えるものである（Kittichaisaree 2001）。その後、国際・国内レベルを折衷した法廷が、シエラレオネ、東ティモール、コソボならびにカンボジアで設立された。国際刑事司法システムの急激な発達は、ジャスティスの新しい時代の最終的な出発点だとして多方面で注目されている。ドゥランブル（Drumbl 2007; 2000）のように、国際法廷による処罰は、新しい制度がどれも先行例の経験に基づいて構築される傾向がある点で、「法的擬制」の一例だと主張するものもある。犯罪が発生する個々の状況がそれぞれに異なっているにも関わらず、また先例においてしばしば「混乱させやすく、共通点が無く、一貫性がなく、気まぐれな」処罰が発動されてきたにもかかわらず、国際刑事裁判所が西洋のジャスティス概念に染まっていることについて重要な問題提起を行なっている。すなわち、西洋のリベラルでリーガリスティックなジャスティス概念は、多数の被害者、多数の犯罪者、大規模な傍観者集団を含み、しかもそれら当事者のすべてが特定の政治的文脈に埋め込まれている「特別」犯罪に対処するうえで唯一の方法ではない可能性がある。さらにいえば、一部のメカニズムには、なんらかの政治経済的動機によって導かれてしまう危険性にさらされていることもあり（Wilson 2001）、また当該社会内の破壊された人間関係の修復に寄与しうるかについて信頼できないものもある。

3　修復的司法への転換

（国際）刑事司法の復活が集団暴力の事例におけるジャスティスの新しい

時代の出発点としばしばみなされる一方で、紛争後のジャスティスに対する応報的アプローチには問題点と短所があることを明らかにした。さらに、応報的司法の目的は「ジャスティスのコイン」の片面に相当するものである。本節では、紛争後のジャスティスへの道筋には、応報的司法の限界を乗り越えるためのさらなるステップが求められる点を指摘したい。集団暴力の犯罪者を訴追し処罰するだけでは、大規模な集団被害の多くの側面—社会的側面、被害者意識の側面、犯罪学的妥当性など—が見落とされてしまう。紛争後のジャスティスの主要目的のいくつかを達成し、とくに暴力的な紛争の再発を防止し、紛争発生時に負った傷を修復するためには、まさに犯罪学的な問題を数多く考慮しなければならない。すなわち、集団暴力の原因は何か。暴力的紛争が発生する条件とは何か。人々がなぜ残虐行為に関与するのかを説明しうる社会学的・心理学的理由とは何か。紛争後状況に対する修復的司法アプローチはそうした問題に対して、より有意義な答えを出すことができる。

以下、まず修復的司法の基本原則を述べる。これは一般犯罪に関する犯罪学において展開したものだが、それが政治犯罪に適用しうるか否かについて検討したい。

(1) 修復的司法を通した集団暴力への対応

多くの国々の刑事司法の内と外で修復的司法の重要性が主張されていることはいうまでもない。修復的司法の一般的定義として受け入れられているものはないが、ふたつの定義がしばしば引き合いに出される。ひとつはマーシャルによるものであり、修復的司法を「ある犯罪に関係するすべての当事者が集い、犯罪の事後ならびに未来への影響にいかにとりくむかについて全員で解決するプロセス」と定義する（Marshall 1999）。もうひとつは、ベイズモアとヴァルグレイブによるものであり、彼らの定義はより目的志向的であり、修復的司法を「ジャスティスの実現を第一の目的として、犯罪によって負った傷を修復する、あらゆる活動」と定式化する（Bazemore and Walgrave 1999）。急速に展開する修復的司法の研究にあって、その他にも様々

な定義が議論されている（Van der Spuy, Parmentier and Disssel 2007）。

　これらの定義は抽象的で曖昧だとの批判をうけて、それらを明確にするひとつの方法として、修復的司法の具体的基準をひとつひとつ明らかにしていく見解もある。国連経済社会理事会（ECOSOC）は、国際社会を代表し、各国で修復的司法を展開するうえで〈刑事における修復的司法の実践に関する基本原則〉（Basic Principles on the Use of Restorative Justice Programmes in Criminal Matters）を促す決議を 2002 年に採択した（www.restorativejustice.org）。だが、修復的司法の展開は、あまり深刻ではない財産犯罪ならびに少年犯罪のみに偏っており、深刻な国際犯罪に対する被害者・加害者プログラム（victim-offender programme）のケースは非常に限られている（例えば、Gustafson 1997; Umbreit, Bradshaw and Coates 2003）。集団暴力及び集団被害のレベルに達する政治的性質をもつ犯罪について、修復的司法を考慮に入れるケースはほとんどないというのが現状である（Parmentier 2001）。

　また、マッコールドとワクテル（McCold and Wachtel 2002）のように「修復性の程度」を区別するというものもある。すなわち、被害者、犯罪者、コミュニティの関与のレベルによって 3 つのレベルを見極めるものである。

　修復的司法の要点は、犯罪を人間及び人間関係に対する違反行為とみなすことにあり、ゆえにそれらを正す義務をうみだす。この過程は、被害者・加害者プログラムを、被害者と加害者が、そして可能ならばその他の関係者を含めて、会する場を任意ベースで用意することで可能となる。このようなフォーラムでは、対話の場が開かれており、調停者の支援をうけて傷を修復し、関係を和解させるための機会が用意されている。それゆえ、修復的司法とは何かという定義について合意を導くことや、修復的司法の具体的基準をひとつひとつ明らかにしていくことよりも、原則を見極めることがより重要である。ロシュ（Roche 2003）にしたがって、ここでは 4 つの原則を一覧する。

　　(1)　人格主義：犯罪は、（刑）法に対する違反行為というよりも人間と人間関係に対する違反行為である。

(2) 賠償：第一の目的は、犯罪者を処罰することよりも被害者の傷を修復することである。
(3) 再統合：その目的は、犯罪者を社会から排除し孤立させることよりも彼らを社会に再統合することである。
(4) 参加：その目的は、すべての直接的関係者と、可能なら間接的関係者のすべてが協同して犯罪にとりくむことを促すことである。

（2） 修復的メカニズムの実践としての真実委員会

移行期のジャスティスの分野で、集団暴力後に設置されたメカニズムとして修復的側面を示すケースがいくつかある。その格好の例が真実委員会である。もっとも、すべての真実委員会が全く同一の性格を持っているわけではないし、すべてが修復的司法の水準を満たしているわけでもない（Hayner 2001; Villa-Vicencio 2000）。真実委員会は、応報的司法と刑事訴追の伝統的様式に対する「次善のオルタナティブ」と捉えられることがしばしばある。四半世紀の間に設立された 20 以上の真実委員会が最もよく知られたものである。他の国のものの重要性が低いわけではないが、南アフリカ、グアテマラ、ペルー、シエラレオネのケースは、真実委員会の事例として特筆すべきものとみることができる（Hayner 2001）。本論文でも修復的司法メカニズムを考察する出発点としてそれらを取り上げたい。注意すべき点は、そうした非司法的メカニズムの大多数は国家の枠内で働くものであり、部分的に国際的な人員構成で組織される委員会はごく僅かである（Schabas 2005）。

ヘイナー（Hayner 2001）は、真実委員会という用語を用いるには次の属性が欠かせないとする。すなわち、(1)公的（すなわち国家ないし政府）支援によって設置されなければならず、私的なイニシアチブのみによらない。(2)その目的は、個別事件に焦点を合わせるのではなく、人権侵害の全体的パターンを明らかにするものでなければならない。(3)公開最終報告書の提出によってその業務を終了する。(4)報告書は、暗い過去にどのようにして向き合うか、同様の紛争ならびに犯罪が将来発生することを如何に抑止するかについての勧告を含むものでなければならない（Freeman 2006 も参照）。以上か

ら、真実委員会とは典型的には、限られた期間において暫定的に設置されるもので、個人の有罪・無罪を明らかにするという目的ではなく、当事者間ならびに社会全体レベルでの紛争解決枠組に寄与するという目的によって設置される非司法機関である。

このような真実委員会は、真実・賠償・和解を強調する点で民事裁判所あるいは刑事裁判所に対する貴重な補完的とりくみと見なされるようになっている（Christie 2001）。修復的次元はふたつのレベルで認められる（Christie 2001）。第一は、被害者と加害者が自分たちの経験を声に出して共有する公的フォーラムを提供するという意味での、委員会の制度レベルである。第二は、対話、個人的癒し、あるいは長期的な修復を目的として、被害者と加害者が真実委員会の場あるいはその後に対面するという個人間レベルである。そして、すべての真実委員会が同一のルールのもとで行なわれているわけではなく、どのようにして、あるいはどの程度それぞれの真実委員会は修復的司法を提供するという期待に応えうるかを見極めるには具体的な事例研究を行なうことが重要である（Parmentier 2001）。

修復的司法の側面をもつメカニズムの他の事例に、慣習的なメカニズムあるいはコミュニティ立脚型のメカニズムがあり、その一例であるルワンダのガチャチャ法廷は、拘留中の多数のジェノサイド犯罪者を処理し、ジャスティスと和解とを両立するために設置されたものである（Uvin 2003; Penal Reform International 2002）。

以下では、修復的司法の枠組のひとつとしての真実委員会に注目し、国際犯罪に応用する場合に、主たる原則に如何に順応しうるかを検討したい。とくに、南アフリカ真実和解委員会を主要な事例とし、その他の委員会ならびにジャスティスのその他の形式に対する教訓を導きたい。

4 南アフリカの政治犯罪に対する修復的司法
―――真実和解委員会の教訓

真実委員会が如何にして修復的司法に寄与しうるかについて考えるうえ

で、南アフリカ真実和解委員会（TRC）は興味深い事例である。

（1） 真実の探求と和解——真実和解委員会の目的と制度的枠組

　南アフリカの真実和解委員会（TRC）は、1995年に公式に設置され、同年12月16日、最初の会合が開かれた（TRC Report, vol. 1, 44-45）。国民統一・和解促進法［1995年第34号、1995年7月19日］のタイトルが示すとおり、委員会の全体目的は「理解を重んじる精神によって過去の紛争と分裂を乗り越え、国民の統一と和解を促進すること」（Section 3, 1）だった。この点で、委員会は「深く分断された過去から、人権と民主主義の認識に基づく将来へと国民を導くための架橋的プロセスの一部」と捉えられる必要がある（TRC Report, vol. 1, 48ff）。最終報告書がマンデラ大統領に提出されたのは1998年11月である。

　委員会の歴史的文脈、任務、制度的枠組は諸々の論文を参考にされたいが（とくにParmentier 2001）、ここでは顕著な特徴をいくつか述べる。交渉による民主主義への移行の全体的背景と比較すると、南アフリカのTRCはたいへん抽象的な目的を実現することが期待されていた。委員会は、国民統一・和解促進法の定めるところにより5つの業務を担当した（art. 3, 1 and 3, 2）。(1)深刻な人権侵害の全体像を明らかにすること、(2)特定の行為に対する、ならびに特定の条件における特赦付与を実現すること、(3)被害者に対して自ら語る機会を与え、被害者のための賠償方法を勧告すること、(4)包括的報告書をとりまとめること、(5)包括的目的を考慮してあらゆる勧告を行うこと。

　委員会の業務における2つの要点は、真実を明らかにすることと和解を促進することである。最終報告書において、委員会は真実と和解という2つの概念が複雑で、どのようにでも解釈しうる点を十分に認識していた。真実については、委員会は次の4つの概念を区別している（TRC Report, vol. 1, 110-114）。(1)信頼にたる手続を通じて収集された証拠によって明らかにされる事実的・法的真実（factual or forensic truth）、(2)アパルトヘイト体制下での経験について個々人が語る数々の物語から明らかにされる個人的・物語的真実（personal or narrative truth）、(3)相互のやりとり、議論、討論を通じて導かれ

る社会的・対話的真実（social or dialogue truth）、(4)人間関係の文脈のなかに事実とその意味を位置づけるかたちでの癒し的・修復的真実（healing and restorative truth）である。和解の概念についても、それ自体で4つのレベルを区別するなどの議論がある（TRC Report, vol. 1, 106-110）。すなわち、(1)大切な人の亡骸を掘り起こし再埋葬することに顕著に現れるような、苦痛に満ちた真実を受け止めるなどの個人レベルのもの、(2)特定の被害者と犯罪者との間の和解というレベルのもの、(3)地域コミュニティの内部または地域コミュニティ間の内的紛争に向き合うというコミュニティレベルのもの、(4)国家制度ならび非国家制度の役割を主題とする国民レベルのものである。その活動を通じて、委員会は、真実が和解への道をなすものと一貫して主張し、それらいくつかの概念の間の関係性を明らかにしようとした。和解をめぐる議論によって委員会と修復的司法概念との繋がりが可能となった。それは、報告書の中で広義に解釈されており、すべての南アフリカ人のために「市民的・人間的尊厳を修復する」こととされている（TRC Report, vol. 1, 125-131）。このような修復的手続は何よりまず被害者のためのものであり、自ら語る最大限の機会が認められ、深刻な被害を受けたことが認められた。一方で、TRC は、犯罪者の動機や彼らが置かれていた社会・政治構造を理解することにつとめ、もちろん彼らがおかした犯罪が赦されるわけではないが、犯罪者の尊厳を修復することにも注意を払っている。彼らのアカウンタビリティを確保することは、修復的司法の幅広い枠組における、相互理解に向けたとりくみの一部なのである。

　ここでの修復的司法のとりくみにとって、全体委員会及び三つの下位委員会からなる真実委員会の構成は重要である。人権侵害小委員会（Human Rights Violations Committee ［HRVC］）は、デスモンド・ツツ司教のカリスマ的指導力によって率いられ、調査実施を委託された（TRC Report, vol. 1, 140-151）。この小委員会は南アフリカ全国の被害者から、3万7,000件の人権侵害に関する2万1,000件の証言記録を収集した。既存の真実委員会と比較して南アフリカのケースが独創的だったのは、人権侵害小委員会により多数の傍聴者を集めた公聴会が72回以上開催された点である。公聴会には多様な

形式があり、被害者と加害者がそれぞれの話を語る機会を提供し、集団殺害のような特定の事件に焦点を合わせた公聴会、法曹・医師、メディア、企業などの特定社会部門を対象とした制度公聴会、女性と子どもを対象にした公聴会、政党を対象とした公聴会等を開いた。特赦委員会（Amnesty Committee ［AC］）は、特赦を申請する個人に対応することを任務とした（TRC Report, vol. 1, 153-157）。関連事実のすべてを完全に明らかにすることなどのとくに厳格な条件のもと、政治的目的を伴った加害行為について特赦を得ることができた。1998年6月の時点で、すでに7,000件の特赦申請がなされた。賠償小委員会（Reparation and Rehabilitation Committee ［RRC］）は、賠償と修復について政府に勧告することのみに権限が限られていた（TRC Report, vol. 1, 170-195）。賠償小委員会は、この権限を広いかたちで発揮し、様々なレベルでの賠償方法を勧告した。すなわち、象徴的賠償、法的・行政的賠償、コミュニティ修復プログラム、制度改革である。全プロセスのなかで、賠償小委員会は、例えば医療的・心理学的・物質的支援を必要とする個人への緊急的・暫定賠償を行なっている。

（2） 真実和解委員会における修復的司法の実践

修復的司法に関する研究は様々なかたちで可能であり、真実委員会の文脈においての修復的司法の研究もまた同様に興味深いものである。

上の3つのアプローチについては別稿（とくにParmentier 2001）にて論じているので、本論文ではこれ以上議論しない。ここでは修復性の程度に着目する第三のアプローチについて、マッコールドとワクテルによって提示され、筆者を含む研究グループ（Weitekamp, Parmentier and others 2006）においても評価しているモデルに言及したい。

マッコールドとワクテル（McCold and Wachtel 2000）は、修復の類型及び程度に注目したモデルを開発し、修復性の程度が「十分」（fully）か、「大方」（mostly）か、「部分的」（partly）かの三つで区別する。右図のとおり、家族会議、平和サークル、コミュニティ会議を「十分」に修復的だとみなし、その他の試みは「大方」修復的か「部分的」に修復的だとする。移行期

Ⅰ部　オルタナティブ・ジャスティスの実践

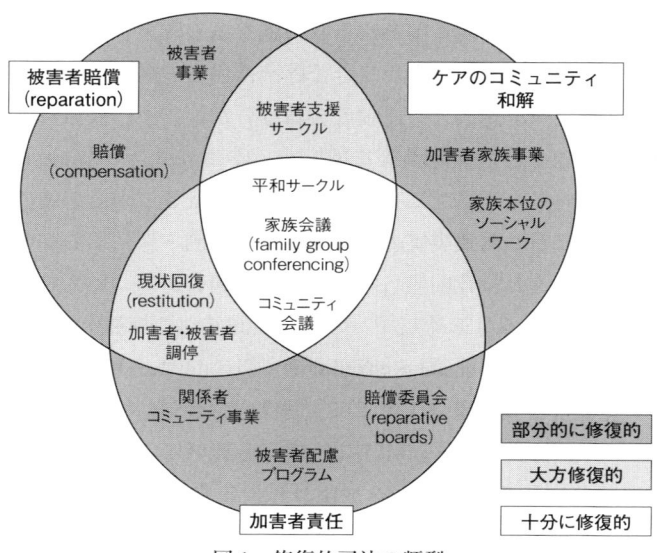

図1　修復的司法の類型
（McCold and Wachtel, 2002）

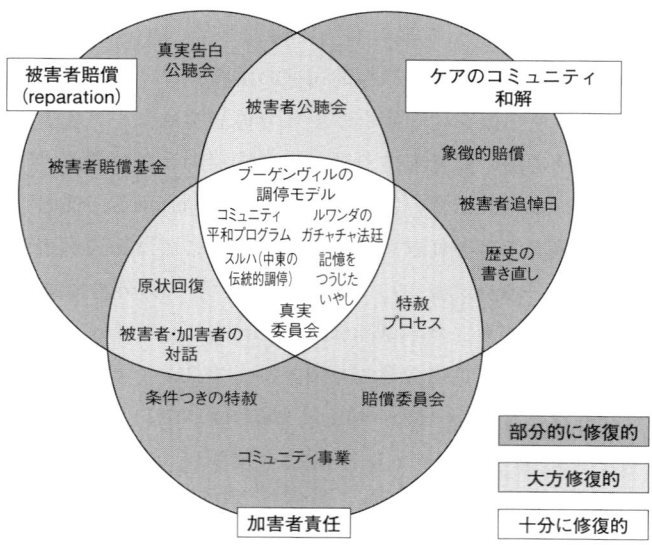

図2　修復的手法による移行期のジャスティスの類型
（Vanspauwen, 2003）

あるいは紛争後の状況に応用してみると、そうした分類そのものについていくつかの疑問を差し挟むこともできるが、完全に修復的とみなしうる数多くのケースを見つけることが可能である。とはいえ、過去に対処するうえで、より応報的なアプローチがとられているか、あるいはより修復的なアプローチがとられているかを見極めるうえで、移行期諸国の状況に注目することが有効だという点を主張したい。

以下では、ロシュが挙げた修復的司法の4つの原則（人格主義、賠償、再統合、参加）に焦点をあわせ、南アフリカの真実委員会がそれらをどの程度実現したかを検証する（Parmentier et al. 2008）。

第一に、人格主義は、犯罪を（刑法上の）違法行為というより人間及び人間関係に対する違反行為だとみなす。この原則は、紛争当事者が破壊された人間関係を回復することを可能にする「感情的関与」の社会的次元に関係する。集団暴力犯罪は、違法行為というよりもまず人間に対する違反行為である。真実委員会は、被害者と加害者との対面の重要性を強調し、そのような期待に叶うならば「完全な修復的司法プロセス」の期待に応えることができるのではないかという（Weietekamp, Parmentier et al. 2006）。そうした対面は、真実委員会プロセスの一部に組み込むかその外部で行なうかのいずれにせよ、被害者・加害者間の対話を組織することなどによって実現される。今後設置されうる真実委員会には、「対面」という重要概念を新たな構成要素として組み込むべきだというのが筆者の考えである。犯罪者と被害者が一堂に会して暴力的紛争の顛末についてともに対処する場を用意する真実委員会はこれまでに存在せず、南アフリカTRCにおける特赦公聴会がその唯一の例外である。TRC実施後に行なわれた南アフリカ暴力和解研究センター（CSVR）によるアクションリサーチは、将来の真実委員会にとって対面原則が考慮されるべき手段となりうるかについて明らかにするはずである。南アフリカの事例でも、おそらくその他の紛争後諸国でも、TRCの手続を通じて被害者の期待に如何にして応えることができたか、そしてもっと重要なことだが、どの程度それらに応えることができたかについての情報が欠けている。被害者の背景、期待、動機についてはほとんど明らかにされていない

のである（Verdoolaege 2002）。加害者については、彼らを対話のテーブルにつかせることで、人間性を失い残虐になるのとは正反対の過程にすすむことを促すことがすでに明らかにされている（Godoba-Madikizela 2003; Drakulic 2004）。より一般化したレベルでは、ファン・デル・メルヴェ（Van der Merwe 2001）は、アパルトヘイト後の南アフリカにおける和解に向けた国民的プランが、どのようなかたちで数多くの被害者にとっての個人的和解手続を妨げる結果を招いてしまったかを明らかにしている。最後に述べておかなければならないのは、暴力的な紛争後における集団被害への対応において、なんらかのかたちで人々を協同させるための適切な方法は、他にも数多くあるということだ。そのケースのひとつがルワンダのガチャチャ法廷である（Penal Reform International 2002）。その他の対応としては、過去に対処するうえで複数のメカニズムを組み合わせて統合的に対応することも可能である。

　第二に、賠償の原則であるが、その主なねらいは、犯罪者を処罰することよりも被害者の傷を修復することである。賠償は過去の不正にとりくみ、さらには解消するうえでも次第に重要になっており、過去10年の間にこの点についての認識が非常に高まってきた。2005年の国連決議によると、賠償とは非常に広義の概念として理解しうるものであり、財産の原状回復、金銭的賠償、社会的・医療的手法による回復支援、象徴的手法、加害行為の再発防止を含む。それらは個人的アプローチでも集団的アプローチでもありうる（Bassiouni 2000）。この原則は国際法では厳格に確立しているが（Sarkin 2004）、多くの問題が残されている（Vandeginste 2004; Du Plessis and Peté 2007）。賠償は被害者の利益である点は一般に認められているけれども、このカテゴリーをどれほど広く拡大することができるか、間接的被害者や社会全体を含めることができるかについてはそれほど明確でない。もうひとつの主要な問題は、賠償の手段について誰が義務を負うか、あるいは誰に責任があるのか、新しい国家機関か加害者自身か、加害者個人か社会全体か、利益を得ていた傍観者はどうかなどについてである。加えて、賠償に対する権利を如何にして補強するか、政府政策によってか、あるいは個々人の行政的・司法的行為によってか。紛争の再発防止に加えて、修復的司法における賠償

の原則は移行期のジャスティスの主要な目標のひとつである。移行期のジャスティスをめぐる議論において、賠償は必要なメカニズムのひとつとして広く認められるようになっているが、この点で成功を収めたケースはほとんどないのが現状である。移行期のジャスティスにおける課題として賠償が非常に重要になると考えられる。

　南アフリカTRCの文脈では、様々なレベルで賠償が組み込まれていた。賠償小委員会は、TRCに対して文字記録または口頭によってなされ、医療的・精神的・物理的支援を必要とする被害者に対して、緊急の暫定賠償を施した。同時に、委員会は政府に対して、個人的賠償、象徴的賠償、法的・行政的手段、コミュニティケア・プログラムならびに諸々の制度改革を実施するよう勧告した。この勧告は期待したとおりの結果を政府側から引き出すことができなかったので、いくつかの被害者支援団体に申立てを行なうなどして多くの被害者がそうした勧告を実行するよう政府に働きかけた。そうした活動がどのような具体的な成果をもたらすかを見守っていく必要がある。

　第三に、再統合とは、犯罪者を社会から排除するよりも最終的には社会のなかに再統合することを目的とすることである。応報的司法では、加害者のアカウンタビリティが重視されており、ゆえに国際犯罪に等しい深刻な人権侵害をおかした者は釈明しなければならない。一般的な理解とは違って、アカウンタビリティは自明のリアリティからほど遠い。その点での主な問題のひとつは、釈明させるべき加害者とはどのようなタイプの加害者なのかという問題に関連する。すなわち、違反行為の指導者ならびに計画者あるいは命令した者ならびにそれを補佐した者、そして犯罪に直接加わらなかったが、結果的に利益を得ていた可能性のある「傍観者」についてはどうするのか、といった問題である。加えて明らかにしておかねばならないのは、国際犯罪は暴力的紛争の原因となるという点である。基礎にあるコンフリクトに対処せずに最も深刻な犯罪のみに対処するのでは氷山の一角に触れているにすぎない。アカウンタビリティに対する修復的司法アプローチは、とくに再統合の原則と組み合わされる場合に、必然的に独特のものとなる。この原則は、加害者に対して支援的な方法で自らの違反行為を説明させ、犯罪者の社会へ

の再統合を実現するために必要な方法のすべてを検討することを、社会に求めるのである。裁判の応報的アプローチだけでは将来的再統合の余地がなくなってしまうのであり、この点は、暴力的な過去に向き合わず、永遠に否認ないしは記憶喪失の状態にあることを選択した国々（Cohen 2001）についても当てはまる。アカウンタビリティの問題に対する修復的司法アプローチは、犯罪者と協同することが意図されている。これは問題解決に対する協同アプローチと捉えられており、犯罪者を社会から排除することよりも再統合することが意図されている。アカウンタビリティのプロセスに対する統制を減じることなく犯罪者に対して高度の支援を提供することによって、深刻な人権侵害の犯罪者の処理に対する最も持続的な対応が可能になる。再統合の本質にあるもうひとつの側面は、国際犯罪ならびに深刻な人権侵害の受益者に関わる。アカウンタビリティと賠償の過程に受益者を含めることについては数々の論争がある。

　受益者の関与（非関与）にかかる南アフリカ TRC の経験は、この問題がセンシティブであることを示している。TRC の特赦公聴会は個々の犯罪者を対象としており、社会の大規模セクター（例えば企業、メディア、医療、法曹）を対象とする制度公聴会は純粋に任意のものだった。システムとしてのアパルトヘイトの構造的悪は見過ごされており、それが一部の個人による犯罪行為にとっては都合のよいものだった。ゆえに、アパルトヘイトの受益者は、直接的なかたちで自らの過去に向き合う義務を負うことなく、責任を逃れているとする見方もある（Mamdani 2000; Terreblanche 2000）。

　第四に、参与の原則は、すべての直接的関係者ならびに可能であれば間接的関係者の参加を促し、協同で犯罪に対処することを目的とする。この原則は、エンパワメントの次元に関連し、犯罪によって被害を被った人々が自律の感覚を取り戻す必要があるという点を強調する。関係者がこのプロセスに実際に参加することによってしか、これは実現しえない。よってここではふたつの関係者カテゴリーを区別する。すなわち、犯罪によって直接影響を被った者、そして間接的に巻き込まれた者である。紛争後の状況では、直接的あるいは間接的に、個人的あるいは構造的に、暴力的な過去の被害を被っ

た関係者の様々な役割を明らかにすることは途方もない仕事である。過去の暴力的状況では、甚大な人権侵害は、国家と同時に社会内諸集団（例えば自由化運動、活動家、マイノリティ）によっても行なわれるからである。全く被害をこうむらないという人々はほとんどおらず、紛争後状況における集団被害に対処することは克服しえない課題のようにも見えるだろう。概していえば、修復的司法は被害者とそのニーズに多大の注意を払うが、被害者集団を限定してしまうしくみがある場合には問題が生じる。

　例えば南アフリカ TRC のプロセスにおいて、「十分に迫害」されなかったという理由で配慮されなかった被害者は多数に及ぶ。TRC 法では、甚大な人権侵害の被害者のみが被害者と定義された。きわめて多数の被害者、とくに構造的アパルトヘイトの被害者（Mamdani 1997）及びアパルトヘイト政策の恒常的被害者は、ジャスティスを全く感じ取ることができなかった。多数の被害者が TRC の手続が進んだ後に失望と悲しみを感じた（Gibson and Gouws 1999）。そうした被害者たちは自分たちの権利や感情が無視され、ジャスティスが実現されなかったと受け止めた。この点で、個人的被害者と集団的被害者、直接的被害者と間接的被害者とを区別すること、さらには被害者とは何かという点での定義をどれほど広げることができるかを考えることも同様に重要である。それによって、被害者すべてが移行期過程に自らの場を得ることができるのである。いいかえれば、TRC における真実究明のプロセスは、個々の事件における法的真実のみならず集団的枠組における物語的真実と社会的真実をも対象に含む一方で、アパルトヘイト被害者を幅広く参与させる点についてなお不足している。手続のあらゆる面ですべての関係者が参加していたわけではない。特赦申請者と一般市民がつねに出席し、そしてときに被害者あるいは被害者の親族も出席したという点では、特赦委員会の公聴会にはおおよその関係者が出席した。人権侵害委員会の公聴会では、その三者が出席することもあればそうでない場合（被害者と一般市民のみが参加する場合など）もあった。それゆえ、実状は入り交じっており、結局のところなんらかのかたちで TRC の仕事に参与したのは 2 万 2000 人に限られており、それは関係者全体のごく一部だったのである。

概していえば、普遍的かつ唯一絶対のアプローチは存在せず、それぞれの状況ごとに現れる課題は前例のない新たな課題となることは明らかである (Huyse 2003)。移行期のジャスティスの研究者たちは和解に向けたプロセス全体のなかで応報的司法が必要不可欠の条件だと捉えている (Kritz 1996; Minow 1998; Huyse 2003)。他方で次の五つを組み合わせたアプローチを提言する者もいる。すなわち、(1)悪名高い殺人犯やジェノサイドあるいはその他の犯罪の指導者の裁判、(2)犯罪者に対するコミュニティ立脚型の再統合的位置付け、(3)場合によっては強制的に、国内外の当局者から証言を得ることのできる真実委員会、(4)紛争被害者に対する賠償を可能にする国際基金の創設、(5)最終的な民主主義への導入として政治的分裂を架橋するようなエリートの政府及び諸機関への編入である (Drumbl 2000)。そうした組み合わせアプローチによって犯罪者のアカウンタビリティを確立し、彼らを再統合することを可能にするうえでより適切なアプローチが実現するか否かについては、さらなる研究が必要である。

　これまで、紛争後のジャスティスにおける集団暴力と国際犯罪に対処するうえでの応報的司法アプローチの長所と短所を明らかにした。同時に、真実委員会とくに南アフリカ真実委員会の例によって示される修復的司法の可能性についても論じた。修復的司法は、国際犯罪及び紛争後状況における応報的司法と刑事訴追には数多くの限界がある点に鑑みて重要である。まず、規範的観点からいうと、あらゆる紛争後の状況において、完全な修復的司法アプローチが、限定的な応報的手法と組み合わせたかたちでとりくまれるべきだと主張したい (Findlay and Henham 2005 ほか)。さらに、分析的観点からいうと、紛争後のジャスティスのプロセスにおいては、集団暴力的状況に対処するうえで修復的司法のとりくみの新しい領域を開拓することはたいへん価値のあることだと主張したい。ここでは、効果と正当性の要請を考慮して、3つの点がとくに重要である。(1)それぞれに独自の性格を有し、集団暴力的状況にそれぞれのかたちで寄与しうる、修復的メカニズムと応報的メカニズムの現代的性格を理解すること、(2)長期的な視野におけるアカウンタビリティと和解の理念のうえに構築されるべきところの、裁判所・法廷と真実

委員会をはじめとする同種のメカニズムとの間の真の協同、(3)集団暴力犯罪に対処するうえでの修復的メカニズムにおける「よいとりくみ」を発達させること、である。被害者ならびに証人に対する支援及び保護のための特別プログラムを設置するというかたちをとるかもしれないし、被害者と犯罪者が対面する場を組織するというかたちをとるかもしれない。あるいはそうした対面をフォローする手続というかたちをとるかもしれない。

5　おわりに

　以上、国際犯罪に相当する集団暴力と集団被害をめぐる諸問題を検討した。それらは、専制的支配から民主的政府へと体制が移行する紛争後社会の状況において発生する。そうした犯罪に対処するうえでの支配的なアプローチは応報的司法モデル、とくに刑事訴追に訴える手法であり、本論文はそうしたアプローチの可能性とリスクを明らかにした。(国際)刑事司法メカニズムあるいはその他の応報的司法メカニズムの長所をいかすことができるのは、件数が限られた事件、しかも金銭的賠償や原状回復、ケアなどの可能性が限られている個別事件について法的真実と刑事責任を明らかにする場合である。他方で、裁判所は、多数の犯罪者についての集合的真実あるいはその他の責任を明らかにすることはほとんど不可能であり、被害者に象徴的ないし構造的手法を提供することは不可能である。そして最後に、応報的司法メカニズムには和解の余地がほとんどない。このことは驚くべきことではない。国際刑事司法メカニズムとの関連でドランブルが適切に指摘するとおり、それらのメカニズムが「設立されるにあたって、集団暴力の犯罪学を発展させることや、暴力的犯罪者に対する刑事政策を理論化することについて、ほとんど何も考慮されていない」(Drumbl 2000)。この指摘は国内刑事司法メカニズムについても該当する。本論文では、暴力的紛争の根本原因について深い理解を得ることで、如何にして集団被害後の状況にとりくむことができるかという問いも検討した。紛争後状況における修復的司法の「最良のとりくみ」を開発していくなかで、いま必要とされている調査データの入

手可能性を高め、ひいては集団暴力に関する犯罪学の構築に寄与することが可能になると思われる。

　暴力的な国内紛争の諸事例に修復的司法を実践することの重要性についての本論文の議論は理論的なものであるが、ここでの仮説が正しいことを証明するにはさらなる経験的研究が必要である。本論文では、南アフリカの真実和解委員会について、そして1995年に始まった修復的司法についての議論にくりかえし言及してきた。修復的司法はTRCの業務のなかで明確に位置づけられ、推進されたが、そうした修復的目標を実現する点で真実和解委員会が成功したかどうかは引き続き議論されており、賛否両論がある（Villa-Vicencio 2001; 2003）。それは、3つの小委員会がそれぞれに独自のかたちで活動したことと関連している。すなわち、第一に、人権侵害委員会は、全国各地で開催した公聴会において被害者に証言の場を提供することで、件数は限られていたにせよ、被害者と被疑者あるいは被害者とアパルトヘイト体制当局者との間の対面を実現した。第二に、特赦委員会では、特赦申請を行なった加害者は、関係するすべての事実を明らかにする義務を負い、その結果として被害者または生存者との対話が実現する場合があった。第三に、賠償委員会は、賠償と回復支援の問題について政府に勧告した。

　修復的側面を有する真実委員会のユニークな手続によって和解にむけての貴重な前進が得られたことを、南アフリカは世界に示した。南アフリカのTRCは、修復的司法における最大限の戦略的なとりくみを各国に促すものである。今後設置され得る真実委員会においては修復的司法の基本原則をより重視するべきだと考える。将来に向けたいくつかの教訓を見極めることもできる。まず、真実はすべての紛争関係者の関与あるいは参入のニーズと関連づけられる必要がある。次に、アカウンタビリティは犯罪者支援と連動するものでなければならない。つまり、犯罪者が完全な責任を負うこととともに、彼らを社会に再統合するとりくみが必要である。さらに、どのような状況にあっても被害者の傷を回復させることが第一の目的でなければならないし、これは様々な方法によって実現するものである。最後に、すべての紛争関係者間で行なわれ、被害者の傷を回復させることを目的とする真実究明の

プロセスでは、和解に向けた意思決定プロセスにおける当事者間の意味のある感情的対話にむけた環境をつくりだす必要がある。

要するに、集団暴力に対処するうえで、修復的司法と応報的司法の両メカニズムを収斂させていくことが必要である。社会の安全保障のために必要だというかぎりでは応報的司法が優先されるべきである。だが、体制の移行を成功させるうえで純粋な修復的司法モデルを求めると、暴力的な過去を経験した文化あるいは社会に備わっている修復力を危険にさらすリスクをおかすことになる（Braithwaite 2001）。集団暴力犯罪のセンシティブな側面からすれば、それに対処するアプローチは本来的に複雑に絡み合ったものになるはずであり、クリアーカットなアプローチは望ましいものに過ぎない。

（参照文献）

Amadiume, Ifi and Abdullahi An-Na'im (eds.)
 2000 *The Politics of Memory: Truth, Healing and Social Justice.* London: Zed Books.

Amnesty International
 2001 *Universal Jurisdiction: The Duty of States to Enact and Implement Legislation.* London: Amnesty International, AI Index: IOR 53/002-018/2001.
 2001 *Amnesty International's Appeal to All Governments to End Impunity for the Worst Crimes Known to Humanity.* London: Amnesty International, AI Index: IOR 70/003/2001.

Andries, Andre, Christine Van Den Wyngaert, Eric David and Joe Verhaegen
 1994 Commentaire de la loi du 16 juin 1993 relative à la répression des infractions graves au droit international humanitaire. *Revue de Droit Pénal et de Criminologie,* 1114-1184.

Ashworth, Andrew
 1997 Sentencing. In M. Maguire, R. Morgan and R. Reiner (eds.) *The Oxford Handbook of Criminology* (2nd Edition). Oxford: Oxford University Press.

Balint, Jennifer
 1996 Conflict, Conflict Victimization, and Legal Redress, 1945-1996. *Law and Contemporary Problems* 59: 231-247.

Bassiouni, Cherif
 1997 From Versailles to Rwanda in Seventy-five Years: The Need to Establish a Permanent International Criminal Court. *Harvard Human Rights Journal* 10: 11-62.

2000　*Basic Principles and Guidelines on the Right to a Remedy and Reparation for Victims of Violations of International Human Rights and Humanitarian Law* (Report Submitted to the UN Commission on Human Rights, UN Doc. E/CN.4/2000).

Bassiouni, M Cherif (ed.)

2002　*Post-Conflict Justice*. Ardsley: Transnational Publishers.

Bazemore, Gordon and Lode Walgrave

1999　Restorative Juvenile Justice: In Search for Fundamentals and an Outline for Systematic Reform. In Gordon Bazemore and Lode Walgrave (eds.) *Restorative Juvenile Justice: Repairing the Harm of Youth Crime*. Monsey: Criminal Justice Press.

Braithwaite, John

2001　*Restorative Justice and Responsive Regulation*. Oxford: Oxford University Press.

Christie, Nils

2001　Answers to Atrocities: Restorative Justice in Extreme Situations. In Ezzat Fattah and Stephan Parmentier (eds.) *Victim Policies and Criminal Justice on the Road to Restorative Justice: Essays in Honour of Tony Peters*. Leuven: Leuven University Press.

Cohen, Stanley

2001　*States of Denial: Knowing about Atrocities and Suffering*. Cambridge: Polity Press.

Drakulic, Slavenka

2004　*They Would Never Hurt a Fly*. London: Abacus.

Drumbl, Mark

2000　Punishment, Postgenocide: From Guilt to Shame to Civis in Rwanda. *New York University Law Review* 75: 1221-1326.

2007　*Atrocity, Punishment and International Law*. Cambridge: Cambridge University Press. (With Book Review by Stephan Parmentier in *Journal of International Criminal Justice* 5: 1215-1218.)

Du Plessis, Max And Stephen Peté (eds.)

2007　*Repairing the Past?: International Perspectives on Reparations for Gross Human Rights Abuses*. (Volume 1 of the Series on Transitional Justice, under the Direction of General Editors Stephan Parmentier, Jeremy Sarkin and Elmar Weitekamp) Antwerp: Intersentia.

Dyzenhaus, David
  1998 *Truth, Reconciliation and the Apartheid Legal Order.* Cape Town: Juta & Co.
Eriksson, Mikael and Wallensteen, Peter
  2004 Armed Conflict, 1989-2003. *Journal of Peace Research* 41: 625-31.
Findlay, Mark and Ralph Henham
  2005 *Transforming International Criminal Justice: Retributive and Restorative Justice in the Trial Process.* Cullompton: Willan Publishing.
Freeman, Mark
  2006 *Truth Commissions and Procedural Fairness.* Cambridge: Cambridge University Press.
Friedrichs, David (ed.)
  1998 *State Crime*, 2 Vols. Aldershot: Ashgate/Dartmouth.
Gibson, James and Amanda Gouws
  1999 Truth and Reconciliation in South Africa: Attributions of Blame and the Struggle over Apartheid. *American Social Science Review* 93: 501-517.
Godoba-Madikizela, Pumla
  2003 *A Human Being Died That Night: A Story of Forgiveness.* Claremont: David Philip Publishers.
Gustafson, Dave
  1997 Facilitating Communication between Victims and Offenders in Cases of Serious and Violent Crime. *The ICCA Journal* 3: 44-49.
Harbom, Lotta and Peter Wallensteen
  2007 Armed Conflict, 1989-2006. *Journal of Peace Research* 44: 623-634.
Hayner, Priscilla
  2001 *Unspeakable Truths: Confronting State Terror and Atrocity. Preface by Timothy Garton Ash.* New York: Routledge.
Huyse, Luc
  1996 Justice after Transition: On the Choices Successor Elites Make in Dealing with the Past. In Albert Jongman (ed.) *Contemporary Genocides.* Leiden: PIOOM.
  1998 *Young Democracies and the Choice between Amnesty, Truth Commissions and Prosecution.* Brussels: Directorate-General Development Aid, pp.13-21.
  2003 Justice. In David Bloomfield, Teresa Barnes, and Luc Huyse (eds.) *Reconciliation after Violent Conflicts: A Handbook.* Stockholm: International Institute for Democracy and Electoral Assistance.

Huyse, Luc and Steven Dhondt
   1991 *Onverwerkt verleden.* Leuven: Kritak.
Kauzlarich, David, Chris Mullins and Roger Matthews
   2003 A Complicity Continuum of State Crime. *Contemporary Justice Review* 6: 241-254.
Kittichaisaree, Kriangsak
   2001 *International Criminal Law.* Oxford: Oxford University Press.
Kritz, Neil
   1996 Coming to Terms with Mass Atrocities: A Review of Accountability Mechanisms for Mass Violations of Human Rights, *Law and Contemporary Problems* 59: 127-152.
Kritz, Neil (ed.)
   1995 *Transitional Justice. How Emerging Democracies Reckon with Former Regimes*, 3 Vols. Washington D.C: United States Institute of Peace Press.
Lacina, Bethany and Nils Petter Gleditsch
   2005 Monitoring Trends in Global Combat: A New Dataset of Battle Deaths. *European Journal of Population* 21: 145-166.
Lea, John
   1999 Social Crime Revisited. *Theoretical Criminology* 3: 307-326.
Mamdani, Mahmood
   1997 Reconciliation without Justice, *Southern Review* 10 (6): 22-25.
   2000 A Diminished Truth. In Wilmot James and Linda Van De Vijver (eds.) *After the TRC. Reflections on Truth and Reconciliation in South Africa.* Claremont: David Philip Publishers.
Marshall, Tony F
   1999 *Restorative Justice: An Overview.* London: Home Office: Research Development and Statistics Directorate.
McCold, P. and T. Wachtel
   2000 Towards a Holistic Vision of Restorative Justice: A Reply to the Maximalist Model. *Contemporary Justice Review* 3 (4): 357-414.
Minow, Martha
   1998 *Between Vengeance and Forgiveness: Facing History after Genocide and Mass Violence.* Boston: Beacon Press.
Orentlicher, Diane
   1991 Settling Accounts: The Duty to Prosecute Human Rights Violations of a Prior

Regime. *Yale Law Journal* 100: 2537-2615.

 2005 *Report of the Independent Expert to Update the Set of Principles to Combat Impunity*（UN Doc. E/CN.4/2005/102 Feb. 18, 2005）.

O'Shea, Andreas

 2002 *Amnesty for Crime in International Law and Practice*. New York: Kluwer Law International.

Parmentier, Stephan

 2001 The South African Truth and Reconciliation Commission: Towards Restorative Justice in the Field of Human Rights. In Ezzat Fattah and Stephan Parmentier（eds.）*Victim Policies and Criminal Justice on the Road to Restorative Justice: Essays in Honour of Tony Peters*. Leuven: Leuven University Press.

 2003 Global Justice in the Aftermath of Mass Violence: The Role of the International Criminal Court in Dealing with Political Crimes. *International Annals of Criminology* 41/1-2: 203-224.

Parmentier, Stephan, Kris Vanspauwen and Elmar Weitekamp

 2008 Dealing with the Legacy of Mass Violence: Changing Lenses to Restorative Justice. In Alette Smeulers and Roelof Haveman（eds.）*Supranational Criminology: Towards a Criminology of International Crimes*, pp.335-356. Antwerp／Oxford: Intersentia.

Parmentier, Stephan and Elmar Weitekamp

 2007 Political Crimes and Serious Violations of Human Rights: Towards a Criminology of International Crimes. In Stephan Parmentier and Elmar Weitekamp（eds.）*Crime and Human Rights*. Amsterdam/Oxford: Elsevier/JAI Press.

Penal Reform International

 2002 *Interim Report on Research on Gacaca Jurisdictions and its Preparations（July-December 2001）*. London: Penal Reform International.

Princeton University, Program in Law and Public Affairs

 2001 *The Princeton Principles on Universal Jurisdiction*. Princeton University NJ.

Roche, Declan

 2003 *Accountability in Restorative Justice*. Oxford: Oxford University Press.

Roht-Arriaza, Naomi

 2005 *The Pinochet Effect: Transnational Justice in the Age of Human Rights*. Philadelphia: University of Pennsylvania.

Roht-Arriaza, Naomi and James Gibson

 1998 The Developing Jurisprudence on Amnesty. *Human Rights Quarterly* 20: 841-

885.

Rotberg, Robert and Dennis Thompson
    2000   *Truth v. Justice: The Morality of Truth Commissions.* Princeton, N.J: Princeton University Press.

Sarkin, Jeremy
    2004   Pursuing Private Actors for Reparations for Human Rights Abuses Committed in Africa in the Courts of the United States of America. In Erik Doxtader and Charles Villa-Vicencio (eds.) *Repairing the Irreparable: Dealing with the Double-Binds of Making Reparations for Crimes in the Past.* Claremont: David Philip.

Schabas, William
    2005   Reparation Practices in Sierra Leone and the Truth and Reconciliation Commission. In Koen De Feyter, Stephan Parmentier, Marc Bossuyt and Paul Lemmens (eds.) *Out of the Ashes. Reparation for Victims of Gross and Systematic Human Rights Violations.* Antwerp: Intersentia.

Siegel, Richard Lewis
    1998   Transitional Justice: A Decade of Debate and Experience. *Human Rights Quarterly* 20: 431-454.

Terreblanche, Sampie
    2000   Dealing With Systematic Economic Injustice. In Charles Villa-Vicencio and Willem Verwoerd (eds.) *Looking Back Reaching Forward: Reflections on the Truth and Reconciliation Commission of South Africa.* Cape Town: University of Cape Town Press.

Todorov, Tzvetan
    2001   In Search of Lost Crime: Tribunals, Apologies, Reparations, and the Search for Justice. *The New Republic*, January 29: 29-36.

Truth and Reconciliation Commission of South Africa
    1998   *Truth and Reconciliation Commission of South Africa Report, Volume One.* Cape Town: Juta Publishers.

Umbreit, Mark, William Bradshaw and Robert Coates
    2003   Victims of Severe Violence in Dialogue with the Offender. Key Principles, Practices, Outcomes and Implications. In Elmar Weitekamp and Hans-Jürgen Kerner (eds.) *Restorative Justice in Context. International Practice and Directions.* Cullompton: Willan Publishing.

United Nations, Security Council
   2004   *The Rule of Law and Transitional Justice in Conflict and Post-Conflict Societies: Report of the Secretary-General to the Security Council*. 23 August 2004: S/2004/616.
Uvin, Peter
   2003   The Gacaca Tribunals in Rwanda. In David Bloomfield, Teresa Barnes, and Luc Huyse (eds.) *Reconciliation after Violent Conflict: A Handbook*. Stockholm: International Idea.
Van Der Spuy, Elrena, Stephan Parmentier and Amanda Dissel (eds.)
   2007   *Restorative Justice: Politics, Policies and Prospects*. Cape Town: Juta Publishers.
Van Der Merwe, Hugo
   2001   National and Community Reconciliation: Competing Agendas in South African Truth and Reconciliation Commission. In Nigel Biggar (ed.) *Burying the Past: Making Peace and Doing Justice after Civil Conflict*. Washington, DC: Georgetown University Press.
Vandeginste, Stef
   2004   Legal Norms, Moral Imperative, and Pragmatic Duties: Reparation as a Dilemma of Transitional Governance. In Erik Doxtader and Charles Villa-Vicencio (eds.) *To Repair the Irreparable. Reparation and Reconstruction in South Africa*. Claremont, South Africa: David Philip.
Verdoolaege, Annelies
   2002   *The Debate on Truth and Reconciliation: A Survey of Literature on the South African Truth and Reconciliation Commission* (Unpublished Paper). University of Ghent.
Villa-Vicencio, Charles
   2000   Why Perpetrators Should Not Always Be Prosecuted: Where the International Criminal Court and Truth Commissions Meet. *Emory Law Journal* 49, 101-118.
   2001   Restorative Justice in Social Context: The South African Truth and Reconciliation Commission. In Nigel Biggar (ed.) *Burying the Past: Making Peace and Doing Justice after Civil Conflict*. Washington, DC: Georgetown University Press.
   2003   Restorative Justice: Ambiguities and Limitations of a Theory. In Charles Villa-Vicencio and Erik Doxtader (eds.) *The Provocations of Amnesty: Memory, Justice and Impunity*. Claremont, South Africa: Institute for Justice and Reconciliation.

Weitekamp, Elmar, Stephan Parmentier, Kris Vanspauwen, Marta Valiñas and Roel Gerits
    2006 How to Deal with Mass Victimization and Gross Human Rights Violations: A Restorative Justice Approach. In Uwe Ewald and Ksenija Turkovic (eds.) *Large-Scale Victimization as a Potential Source of Terrorist Activities: Importance of Regaining Security in Post-Conflict Societies* (NATO Security Through Science Series, Vol. 13). Amsterdam: IOS Press.

Wilson, Richard
    2001 *The Politics of Truth and Reconciliation in South Africa: Legitimizing the Post-Apartheid State*. Cambridge: Cambridge University Press.

Wouters, Jan and Heidy Panken (eds.)
    2002 *De Belgische Genocidewet in Internationaalrechtelijk Perspectief*. Brussel: Larcier.

X.
    2002 *Combatting Impunity: Proceedings of The Symposium Held in Brussels from 11 to 13 March, Followed by the Brussels Principles against Impunity and for International Justice*. Brussels: Bruylant.

Zehr, Howard
    1991 *Changing Lenses: A New Focus for Crime and Justice*. Scottdale, PA: Herald Press.
    2003 Retributive Justice, Restorative Justice. In Gerry Johnstone (ed.) *A Restorative Justice Reader: Texts, Sources, Context*. Cullompton: Willan Publishing.

4章　ケニア中央高地における兄弟分の役割
―― 当事者対抗にかわる紛争処理はいかに補強されるか ――

石田慎一郎

1　はじめに

　ケニア中央高地ニャンベネ地方東部[1]での調査の過程で、まったく身に覚えのない疑いをかけられたり、一方的ないいがかりをつけられたりした人々の苦境を垣間見ることがあった。そして、どうにかして身の潔白を証明しようという人々がいて、場合によっては地域固有の証明方法があることを学んだ。

　この地域固有の証明方法は、地元のことば（メル語）でムーマとよばれている。当事者間での話し合いでは埒があかない場合の対処法として、これが

1）ニャンベネ地方東部は、現在の行政区分でいうイースタン州イゲンベ県（総面積1939 平方キロメートル、36 万 4174 人〔1999 年国勢調査〕）である。イゲンベ県に居住する人々の大半はメル語を母語とする人々、すなわちアメル（単数型はムメル）である。県名の由来となったイゲンベは、アメルのサブグループのひとつだが、言語・経済活動・社会組織などの点で他のサブグループと異なる独自の特徴をもつ。調査実施地域のイゲンベ・サウスイースト郡（総面積 60.4 平方キロメートル、1 万 8700 人〔1999 年国勢調査〕）は、ニャンベネ地方の中心都市マウアの南東方向に位置する扇状地で、北西から南東にかけて緩やかに傾斜しており、その斜面はメル国立公園のある平原地帯に続いている。標高1000 メートル以上の高原地帯には、行政役場・教会・小学校・露店・常設商店などが数多く立地し、人家が集中している。平原地帯は、高原地帯に比べて人口密度がずっと低い。ただし、高原に居住する世帯のほとんど全てが、高原地帯と平原地帯との両方に耕地をもっており、それぞれの社会条件や自然環境に適した作物を栽培している。たとえば、高原地帯は換金作物栽培（ミラー、コーヒー、茶など）と家畜飼育（牛・山羊・羊・家禽など）とを優先し、平原地帯は自給作物栽培（メイズ、インゲン豆、ササゲ、ミレットなど）を優先する。

頻繁に利用されている。当事者はそれぞれ自分が無実であること、自分の主張が偽りでないことを口に出して誓う。その際には呪詛のことばが添えられる。これは、虚偽の宣誓をすると近い将来に確実に災厄が降り掛かることを予告するものである。訴えられた側の当事者は、ムーマによる無罪宣誓をすませれば、訴えた側の当事者からそれ以上の証拠や釈明を求められることはない。つまり、当事者対抗的な争論が保留される。

裁判は、公式の裁判所であれ非公式の長老裁判であれ、対立する当事者どうしが意見をぶつけあい、第三者が裁定する。他方、ムーマは、当事者対抗的な紛争解決を保留する点で、裁判にかわるオルタナティブな方法となる。本論文で記述する事例では、ニャンベネ地方において特別な力を持つとされる兄弟分（後述）の立会いによってそれが可能になる。では、この場合に、当事者対抗的な紛争解決を保留しつつ、いかにして両当事者にとって納得のいく紛争処理を実現することができるのか。

本論文で記述するムーマは、兄弟分の立会いのもとに宣誓と呪詛を行うものなので、ここではこれを兄弟分宣誓と呼ぶ。こんにちのニャンベネ地方には、当事者対抗を保留するという点で兄弟分宣誓によく似た方法（兄弟分の関与がないという点で異なる）がほかに二種類ある。第一の雄山羊宣誓は、おもにクラン間[2]の土地境界をめぐる大規模な争いが紛糾した場合に利用される。第二のキズィリ宣誓は、雄山羊宣誓とちがって、ジュリチェケ（後述）の長老たちが当事者の委託をうけて隠密におこなうものである。私は、それが長老たちの秘密に属する事柄だったためにキズィリ宣誓を直接観察する機会を得られなかったが、雄山羊宣誓については、それに直接関与したことのある人物から詳しい証言を得ることができた。そして兄弟分宣誓については現場で観察することができた。

---

[2] ニャンベネ地方では、ムウィリガ（男系出自集団、以下「クラン」）の地縁化はみられず同一クランの分派が各方面に分散しているが、クラン内部での結婚が禁止されており、人々は特定の出自集団への各自の帰属をはっきりと認識している。なお、ここでのクラン間の土地境界争いは、後述のとおり平原部の未開墾地のクラン単位での分割をめぐるものである。人口密度の高い高原部では、クランは地縁化していないので、土地境界争いは通常個人間のものになる。

後述するとおり、雄山羊宣誓は、雄山羊の力という外在的な力に証明を委ねることで、当事者対抗的な紛争処理をいったん保留しようとするものである。これに対して、本論文で詳しく考察する兄弟分宣誓は、兄弟分の力がほかならぬ宣誓する当事者の身体に由来するという意味で内在的な力である点が異なっている。

ニャンベネ地方における兄弟分関係（ギシアロ関係）は、クランを単位とする同盟関係として認知されている。よって、あるクランの成員だということは、そのクランが別の特定のクランとの間にもつ兄弟分関係に、生まれながらに巻き込まれることを意味する。そして、兄弟分は互いに相手の潜在的な力を畏怖する関係にある。つまり、兄弟分宣誓の現場で宣誓する当事者のAと、兄弟分としてその場に立ち会うBとは、生まれながらにして兄弟分の関係である。兄弟分宣誓は、兄弟分の唾液がしみこんだ一切れの山羊肉を口に入れて無罪宣誓を行うものであり、兄弟分関係のなかで働くこのような内在的な力に裁定を委ねる紛争処理の方法である。本論文は、ニャンベネ地方の農村の事例を記述・分析し、その実効力がいかに補強されているかを明らかにする。

2　紛争処理の選択肢

（1）当事者対抗的方法

私は、ケニア中央高地ニャンベネ地方の東部（イゲンベ・サウスイースト郡）で2001年から調査を継続している。その過程で、紛争処理を担う複数のアクターのしごとを観察してきた（包括的調査報告はIshida 2008a）。

第一に、ケニアの公式司法制度の一部をなす通常の地方裁判所が、マウア町の中心部にある。ここでは民事・刑事のさまざまな事件が国の法律にしたがって処理されている。近い将来に高等裁判所が設置される予定である。第二に、通常裁判所とは別に土地裁判所がある。これは、地域の長老が裁判員を担う準公式の土地紛争処理機関である。ここでの長老裁判員の合議による決定は、地方裁判所による公認を得ると正式な判決となる。第三に、ニャン

Ⅰ部　オルタナティブ・ジャスティスの実践

ベネ地方の各行政区には、地方行政府（州行政長官、各県行政長官、行政官からなるキャリア組織）の指揮下で、草の根の行政ならびに治安維持を担う、地元採用の行政首長がいる[3]。第四に、ニャンベネ地方では、ジュリチェケという伝統的な長老結社が発達している[4]。所定の手続きを経て入社した長老たちは、固有法に関する様々な知識を秘匿する有資格者集団とみなされている。

　ニャンベネ地方では、当事者間での話し合いで解決しえない紛争について第三者に裁定を依頼する場合、以上のように複数の選択肢がある。ジュリチェケ（非公式）、行政首長（準公式・行政）、国の裁判所（公式・司法）の三者は、非公式か公式か、行政か司法かの違いはあるが、いずれにおいても当事者対抗的な紛争処理である点にはかわりない。対立する当事者どうしが意見をぶつけあい、第三者（長老・首長・裁判官）が裁定する。そして、当事者間の歩み寄りの可能性が閉ざされれば、第三者がどちらの言い分が妥当かについて最終的に判断することになる。

　第三者の最終的な判断が、両当事者にとって納得できるものであればよいが、納得できない場合にはどうするのか。私は、かつてグシイ社会で調査した際に、草の根の紛争処理が、紛争解決に寄与するどころか、逆に〈紛争の吹きだまり〉をもたらす様子を観察したことがある（石田 2003）。そこでの吹きだまり化は、濃密な人間関係における当事者対抗的な紛争処理の手詰ま

3）かつて私が調査をしたケニア西部のグシイ地方では、行政首長が村内の民事紛争の調停において中核的な役割を担っていた（石田　2003）。だが、ニャンベネ地方東部の農村では事情が異なっている。すなわち、行政首長は、殺人事件や窃盗事件の容疑者逮捕などにおいて、地方行政府ならびに警察と協同したり、裁判所において証言したりする。だが、財産紛争や妖術師告発の処理については、次に述べるジュリチェケに多くを委ねている。

4）ジュリチェケは伝統的な年齢組織を制度的基盤としている。ニャンベネ地方では、尾根や河川などを境界とする一定地域（たとえばイゲンベ・サウスイースト郡がこれに相当する）のなかで年齢階梯別の結社が組織され、それが地域内の政治的求心力となる。年齢階梯を上昇していく年齢組は、割礼年を基準に組織され、年齢組の同輩は生涯同輩である。グシイ地方では出自による社会組織が顕著であり、このような年齢組織は存在しない。

りに起因するものと思われたので、ニャンベネ地方において当事者対抗にかわるオルタナティブな方法が頻繁に用いられていることを観察して興味を持った。当事者対抗にかわる方法とは、ムーマ、とくに本論文で注目する兄弟分宣誓である。

　兄弟分宣誓の記述・分析に進む前に、まず雄山羊宣誓の概要を述べる。冒頭で述べたように、雄山羊宣誓は、雄山羊の力という外在的な力に裁定を委ねる方法であり、この点で兄弟分宣誓と異なる。

（2）雄山羊を打つ

　雄山羊宣誓は、雄山羊の胴体に刃物を突き刺しながら呪詛のことばを吐くことを指して、地元では「雄山羊を打つ」（クリンガ・デンゲ）とよばれている。これはクラン間の大規模な土地境界争いを処理する方法で、偽りの主張表明をした場合には、恐ろしい災厄がクラン成員全てにふりかかるとされる。そのため、クラン内部の土地境界争いのために雄山羊宣誓を用いることはできない。

　こんにちのニャンベネ地方では、雄山羊宣誓の事例数がたいへん少ないため、現場で直接観察することは容易ではない。イゲンベ・サウスイースト郡内では、1980年代と1990年代にクラン間の大規模な土地境界争いを解決するための手段として用いられたことがあり、いくつかの事例が地元で記憶されている。これは、1989年に始動した土地登記事業にともなって、平原部の広大な未開墾地についても土地利用権を確定する作業が要請されるようになったことと関連がある[5]。未開墾地についてはまずクランごとに利用権を

---

5) ニャンベネ地方では、大部分の地域で伝統的な土地利用様式が保持されている。すなわち、各地に拡散した複数の耕地を同時に管理するため、多くの人々が、しばしば片道5キロから10キロを歩き、平原地帯の畑に通っている。イゲンベ・サウスイースト郡における土地登記は、もともと1966年に計画されたが、実際には1989年に始動した。当初の計画どおりに1966年に土地登記事業が着手されていたならば、各方面に分散した小規模な耕地を一カ所に集約させて生産性を向上させることを目的とした土地の交換分合（land consolidation）がなかば強制的に進められ、現在のような分散型の耕地利用が不可能になっていたはずである。しかし、現在のイゲンベ県に相当する地域については、人員不足など

確定し、そのうえで個人に配分されることとなったため、クラン間の大規模な土地境界争いを解決するための手段としての雄山羊宣誓が用いられた。かつての未開墾地のクランごとの境界画定が完了し、個人単位での土地登記の段階へとすすみつつある現在は、クラン間の土地境界争いじたいが発生する可能性は極めて低い。

　雄山羊宣誓の概要は次のとおりである[6]。すなわち、Aがすでに耕作している土地についてBがそれを自分のものだと主張し、意見対立が解決しないとき、Bは雄山羊を用意して宣誓にそなえる。まず、雄山羊のすべての開口部（口・目・耳・肛門）を縫合する。Bはその雄山羊を肩に担ぎながら、問題となっている土地の境界線ぞいに歩く。その間、Aは担がれた山羊の胴体に刃物を突き刺しながら、自己呪詛の言葉をくりかえし吐く——もしこの土地が本当は私のものではないのならば、私自身が（苦しみもだえる）この雄山羊のような目に遭うことだろう。私はこの場面を直接観察したことはないが、担がれた雄山羊からおびただしい流血があるものと推察する。

　境界線沿いに土地を一周した後、この雄山羊は焼却され、その遺灰はBのみが知る場所に秘匿される。他方、Aはひきつづき問題の土地を耕作しつづけることをゆるされる。だが、その後Aならびにその親族に数多くの災厄が降り掛かることになると、Aによる件の土地利用が不当なものだったのではないかということが疑われることになる。Aが反省して自らの非を認め、Bに土地を引き渡す場合には、Bはそれまで秘匿してきた雄山羊の遺灰の在処を明らかにし、災いをもたらす呪力を取り除くための儀礼を行なうこ

の理由で事業着手が遅れたために、その後の土地登記事業の制度改革を反映して、交換分合を前提としない土地登記を選択することが可能になった。その結果、こんにちのイゲンベ県の農村地帯では、土地の交換分合を前提とする土地登記と、それを前提としない土地登記との両方が同時進行している。イゲンベ・サウスイースト郡は、住民の希望どおり後者による事業推進を選択したために、伝統的な土地利用を保持することができた。（Ishida 2008b: 135-138）

6) その内容は、地元出身の法律家で著述家のマイタイ・リミタによる報告（Rimita 1988）や 1980 年代と 1990 年代にニャンベネ地方西部（ティガニア）で調査を実施した加藤泰の報告（加藤 2001）とおおよそ一致する。

とになる。

　イゲンベ・サウスイースト郡で1980年代に行なわれた雄山羊宣誓の事例について、当事者として関わったバリウ（仮名、男性）から話を聞いたことがある。争点となったのは平原部の広大な未開墾地の帰属であり、紛争の発生時期は、土地登記事業による境界画定作業が始動した時期と重なる。バリウによると、雄山羊宣誓に臨む日の前夜、対立し合うふたつの親族集団の長老たちが集い、最後の話し合いの場をもった。そこで解決されたならば雄山羊宣誓は行なわれなかったはずだが、けっきょく話し合いによる決着はできなかった。当事者の住まいがある高原部の集落からは徒歩2時間を要する距離だったこともあり、両当事者は現場に仮小屋を建てて仮眠し、翌朝に雄山羊宣誓に臨んだ。宣誓に用いられたのはたいへん小さな雄山羊だった。

　この雄山羊宣誓は、ジュリチェケならびに行政首長の公認を得てとりおこなったものである。だが、公認をめぐって賛否両論があった。バリウによれば、対立する当事者たちと自分たちは姻戚関係にあり、バリウらにとっての敵対者は自分たちの姉妹の子供たちを含む。そして、雄山羊宣誓は、どちらか一方の親族集団の不特定多数[7]に不幸をもたらす。そのため、ジュリチェケの長老たちは、雄山羊宣誓を公認することについて躊躇したという。こうした宣誓と呪詛との組み合わせによるムーマは、雄山羊宣誓によるものにかぎらず、結社に属する長老の承認・監督の下で実施されるべきものとみなされている。一般村民が秘密裏に行なうと、災厄の発現によって虚偽の証言をした側が明らかになった後の呪力除去に支障をきたすことになる[8]。

　以上が、雄山羊宣誓の概要である。冒頭で、外在的な力に委ねるか、内在的な力に委ねるかという点で、雄山羊宣誓と兄弟分宣誓が異なると述べた。雄山羊宣誓の場合には、雄山羊の力という外在的な力に証明を委ねるのに対して、兄弟分宣誓は、兄弟分の力がほかならぬ宣誓する当事者の身体（また

7）ランバート（Lambert 1956）は、宣誓によって引き起こされる災いが及ぶ範囲が、社会変化の過程で狭くなりつつあることを指摘した。
8）2005年4月、ジュリチェケの長老たちの公認を得ない不当な宣誓が行なわれたことがあった。

は生得的な社会的属性）に由来するという意味で内在的な力である点が異なっている。いいかえれば、雄山羊宣誓では、雄山羊の遺灰は、訴えられた側ではなく、訴えた側の当事者あるいは土地の利用をさしあたり譲歩する側の当事者＝上記Bによって秘匿されなければならない。以下で述べるとおり、兄弟分宣誓では、呪物が訴えられた側に委ねられるのみならず、訴えられた側の当事者の身体に由来する内在的な力に裁定が委ねられる。つまり、以上で述べた雄山羊宣誓では、意見対立をしかける側が呪物を隠し持ちながら、対立する相手の当事者に災厄が訪れるのを待つのに対して、以下で述べる兄弟分宣誓では、意見対立をしかけられた側が、その身体に呪物を仕込まれるのである。雄山羊宣誓と兄弟分宣誓は、どちらも当事者対抗的な紛争処理を保留する点で似通っているが、ここでのべた意味で呪物の行方が異なっている。以下で述べるとおり、兄弟分宣誓では、しかけられた側が、仕込まれた呪力を隠れて除去しないよう、さらなる措置によって補強される。

3　呪いか治療か――兄弟分宣誓の事例

　2005年8月、村の老女カエンドが、集団リンチのさなかに救出された。救出が遅れていたら火をつけられて殺害されていた可能性もある。カエンドがそのような暴力にみまわれたのは、近所に住む少女を呪い殺そうとしたという疑いをかけられたことによる。少女は、その数ヶ月前から学校や家庭で突然気を失うことが多くなり、診療所や病院に通っても一向になおらなかった。それを心配した父親が詮索したところ、少女は、老女の指図で不可解な儀式に巻き込まれたことを語った。そこから誤解がひろがり、集団リンチが起きた。
　いったいどんな儀式を行ったのか。問いつめられたカエンドは、それがキエンゲレという、乳幼児の体調不良を治す古来の治療方法で、次のような手順をふむものだとこたえた。生きた羊の胴体に刃物で傷口をつくり、血がしたたりおちるままに二人がかりで担ぎあげる。担ぎあげられた羊の真下を、乳幼児を抱えた少女が通り抜ける。すると、その乳幼児が回復する。カエン

ドの説明は続く。自分の友人の孫（乳幼児）の具合がおかしいので、偶然そこにいた少女に協力を求めただけで、少女を呪うようなことは一切していないと。

老女がいうところのキエンゲレは、確かにかつて使われていた治療法で、乳幼児の先天歯（グワニ）の治療などとあわせて施されたものだ。村の長老たちのなかには、そう認める者もいた。しかし、少女もその父親もキエンゲレが何かを理解できなかった。しかも、老女の息子の一人がかつて病死した際に、老女によって呪い殺されたのだとする噂がささやかれたことがあったことをも想起して、父親はますます疑いを強め、近隣住民も巻き込んで恐怖心が膨張した。

2005年9月3日に開かれたジュリチェケの寄合には、少女の父親（原告）とカエンド（被告）に加えて、キエンゲレの現場に居合わせた彼女の友人マーガレット（上述）が出席した。少女の父親は、老女とその友人のふたりをともに問いただすことを望んだ。マーガレットは次のように述べた。

マーガレット：その日起きたことを話します。その日、私の娘の子供は具合がわるくひどく泣いていました。私はキエンゲレが何か知りませんが、古来のやりかたとしてそのようなものがあったのではないかと信じます。子供が泣いている時、カエンドが私にこういいました。羊（ゲーレ）をつかいましょう。私が羊を用意しておきます、と。約束どおりにカエンドの家にいくと、彼女は私に尋ねました。子供をつれてきましたか、と。私は、カエンドが何をしようとしているのかが分かりませんでしたが、家に戻って病気の子供をつれてきました。カエンドは、近所にとても親しい少女がいるので頼むことができるといって、少女を呼び出し、そして儀式（キオングワナ）をすませました。少女は、病気の子供を抱いたまま、持ち上げた羊の下を通り抜けました。

長老：あなたに聞きたいことがあります。あなたは証人（ムクジ）ですね。

マーガレット：はい。私は証人です。

長老：では、（少女を病気にさせた）呪術師は誰ですか。

　マーガレット：呪術師が誰かなど知りません。

　長老：羊の胴体に刃物で傷口をつくった、あの場にあなたはいました。呪物はなんだったのですか。羊ですか、それとも何かほかにあったのですか。

　マーガレット：知りません。このようなことに詳しいのは、むしろ皆さん（長老）ではないでしょうか。

　この日の寄合のなかで、誰一人としてキエンゲレの正しいやりかたを説明し、そのうえでカエンドのやりかたを吟味しようとする長老はいなかった。たいへん興味深いことに、長老たちは、キエンゲレについて全く存知しないかのように、カエンドとマーガレットを調べた。なぜ少女を巻き込んだのかと、長老の一人がカエンドに質問した。これに対して、カエンドは、キエンゲレによって治療しようとしたのは少女ではなく、マーガレットの孫（幼児）だったのだと短く答えた。質問に対する適切な応答ではなかったため、長老を満足させることはできなかった。キエンゲレで、病気の幼児を抱きかかえるのは処女でなければならないという点を説明し、それに適する人物がほかに見当たらなかったことを述べれば、少しは説得力のある応答になったかもしれない。

　カエンドは、自分の身の潔白を確信していたけれども、それを証す証拠がないために、無罪宣誓をするほかに解決の方法が残されていなかった。他方、少女の父親も、カエンドのせいで自分の娘が病気になったのだと確信していたので、宣誓によって真相を明らかにすることを望んだ。そして、長老は、カエンドが宣誓をおこなうことを許可した。

　9月10日、長老たちの手引きにより、老女は誰も呪い殺そうとしていないと宣誓し、彼女の兄弟分にあたる男性が噛みくだいた一切れの山羊肉を飲みこんだ。手順は次のとおりである。地面に腰をおろしたカエンドは、長老たちに取り囲まれたまま、兄弟分の一人から、あなたは邪術の力をもっているのかと問いかけられ、彼女はいいえと答えた。呪物をみたことがあるかと問いかけられ、いいえと答えた。そして、兄弟分は、噛み砕いた一切れの山

羊肉を差し出しながら、唱えた——あなたがもし邪術のちからをもっているのにもかかわらず、それを否定するならば、この一切れの肉があなたの命を奪うであろう。この一切れの山羊肉には、兄弟分の唾液がしみこんでいる。もし宣誓で嘘をつくと、この唾液が、嘘つき本人そしてその家族に、将来いつか恐ろしい災厄をもたらす。兄弟分宣誓ではこの唾液が不可欠とみなされるため、一切れの山羊肉は地域固有の噛む嗜好品「ミラー」[9]で代用することも可能だといわれる。

　事件の処理は、以上で終わりではなかった。当事者対抗にかわる紛争処理はいかに補強されるかという点から、興味深い展開があった。長老たちは、少女の父親（原告）、カエンド（被告）そしてカエンドの兄弟分を呪詛した。この呪詛の目的は次のとおりである。まず、ここでの宣誓は、原告ではなく被告のみがとりおこなったものである。だが、意見対立は両当事者の間で生じたものであり、被告のカエンドは、集団リンチの被害者でもある。長老たちは、原告の行動についても歯止めをかけておく必要があったために、少女の父親に対しても、もしこれ以上カエンドに対して暴力をふるうことがあるならば恐ろしい災いがもたらされるだろうと呪詛をおこなったのである。では、カエンドと彼女の兄弟分を呪詛したのはなぜか。兄弟分関係とは相互的に力が及ぶ関係である。カエンドの宣誓に兄弟分として立ち会った男

---

[9] ミラーとは、アラビア語圏ではカートと呼ばれるニシキギ科の常緑低木（学名 Catha edulis）で、その新鮮な瑞枝を噛んで楽しむ嗜好品である。ニャンベネ地方東部（イゲンベ県）の人々は、ミラー産業に現金収入の多くを依存している。この地域では、1960年代にコーヒーが換金作物として栽培されるようになった（Bernard 1972: 118-121）。その後1980年代まで着実に成長し、大多数の世帯が栽培を行っていた。ところが、1980年代末に、市場価格の低迷のために多くの人々がコーヒー栽培を続ける意欲を失った。それにかわる主要換金作物となったのがミラーである。1990年代になると、ミラーが、それと同一の植生帯で栽培されることが好ましいとされるコーヒーを徐々に駆逐し始めたといわれる。こんにち、ミラーは、ケニア国内各都市や近隣諸国のみならずヨーロッパにも販路を拡大している。産地のイゲンベ県では、生産部門のみならず、加工・流通部門でも発達し、とくに加工部門が多数の一時雇用を生み出している。イゲンベでは、植民地支配がはじまる以前から、嗜好品としての日常的な消費のほかにも特別な用途でミラーを利用してきた。

性にとって、カエンド自身が兄弟分にあたり、両者は互いに畏怖する関係にある。長老たちがカエンドとその兄弟分を呪詛したのは、両者が結託し呪物（唾液）の力を無化しようとすることを防ぐためだった。

　理論的にはそうした結託は可能である。まず、兄弟分の唾液は、嘘をついた場合に災いを引き起こす危険な力になると同時に、それを取り除く際にも用いられる。もし、嘘の宣誓をした当事者Xが、その力を無化することを兄弟分Yに依頼した場合、YはXの依頼を断ることができない。XとYとは互いに兄弟分の関係にあり、相手の要求を拒めば、そのことによって災いがもたらされるからである（兄弟分の要求を拒むことができないという規範については次節で詳述）。カエンドの宣誓に立ち会った兄弟分の男性は、少女の父親（原告）が選んだ人物であり、カエンドにとっては全く馴染みがない人物だったが、生得的に関係づけられた兄弟分が発揮する力は、それでも働く。

手続き	目的	機能（代替と補完）
被告による宣誓	邪術の疑いに対する無罪証明	当事者対抗にかわる方法
原告に対する呪詛	被告への暴力を抑止	一方的制裁にかわる方法
被告に対する呪詛	兄弟分との結託を抑止	宣誓を補完する方法
兄弟分に対する呪詛	被告との結託を抑止	⇒手続きの補強

　ここでの呪詛の形式は、「両手をたたく」（クリンガ・ルウェ）と呼ばれており、一連の呪詛の言葉につづいて長老全員で両手を一回たたくものである。この事例における兄弟分の男に対する呪詛の言葉は次のとおりだった。

この女性、ムトゥムキリの娘が（いずれもカエンドのこと）、
私はムーマの力に捉えられてしまったので、どうか私に唾をふきかけて（ムーマの力をとりのぞいて）くださいと、もし彼（兄弟分の男）にいったならば、
そして、長老に相談することなく、彼が唾を吹きかけるようなことがある

ならば、
彼の子供たち、彼の牛、彼の幸福、彼の精液、彼の血液は、
このように引き裂かれてしまえ！

　以上が、兄弟分宣誓の有様をしめす事例記述である。前節末尾で、兄弟分宣誓は、宣誓する当事者の身体（または生得的な社会的属性）に由来する力に裁定を委ねる手段だとする点を、雄山羊宣誓との比較で予告した。以上の事例で記述した宣誓では、疑いをかけられた側の当事者（老女）に、兄弟分の唾液がしみこんだ一切れの肉を飲み込ませることで、その身体に呪物を仕込んだ。そして、疑いをかけられた側（老女）が、兄弟分と結託して仕込まれた呪力を隠れて除去しないよう、その効力がさらなる呪詛によって補強された。兄弟分関係は互いに畏怖しあう関係であり、理論的にはそうした結託が可能だからである。つまり、この事例で、兄弟分として連れてこられた男性と老女との関係は、呪物（唾液）の与え手と受け手という一方的・特定的な役割規定にあるように見えるけれども、兄弟分どうしという双方的・一般的な役割規定においてムーマに臨んだといえる。
　次節で、ニャンベネ地方の紛争処理における兄弟分関係の第二の用法を記述し[10]、双方的・一般的な役割規定について議論を深めてみたい。そこでも当事者対抗的方法が留保される。そして、債権者・債務者あるいは取締人・容疑者という一方的・特定的な役割規定ではなく、兄弟分どうしという双方的・一般的な役割期待において諸事進行する点に注目したい。

4　兄弟分の力――双方的・一般的な役割期待

　1987年、アズィンバ・クランの若者が刺殺された。亡くなったのは、長老マニャラの息子だった。犯人として逮捕された若者は刑務所で服役した。その後出所したことをうけて2001年に始まったのが、加害者側のクランか

[10) この事例は、私が2001年の調査の際に直接観察したものであり、その詳細は既発表論文（石田 2006）で記述している。

Ⅰ部　オルタナティブ・ジャスティスの実践

ら被害者側のクランに対する殺人賠償（クリア・キオンゴ、「首を償う」）の手続きである。殺人賠償の被害者側にあたるアズィンバ・クランは、地元で有名な識者の助言に従い、8月8日にクランの結束（グワタニロ）を示す小屋（掘立て式の簡易小屋）を建設し、賠償を受け取るまでの間、長老たちがその小屋に寝泊まりすることになった。そして、加害者側クランの側で賠償の支払いの段取りが整うと、その報せを受けたアズィンバ・クランは、改めて結束を祝福するために11月24日に「小屋に羊皮を貼りつける」儀礼を執り行うことになった。

　マニャラは、悩みの尽きない日々をおくりながら、11月24日を迎えた。アズィンバ・クランの小屋が建てられたのは、マニャラの屋敷地だった。自分の息子に対する賠償のために駆けつけてくれたとはいえ、8月上旬以来ずっと小屋に寝泊まりする長老たちのために日々食事を準備することの経済的負担は当初の予想を遥かにこえて大きなものであった。しかも、この日に屠畜した雄山羊は、マニャラが提供したものだった。

　マニャラは、自分の屋敷地に集まった一族の面々に対して、今日こそは支援を呼びかけようと決意していた。8月に小屋を建設した時には、一族の面々が数多く集い、各々200シリング（日本円で350円程度、日雇い労働者の1日分の収入の目安）を供出してくれた。そこで集まったお金は総額1万2000シリングほどに達したが、11月にはほぼ底をついていたので、マニャラならびに小屋で生活する長老たちは、再度の供出を10月に開いた会合で要請していた。しかしながら、それに応じた者は僅かだった。

　指導者的立場にあった長老ムトゥイズィニャイは、11月24日の会合の冒頭のスピーチで、小屋で生活をする年長者たちに対して年少者たちが協力的でないことについて怒りをぶつけた。年少者が年長者の意見を受け入れない場合は呪詛することを明言した。これは、祈りの直後の切り出しとしては随分過激な物言いであった。この日の話し合いにおいては終始そうであったが、ムトゥイズィニャイの過激な発言には、集会の参加者のなかから弥次が飛んだ。様々な意見が飛び出すなか、マニャラが立ち上がり、次のように述べた。

マニャラ　若者は長老を助けるべきなのに、いつもお酒を呑んでばかりです。あなた方から返事を受け取るのにずっと待ったが、それは長い日々でした。（8月に）皆それぞれが200シリングずつ払い、その後も支払がありました。集まったお金は1万1550シリングとなりました。しかし3ヶ月の間に全て使い切ってしまいました。薪は、ランドローバー2台分買いました。でもすっかり無くなってしまいました。いま、どのようにして薪を手に入れればよいのでしょう。お金が無く困っています。（中略）200シリングを皆それぞれが改めて支払うことにしましょう。頭役（長老ムトゥイズィニャイ）はそのことに注意をよせています。まもなくアゲリの人々（殺人賠償を支払う加害者側クラン）が家畜を連れてきます。私たちは彼らに山羊肉と蜂蜜酒を振舞うことになります。ですからそれらをどうやって入手すべきか考えなければなりません。皆さんが合意してくれたわけですが、もしそれが実現しないとすればアントゥアンブイにいる兄弟（ムタノバ）を呼び出さなければなりません。

　兄弟を呼び出すというのは如何なる意味か。メル語には「兄弟」を意味する語彙がいくつかある。「ムタノシア」は、字義的には「母の息子」の意味であり、同父同母の完全兄弟のことである。「ムタノバ」は、字義的には「父の息子」の意味であり、イゲンベ社会は男系であるが、それが自分の完全兄弟のことを指示することは稀である。マニャラの発言においてムタノバという言葉が指示するのは、じつはアズィンバ・クランの外にいて、しかし一族と兄弟分関係（ギシアロ関係）にある人々（兄弟分＝ムイシアロ）のことである。

　ニャンベネ地方の兄弟分関係は、個人の意思において自由に締結したり破棄したりできる関係ではない。自分が属する親族集団と別の親族集団との間の集団間関係として制度化されているので、生まれながらにして特定の集団の全成員が自分にとっての兄弟分なのである。マニャラが、「アントゥアンブイにいる兄弟」を呼び出すと言ったのは、アズィンバ・クランがアントゥアンブイ・クランと兄弟分関係を持つことによる。

では何故彼らを呼び出さなければならなかったのか。兄弟分関係にある者どうしの間には、互いに結婚してはならないというのと、相手の要求を拒んではならないという2つの禁忌がある。もし仮にこれらに違背した場合はどうなるのかと問うならば、恐ろしい災厄に見舞われるという。マニャラが兄弟を呼び出すと言ったその目的は、兄弟分を非協力者（年少者）のもとに送り込み、寄付金200シリングの要求を代弁してもらうことであった。兄弟＝ムイシアロの口から出た要求は、絶対に拒むことが出来ないからである。

　兄弟を呼び出すという、マニャラのこのアイディアは、一族の長老たちの間で既に共有されていたものだと思われる。立ち上がった別の長老ムルンギもまた、各々200シリングの供出が必要であることを改めて強調しつつ、応じない者の自宅には兄弟（ムタノバ）を送り込むことを改めて告げた。

　以上の事例において、年長者は年少者がひとりあたり200シリングをふたたび供出することを期待していた。だが、そうした期待に対する芳しい対応はなかった。そして、長老のひとりは、集会の冒頭から呪詛による制裁をちらつかせて年少者を脅迫した。この脅迫は、乱暴なかたちではあるが、年少者の協力を依然として期待していることの表明である。この一連の、期待に対する違背と、違背に対する制裁（呪詛）という図式は、年長者と年少者の二者関係において、前者から後者への一方的な期待表明ならびに制裁表明を基軸としている点で、一連のやりとりのなかで打ち出されたもう一つの対処法と比べると相対的に単純な応報的図式である。もう一つの対処法とは、すなわち兄弟分に要求を代弁させるという手法であり、またそのことについての宣言そのものである。

　この事例において、年長者が年少者に対して自ら要求する場合（二者関係）と、兄弟分が年少者に対する年長者の要求を代弁する場合（兄弟分を仲介にした三者関係）とでは、期待・違背・制裁の連関における位置づけが異なっている。すなわち、前者（図1）の場合は、期待する年長者ならびに違背する年少者という一方的かつ特定的な役割規定によって特徴づけられる。他方、後者（図2）の場合は、要求を代弁する者と要求を受ける者との間の関係は、兄弟分どうしという双方的かつ一般的な役割期待によって特徴づけ

られる。老若男女を問わず全ての個人が、自らの親族集団の一員として、他の特定の親族集団の全成員を相手とする兄弟分関係を生得的に持つ。そして、兄弟分関係は双方的な役割期待によって成り立つという意味で、その規範は互いに対して働くため、兄弟分どうしは、互いに相手の潜在的な力を畏怖する関係にある。つまり、両者を比較すると、期待・違背・制裁の連関における役割配分は、前者において特定されていて（年長者と年少者）、後者においては特定されていない（兄弟分どうし）。

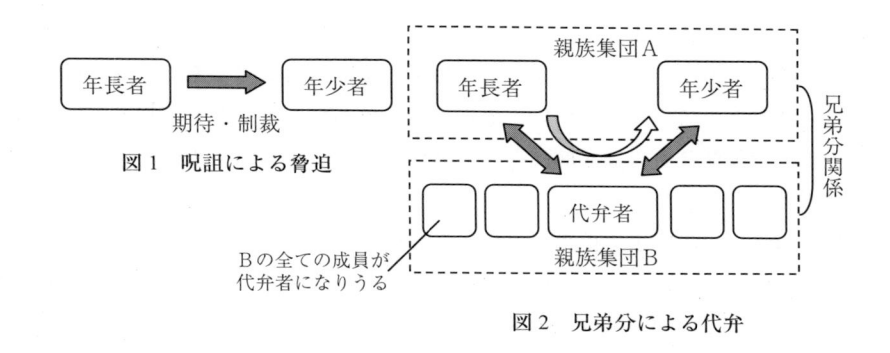

図1　呪詛による脅迫

図2　兄弟分による代弁

　次に、相手の要求は何であれ拒んではならないという兄弟分関係の規範は、その役割内容自体が極めて一般化されている。じつは、この観点から、年長者たちが代弁者（兄弟分）の派遣によって年少者からの強制的な取立てが実現すると確信していたという説明は単純化しすぎた説明だという第二の観点を導くことができる。単なる強制的な取立てであれば、兄弟分に代弁してもらうことは端から不可能だったはずである。兄弟分関係の力は当事者間で双方的に働くため、兄弟分関係にある人物が理不尽な要求を突きつけてくるとしたら、逆に無理な要求をお返しして報復することも可能である。だが、そのような応酬が連鎖する事態に立ち至ったという話は聞いたことがない。

　もちろん、違背に対する制裁の可能性が失われることはないし、「極端な可能性がそれぞれに先取りされることによって、サンクションの可能性が、

相互行為を安定化」しているという側面を過小評価すべきではない（ルーマン　1990：66-67）。けれども、上記の理由から、「兄弟分の要求を拒否した場合には恐ろしい災厄に見舞われる」という制裁の語りが、そこに「含まれる」当為の規範を貫徹しているのだとは考えにくい。むしろ、「兄弟分の要求を拒否してはならない」という当為の命題は、現実の社会生活では「こちらが容認できない要求をするはずがない」という相互予期において結果的に実効性が確保されているというのが私の仮説である。すなわち、日常生活における兄弟分との付き合いにおいては、相手の要求は何であれ拒んではならないという強迫観念よりも、むしろ相手の気分を損ねてはならないという予期の予期によって自らの行動を方向付けていると考えるのである。制裁は極端な可能性として用意されているものの、むしろ相互予期が或る程度安定化しているためにこそ、結果的に上記の命題が実効性を維持しているのではないだろうか。

　何であれ相手の要求を拒否してはならないという兄弟分関係の当為的規範がイゲンベ社会において実効性を維持しうるのは何故か。この問について私が導いた答えは次のとおりである。それは、単に人知を超えた恐ろしい制裁の可能性が予見されているからではなく、兄弟分が無理な要求をするはずがないという予期を固持するがゆえに要求を拒否してはならないのである[11]。

---

11) 以上の事例では、論点を明らかにするために、年長者による直接的な要求と兄弟分による要求の代弁とを比較し、そこにおいて一方的期待と双方的期待との対比を示した。もちろんのこと、年長者と年少者とは同一親族の成員として関係しており近所付き合いもある。それ故に両者の間の関係は一つの経路のみにおいて説明しきれるほど単純ではないし、年長者による「一方的」期待表明もまた当事者間の社会関係——とりわけ、親族関係や地縁関係——に埋め込まれていて、それなりの社会的補強要因があったと考える方が自然だ。一連の金品要求が、ゼロからの無理な要求ではなく、もうひと頑張りで実現可能な要求だと年長者自身が理解し、また要求を受ける年少者も第三者的に関与する代弁者もそう理解するであろうことを年長者が予期していたのだと理解する方が現実に見合っている。実際、年長者が脅迫したのは、単なる非協力者ではなく、2回目の資金供出に躊躇していた同じ一族の年少者だったのである。

4 おわりに

　ニャンベネ地方における兄弟分は、その第三者的機能において高度に一般化しており、当事者対抗的方法が手詰まりとなる場合に、紛争処理を目的として意図的に利用されている。ただし、兄弟分は、裁定・応報・制裁を即時に代行するエージェントではない。訴えられた側の当事者は、当事者対抗的な方法では激しく非難され、追い詰められるが、兄弟分は、訴えられた側の当事者に対して、一方的な脅威となるわけではない。長老の指図で兄弟分の唾液を飲み込むのにしても、長老の要求を兄弟分の口から伝え聞くのにしても、兄弟分に直面する当事者は一方的に追い詰められているわけではない。だが、訴えられた側に将来災厄が生じた場合に、それを兄弟分の力による制裁として解釈する可能性が確保されており、いったん保留された当事者対抗的争論が無化されるわけではない。それゆえに、兄弟分は、当事者対抗的な紛争解決を保留しつつ、両当事者にとって納得のいく紛争処理を実現するための第三者として、ニャンベネ地方で重宝されているのではないか。

　本論文で述べた事例に限らず、「BがAの財産を返さない場合に、AはBのムイシアロのもとへ行って自分の代わりにBに対する要求をしてくれと頼む」（加藤　1989：4）という方法がとられることは珍しくない。債権者（A）は、債務者（B）に直接要求するのではなく、兄弟分に要求を代弁してもらうことを選ぶ。また、ある人物が秘密裏に邪術を働き、呪物を隠し持っていると噂される場合には、取締人は、容疑者に対してその人物の兄弟分を派遣することによって、容疑者本人から呪物の在処を聞き出すことも行われる。そうすることによって、債権者・債務者あるいは取締人・容疑者という一方的・特定的な役割規定ではなく、兄弟分どうしという双方的・一般的な役割期待において諸事進行し、しかも違背に対する制裁の語りが失われることがないのである。

〈参照文献〉

石田慎一郎
- 2003 「寄合のしごと――ケニアにおける首長と長老の紛争処理」宮本勝編『〈もめごと〉を処理する』pp.28-51、雄山閣。
- 2006 「制裁の語りにおける合意のインプリケーション――イゲンベ農村の義兄弟関係とその社会的機能」『法社会学』65: 54-66。

加藤泰
- 1989 「『共に生まれたもの』を拒否してはならない――メル族の儀礼的兄弟関係とその神秘力」『東海大学文明研究所紀要』9: 1-22
- 2001 『文化の想像力――人類学的理解のしかた』東海大学出版会。

ルーマン、ニクラス
- 1990 『信頼――社会的な複雑性の縮減メカニズム』（大庭健・正村俊之訳）勁草書房。

Ishida, Shin-ichiro
- 2008a The Indigenous Law of the Îgembe of Kenya: An Anthropological Study. In M.Miyamoto and J. J. Baptist eds. *Legal Culture in South-East Asia and East Africa*, pp.145-239. Sabah Museum.
- 2008b Contemporary Agriculture in Nyambene District. In N. Gichere and S. Ishida eds. *The Indigenous Knowledge of the Ameru of Kenya*, pp.121-146. Meru Museum.

Lambert, H. E.
- 1956 *Kikuyu Social and Political Institutions*. Oxford University Press.

Rimita, David Maitai
- 1988 *The Njuri Nchke of Meru*. Kolbe Press.

Ⅱ部

オルタナティブな〈法〉の創造

5章　環境正義と知的財産権
―― ペルーにおける地域に根ざした法の創造 ――

クラウディア・イトゥアルテ＝リマ

（石田慎一郎・山田亨訳）

1　はじめに

　環境正義をめぐる諸問題、そして知識経済における衡平な諸関係――生物多様性に関する先住民の知識を利用することで得られる利益の配分を含む――の確保という課題が世界的に注目されている。これらについては、世界各地のさまざまな利害を考慮しながら、議論を尽くす必要がある。また、生物多様性に関する知識の運用を利害関係者に対する「公正な利益配分」に結び付けていくことなど、抽象的な法概念を実践の場に移し替えていくことが、これから取り組むべき重要な課題である。本論文は、環境正義と知的財産権についての規定を含む法律であるペルー共和国法律第27811号に注目し、そのメカニズムの分析と私自身のフィールドワークで得た知見とに基づき、オルタナティブ・ジャスティス研究の新しい展開に寄与することを目指す。

　本論文で環境正義という概念を用いるのは、法律第27811号のいくつかの条項が、環境正義論ならびに社会運動における正義の概念と一致するためである[1]。現代の環境正義論では、社会における財の公正な配分を議論するほか、住民参加、代表性、承認といった側面を議論の対象に含める（Schlosberg 2007）。また、そうした理論研究に加えて、社会運動の現場における環

---

[1] 環境正義とは、安全な飲み水と衛生へのアクセスという問題や、気候変動（climate change）への対策に要するコストの負担についての問題において、環境保全と社会公正を求める思想である。

境正義の解釈をふまえて議論することで、後述のとおり個人と集団との二元論を超える視点が得られる[2]。

　法律第27811号は、正義を構成する上述の諸要素（公正な利益配分、住民参加、代表性、承認）に明確に言及しており、それらを生物資源とそれに関連する知識の利用に関連づけている。すなわち、利益配分と住民参加をめぐる問題意識が、法律第27811号の目的のなかに反映されている。具体的には、生物資源に関する共有の知識の利用における公正かつ衡平な利益配分を促進すること、それを利用する場合には必ず先住民から事前の同意をとらなければならないことが示されている（第5条）。代表性という点についても、法文の各所に明示されている。具体的には、「共有の知識を有する先住民の代表組織」という考え方や、先住民振興基金などの代表組織を率いる個々の指導者の役割についての規定などが同法律には明確に示されている（第39条）。承認の側面については、法律第27811号は、宣言制を採用している。すなわち、ペルー政府は、国家として、生物多様性をめぐる共有の知識に関する先住民の権利を、授与するのではなく承認するのである（たとえば第1条）。先住民は「建国以前から存在していた権利」を有することが明確に承認されている（第2条(a)）。なお、本論文では、法律第27811号の用語法にしたがって「権利」ということばを用いる。

　ところで、オルタナティブ・ジャスティスというと、一般的には紛争処理のオルタナティブな方法についての議論にむかう傾向がある。古典的な法人類学的研究は、地域社会の日常生活のなかでの紛争解決の多様なメカニズムの分析が中心だった（Gluckman 1955; Shapera 1957; Bohannan 1957; Pospisil 1971）。最近の法人類学的研究では、トランスナショナルなアクター間での紛争処理メカニズムを対象にする研究も見られる（Nader 1995; Snyder 1999）。

2）諸々の社会運動では、環境正義ということばを使って、「正義の概念を個人のみならず、集団や共同体にも当てはめる。理論家は正義の定義を個人においてのみ考える点ではほぼ一致しているけれども、運動家はいとも簡単にそうした限定を取り払ってしまう」（Schlosberg 2007: 5）。

Ⅱ部　オルタナティブな〈法〉の創造

　本論文では、これらの研究動向をもふまえながら、国家法(ナショナル・ロー)の分析や知的財産権をめぐる法的カテゴリーの理解にもオルタナティブ・ジャスティスの議論を応用できることを示す。そして、経済正義論や知的財産権論における個人・集団の二元論を克服するために、連続性をとらえるための分析手法を示したい。そこで、本論は、前半部分において、ペルー共和国法律第27811号の特質と、*sui generis* の知的財産権概念を派生させるきっかけとなった重要な出来事を分析する。そして、後半部分において、法律第27811号により法的に認められた知的財産権の所有者の類型を明らかにするために、連続性をとらえる分析手法を提示する。

　ペルーにおける「生物資源に関する先住民共有の知識を保護する制度を導入する法律」(*Ley que establece el régimen de protección de los conocimientos colectivos de los pueblos indigenas vinculados a los recursos naturales*)、すなわち法律第27811号は、まさにその題名のなかで「共有の知識」という概念が明示されている。法律第27811号における「共有の知識」とは「生物多様性の性質、用法、特徴について、先住民または先住民コミュニティが世代を越えて蓄積し培ってきた知識」と定義されている（第2条(b)）[3]。

　法律第27811号は、2002年7月24日に国会で可決成立し[4]、本論文で私が *sui generis* の知的財産権制度と呼ぶところの法制度を設けた。この法律は、一方でライセンス合意について、他方で知識の公開登録、非公開登録、そして地方登録を含むものである。ペルーは、先住民人口の比率が多い国のなかでは、このような法制度を初めて設けた国である（Alexander *et al.* 2004）。法律第27811号の目的には、生物資源に伴う共有の知識を尊重し、保護すること、それを利用する場合には必ず事前に先住民の同意をとるこ

---

[3] それゆえ、法律第27811号は、あらゆる種類の知識ではなく、生物資源に関係する伝統的知識を対象とする。このような限定は、この法律の立案段階で法的そして政治的にうみだされたものである。

[4] 法はあくまでも理念型であり、完璧なかたちで現実に当てはめることはできない。法律第27811号についても同じであり、私がそれを *sui generis* の財産権制度と特徴づける理由は、完璧なかたちでそれを現実に当てはめることができないからではなく、知的財産権法に一般的なものとは明らかに異なる特徴を持つからである。

と、生物資源に伴う共有の知識の利用から生じる利益の公正かつ衡平な配分を促進することなどが含まれている（第5条）。

　本論文では、法律第27811号を分析するさい、従来の研究に見られるような個人・集団の二元論を用いない。それは、個人・集団の二元論では、さまざまな社会的・法的な作為が加えられ、法の内容も社会関係の内容も新たな意味付けがなされる過程を覆い隠してしまうからである。また、従来の研究では、個人を欧米の枠組とみなし、集団を先住民の枠組とみなして二極化する傾向があった。それに対して、本論文では、知的財産権の多様な特性とその財産権保持者間の連続性や知的財産化された生物資源の連続性を分析する手法を提示する。この二元論が分析ツールとして有益な場合はもちろんある。けれども、法律第27811号を分析する場合、とくにこの法概念に馴染みの薄い住民が法律第27811号を運用しつつ知的財産権の新たな運用方法を創造していく重要な過程を分析する場合、個人・集団の二元論は有益でない。財産権とみなされた事柄をめぐる紛争では、個人財産か共有財産かという争点よりは、むしろ公式法制度のもとで誰がどのように知的財産権の所有者として公認されるのかという争点のほうが顕著である[5]。

　本論文では、以上の論点に加えて、いかにして法律第27811号における諸概念が知的財産権の請求内容に法的な枠組みをあたえているのかを分析する。アマゾン地域における法制度と欧米の法制度との違いはこれまでにも議論されている。それに対して、本論文は、権力関係や文化的背景がそれぞれに異なる個人のあいだの交渉の過程で管理される共有の医療知識について、それが管理される現場の実践的な理解のあり方に注目する。法律第27811号をめぐる社会的な過程においては、この法制度に含まれる重要な諸概念が、この法制度になじみの薄い住民のもとに持ち込まれ、複数の制度をつなぎあわせているのである。

　5）法律第27811号は、ペルー全国に適用されるが、私はアマゾン地域のみに限定して研究をすすめている。伝統的医療知識と生物資源の不法な利用を防止するための国家の介入を求める点で、アマゾン川上流地域の指導者たちがとくに重要な役割を果たしているためである。

II部　オルタナティブな〈法〉の創造

2　法律第27811号――*sui generis* の知的財産権制度

(1) 知的財産権一般と *sui generis* の知的財産権との相違点

　本節では、*sui generis* の知的財産権という概念が必要な理由を説明する。*sui generis* は「それじたいに特有の」という意味のラテン語である[6]。これは、多文化状況のもとで人々がさまざまな概念を融合させる様態をとらえるのに適している。ホミ・バーバ（Bhabha 1996: 54）は、文化の中間者またはハイブリット化ということばを用いている。バーバは第三世界の移民について議論しているのでここでの論点とは文脈が異なる。だが、文化の中間者をめぐる彼の議論じたいは、知的財産権の特徴と重なる部分がある。というのも、どちらも、多様な文化的背景を持つ当事者のあいだの交渉によってつくられるからである。そして、それは、さまざまな文化に由来する部分と部分とをつぎはぎしたようなものであり、「文化の自己充足は不可能であり、文化の境界を示しているのである。それはまったく文化の中間者のようなものであり、不可解なほど似ていてしかも異なる」（林訳: 97）からである。本論文は、アマゾン・アワフン社会の指導者たちが、自分たちの諸概念と欧米の用語とを織り交ぜながら知的財産権をめぐる自分たちの理解のかたちを表明する過程を記述するが、その場合、たとえばハイブリットな知的財産権という語を充てることもできただろう。だが、私は、*sui generis* の知的財産権という語を用いることにした。多文化状況における財産権の社会的構築について議論するさいに、法人類学者がこの概念を用いるならば、国内外の法学者・法律家・法実務家と議論を共有することができると考えるためである。*sui generis* とは法学で用いられているラテン語成句のひとつである[7]。*sui*

---

6) *sui generis* は、研究者が使用したり法的に用いたりするのに限らず、特別な性質や創造性をともなうアートや作家についていう場合に用いられることがある。たとえば、1970年代にヒットしたアルゼンチンのロック・バンドの名が *sui generis* である。

7) 法におけるラテン語概念のそのほかの例として、*habeas corpus*（人身保護令状）や *pacta sunt servanda*（約束は守らなければならない）などがある。

generis はこれまで人類学の分析概念ではなかったが、法人類学者がこの概念を使うことにより学際的な学術交流が可能になること、そして文化的背景が異なる諸集団の多様な法概念を慎重に検討することの重要性を、本論文で提起したい。

　財産をめぐる欧米の概念と先住民の概念とのあいだには、ある種の共通点がある。たとえば人類学者や法学者などは、欧米の法制度では、絶対的財産権という考え方が適切ではないとする論を展開している（Williams *et al.* 1982; Collins 1997; Hann 1998; Hunt 2000; Bodenhorn 2000; Smith 2003）。そこにあるのは絶対的な権利ではなく、むしろ多層的な複数の権利と義務だとされる。このことは各地の先住民が持つ法制度にもあてはまる[8]。

　だが、アマゾン社会における財産概念と欧米の財産概念とを結びつけようとする場合、両者のあいだにはある種の通約不可能性が認められる。つまり、この2つの財産概念のあいだに通約不可能性があるからこそ、*sui generis* の財産権という概念を展開させる必要性が見出せるのである。欧米の法システムにおける財産権の基本的原理の一つに「当事者は自ら新しい財産権の法的カテゴリーを自由につくりだすことはできない」（Smith 2003: 4）というものがある。これは通約不可能性の一例である。この種の財産権法では、法が承認するのは、限られた数の権利からなる改変不可能な財産類型である。たとえば、財産の一種として特許があるが、それには、発明した製品もしくは製法の販売、使用、生産についての独占権が伴う。著作権は、それとは異なる財産カテゴリーであり、特許とは異なる。特許とちがって、著作権は情報についての権利は認めないが、著作物の管理についての権利を伴う。このふたつの欧米由来の財産カテゴリーは、国際条約ならびに国家法によって確立している。

8）たとえば、コリンズによると、「イギリスの法では財産権制度が発達しているため、財産におけるさまざまな利害を分類することができる」（Collins 1997: 352-353）。しかし、財産ということばの一般的用法では、財産権と絶対的財産とを混同してしまうことがしばしばである。つまり、「私はこの土地の所有者である以上、好き放題何をしてもよいのだ」といったかたちで、所有者が全ての権利を保持しているかのように理解されてしまうことがしばしばある。

知的財産権のなかには既存の法的カテゴリーにうまく当てはまらないものがあることを指摘する法学者もいる。このような議論において学者や先住民運動の支援者たちは、知的財産権をしめす概念の前に「軽微な」ということばをつけることにより、たとえば「軽特許権」という用語を充てている。その一例として、ステファン・A・ハンセンらは、「伝統的知識は、欧米の科学と同様のかたちで記録されるものではないため、軽特許権として捉える方が適切だ」と述べている（Hansen *et al*. 2003: 3）。ハンセンらは、軽特許権について「特許権と同様の保護が認められるけれども、発明についての細かい手続きをともなってない知識を保護するための」モデルという意味で捉えている。だが、一般的な用語での「軽」は、「つまらない」「さもしい」「けちくさい」「マイナーの」「あまり重大ではない」といった意味をもっている[9]。このような日常用語を用いて伝統的知識に関する権利を表現してしまうことは、先住民の規範に対して欧米の法が上位にあるという認識を無意識に馴化してしまうことになるのである。またこのような日常用語の割り当ては、欧米の法に財産権をめぐるあらゆる形態を規格化する権威があることを認めることになってしまう。さらには、自分たちの権利が、つまらないもの、さもしいもの、マイナーなものといった差別的含意があることばと結びつけられてしまうことに対して、先住民の人々も異議を唱えているのである。

生物資源をめぐる権利に適用されるべき *sui generis* の知的財産権は、欧米の知的財産権概念でもなければ「先住民」の概念でもない。*sui generis* の知的財産権は、欧米的概念と先住民的概念という二極化したものの中間概念でもない。むしろ本論では、*sui generis* という用語の語源、すなわち「それじたいに特有の」という意味をおさえつつ、「プロパティ」という用語の語源についても、固有の文化（プロパー・カルチャー）という含意をもふまえながら議論を深化させたい[10]。よって、*sui generis* の知的財産権とは、個々の文化における、普遍的な認識体系に当てはまらないような知的財産権のことを意味するのである。

法律第27811号は、これまでの知的財産権体系における新しい種類の権利

---

9 ）Online Dictionary, http://www.askoxford.com/concise_oed/petty?view=uk.（2008年11月7日閲覧）

と義務を含むものであるとともに、既存の欧米的法体系とは異なるいくつかの特徴をもっている。それゆえ、私は、法律第27811号が *sui generis* の知的財産権の特徴を示すものだと指摘したい。そのような意味での *sui generis* の知的財産権は、国際法や国際政策にくわえ[11)]、各種の法学研究において一般的に用いられている（たとえば、Torelly de Carvalho 2000; Kuruk 2007）。国際機関が *sui generis* という語を用いる場合の一例として、世界知的所有権機関（WIPO）による定義がある。用語集記載の定義は次のとおりである。

> *sui generis* とは「それじたいに特有の」という意味のラテン語である。たとえば、*sui generis* のシステムとは、特定の問題に関するニーズや関心事に取り組むことを目的に特別に作られたシステムのことである。伝統的知識の保護を目的とする「*sui generis* システム」を求める声があがっている。これはこんにちの知的財産権システムとは全く異なるシステムでもあり、新しい知的財産権あるいは知的財産権に似た権利を有するオルタナティブなシステムでもある[12)]。

WIPO は、ウェブサイト公開の用語集のなかで、アマゾン社会における育成者権ならびに伝統的文化表現に関する権利に関する諸問題をはじめとして、電子工学の規制など、その他の法的分野との関連においても *sui generis* の概念を用いている。

> *sui generis* の知的財産権には、いくつかの具体的な事例がある。育成者権（1991年の植物の新品種の保護に関する国際条約［UPOV 条約］に示されている）や集積回路に関する知的財産権の保護（1989年の集積回路についての知的所有権に関する条約［ワシントン条約］）などである。

---

10) ボーデンホーンは、財産に関する概念を使用する前に、そのアプローチの有用性を検討する必要があると述べる。すなわち、「文化的財産、財産としての文化、文化の財産、あるいは固有の文化——〈自分たちの〉という語源の意味によって——を区別することで何が明らかになるのかを問う必要がある」（Bodenhorn 2004: 35）。
11) たとえば UNEP/CBD/WG8J/3/7, http://www.cbd.int/doc/?mtg=WG8J-03（2008年12月29日閲覧）
12) http://www.wipo.int/tk/en/glossary/#*sui generis*（2008年11月27日閲覧）

伝統的文化表現（TCEs）については、WIPO 及び UNESCO が 1982 年に共同で採択した、〈不法利用及びその他の侵害行為から民俗文化（フォークロア）の表現を保護する各国国内（立）法のためのモデル規定〉が、民俗文化の表現や伝統的文化表現に関する *sui generis* の保護制度を提供している。

先住民の人々が国際的な場で *sui generis* の概念を用いることがある。たとえば、国際先住民生物多様性フォーラムでは、2001 年にドイツ・ボンで開催された生物多様性条約の〈生物資源のアクセスと利益配分に関する特別作業部会会合〉で、先住民の人々がその概念を用いたことがある。また、同作業部会の公式文書の第 8 条や、2002 年に発表された〈伝統的知識・発明・実践の保護のための *sui generis* システムの構築〉の但し書きにおいても *sui generis* の概念が用いられている [13]。

私がペルーとエクアドルでおこなったフィールドワークをとおして気づいたことだが、*sui generis* の知的財産権は、アマゾンの指導者たちが国家レベルや地域レベルで一般に使うことばではなかった。だが、指導者たちが自分たちの意見を提示するさいに、とくに知的財産権についての自分たちの見解を主張するさいに、*sui generis* の知的財産権という枠組が指導者たちの主張を補強する機能を果たすのである。とくに、先住民の規範体系と既存の欧米的法体系とのあいだにある概念的な断絶を克服するには、*sui generis* の知的財産権という概念の運用は有効だといえる。

特許・著作権・企業秘密などの知的財産権一般と、*sui generis* の知的財産権としての法律第 27811 号とのあいだには共通点と相違点がある。第一に、登録形態を問わず、共有の知識をめぐる権利の存在が認められるという点である。この点において *sui generis* の知的財産権は、著作権ならびに企業秘密と共通性が見られるとともに、特許制度とは性質を異にしているといえる。法律用語では、これを宣言制とよび、登録制と対比させている [14]。宣言制

---

13) たとえば、UNEP/CBD/WG8J/3/7, http://www.cbd.int/doc/?mtg=WG8J-03（2008 年 12 月 29 日閲覧）
14) この点は、法律第 27811 号による「先住民」の定義と関係している。先住民の定義については後述する。

による権利は「公的な法律によって生じるものではなく、先在的権利、すなわち先祖伝来の権利、慣習的権利、倫理的権利そして人権などによるものである」(Alexander *et al.* 2004: 32)。宣言制と登録制の重要な相違点は、前者の場合に伝統的知識をめぐる先在的な権利が認められるのに対して、後者の場合には国が権利を付与するという点である。法律第27811号は、宣言制の特徴を持つが、複数の登録類型が含まれており（地方登録、公開登録、非公開登録）、これらも *sui generis* の知的財産権の重要な特性である。

第二に、特許・著作権・企業秘密として登録する場合以外、共有の知識の基準を設定することはまれである。当該の知識がパブリック・ドメインに属するか否かに応じて、INDECOPI（公正競争知的財産保護庁）のもとにおいて共有の知識を公開登録もしくは非公開登録することができる。INDECOPIにおける共有の知識の登録基準は、法律第27811号の第20条において次のように規定されている。

　　先住民の共有の知識の登録申請は、次の各号の内容を明記したうえで、当該代表組織を通じてINDECOPIに提出しなければならない。
　　(a)知識の登録申請をしようとする先住民の身元の証明
　　(b)代表者の身元の証明
　　(c)共有の知識に関係する生物資源の名称；先住民固有の名称でもよい
　　(d)当該の生物資源の利用方法の記載
　　(e)登録申請対象の共有の知識についての明確かつ完全な内容説明
　　(f)知識の登録に先住民が合意したことを示す文書

法律第27811号による知識登録と、知的財産権一般、とくに特許ならびに著作権とのあいだに見られる第三の相違点は、前者の保護期間が無制限であるのに対して、後者については保護期間が限定されることである。最後の相違点は、*sui generis* の知的財産権の保持者は、自分たちの知識を登録するうえで法律家の支援を得る必要がないということである。

（２）*sui generis* の知的財産権の運用

　法律第27811号の運用に責任を有する人々、つまり、INDECOPIの担当者

Ⅱ部　オルタナティブな〈法〉の創造

などによるこの法律に関する社会的過程についてのかたりは、民族誌的研究の対象として有意義だといえる。法は、公共機関を含めたさまざまな社会的状況におかれることにより、社会的な実体を獲得していく。つまり、それがどのように複数の社会的組織において運用されているのかということを探究することにより、法律第27811号の社会的営み(ソーシャル・ライフ)が見えてくるのである。

　法律第27811号の特色は、公的機関によるこの法律の運用のありかたに現れる。たとえば、法律第27811号においては、アマゾンの諸組織と通常は関係のない INDECOPI という機関がこの法律に関わる責任を管轄している。INDECOPI は、〈公開先住民共有知識国家登録簿〉と〈非公開先住民共有知識国家登録簿〉を管轄している。

　この法律の運用においては、標準化と多様化との二重のプロセスが進行している。標準化は知的財産権一般について共通することだが、多様化は、sui generis の知的財産権にみられる特殊な要素を含んでいる。一般的な行政的手続と同じく、法律第27811号も、2002年から、いわゆる「特別行政手続文書」（TUPA, texto único de procedimientos administrativos）を通じて定式化するようになった。たとえば、法律第27811号に関する「特別行政手続文書」において、特許申請者は申請手続のさい、予め定められた金額を支払わなければならない。ほかの行政的手続にかかる費用と同様に、共有の知識を登録するさいに必要な代金は、法律第27811号のための特別行政手続文書のなかで明記された。だがこの法律で独特なことがある。それは、INDECOPIの担当者が、この法律の内容を説明するために開催したワークショップの場においてアマゾンならびにアンデスの人々と意見交換した後、伝統的知識を登録しようとする人々に、たとえそれが経済的利益を得るための行動だとしても申請費用を課金するように定めた特別行政手続文書の内容が適切なものではないことに気づいたことである。その結果、INDECOPI の担当者は、申請費用の課金を免除するための行政手続制度を追加した。そうして、登録時の支払を免除する新しい方針が官報『エル・ペルアーノ』にて公告されたのである。

　標準化と多様化の二重プロセスのもう一つの例は、公告段階である。ペ

ルーでは、法制定を標準化するうえで、すべての法律が官報『エル・ペルアーノ』にて公告されることになっている。だが、このプロセスにおいても多様化が見られるのである。ペルーでは、官報における法律の公告は、国会で採決された直後に一度限りでおこなわれる[15]。この手続きが法律の発効のために不可欠な手続きである。法律第 27811 号の場合、議会で採決された後に官報上で公告された。だが、この法律の内容についてのもうひとつの公告が、採決の前に官報にておこなわれたのである。ペルー環境法協会（SPDA）のルイスは、これが一連の過程における人々の参加を促し、情報公開性を高めることを目的としたものだったと指摘している（エクアドル知的財産研究所［*Instituto Ecuatoriano de la Propiedad Intelectual*］における発表：2007 年 5 月 30 日）。

ペルーにおける全ての法律は公告されなければならないが、法律第 27811 号を公告するなかで多様化が生じた。INDECOPI は、通常の法律の普及過程では必ずしも用いない情報伝達方法を用いた。漫画つきのブックレットの配布、ラジオ CM、そして INDECOPI が開発したマイクロラジオプログラムなどが用いられた。情報共有対象になったテーマは伝統的知識に関するものだったが、そうした情報伝達手段の主目的は、（医療知識に関する情報を伝達することではなく）法と社会との関係についての情報を幅広い聴衆へ伝達することであった。私が 2007 年 1 月 31 日におこなったインタビューにおいて、INDECOPI の担当者は、法律第 27811 号についての政府による情報伝達は、まずアマゾン地域から実施され、それに続いてアンデス地域で実施されたと述べている。この人物はまた以下のように述べている。「私たちにはスペイン語でのラジオ CM やマイクロラジオプログラムがありましたので、それをケチュア語あるいはそのほかのアマゾンのことばに翻訳して、シエラの人々にもセルバの人々にも届けることにしました」[16]。また、漫画つきのブックレットもアシャニカ語やケチュア語に翻訳されただけでなく、法律

---

15) UNEP/CBD/WG8J/3/7, http://www.cbd.int/doc/?mtg=WG8J-03（2008 年 12 月 29 日閲覧）
16) シエラは「山」を、セルバは「熱帯雨林」を意味する。

第27811号関連の冊子も法律の内容を幅広い聴衆に伝達するために作成された。この人物によると、そのような資料の内容は、ペルー各地の人々が内容を十分に把握できるようなものでなければならないと考えていた。

　標準化と多様化との二重プロセスの第三の例は、法律第27811号の施行に要する経済的資源の投資である。一般に、法律はそうした投資を必要とするものだが、法律第27811号については政府がそれにあてる財源を確保する方法に特色があったといえる。2002年、INDECOPI は、担当者が難題と考える課題に着手し始めた――「最大の弱点は予算であり、予算と資金がなければ、一歩もすすむことはできない」。ペルー国家委員会（バイオパイラシー対策）の職務を担当している、別の INDECOPI 職員は、法律第27811号の運用にあてる財源は重要な問題だという点で一致する――「法によってつくりだされたものだとしても、財源がなければ影響力をもちえないのです。それは重要な問題です」。INDECOPI の職員によるコメントは法律の特性を表現する比喩と呼応している。つまり、施工された法律が社会的営みをもつことは、「脚」を持った法律が歩き出すことにより市民を新たな社会へと導くという比喩で表現されるのである。国際分野における INDECOPI の研究者の役割とは法律に「脚」を与えることであり、それにより法律が社会において機能していく基礎を提供することにある。

　法の運用に必要な資源を獲得するために、政府が外国の諸機関や非営利組織などとの連携を模索する点もまた、この法律（法律第27811号）を *sui generis* の法とする理由のひとつである。生物多様性条約の発効にともない、「人類の遺産」とみなされていた資源は、国家の「主権的権利」の対象とみなされるようになったが（生物多様性条約第15条）、このことは伝統的知識と生物多様性をめぐる議論が国境線の問題に限定されるようになったということを意味するわけではない。じっさいのところはそのまったく逆である。南側諸国と NGO 諸団体は、生物多様性条約の第8条第 j 項の規定などを交渉手段として駆使して（Dutfield 2001）、北側諸国の諸団体や国際開発計画（UNDP）のような国際組織の資金にアクセスしている。

3　知的財産権の保持者——個人と集団の連続性

　本節では、法律第 27811 号で言及されているさまざまな個人と集団を分析する。法律第 27811 号の内容をよりよく把握するためには、知的財産権の保持者を、個人と集団のあいだにある連続性を把握し、かつ複数の集団のあいだにある連続性を把握する必要がある。法律第 27811 号の特徴は、さまざまな個人と集団を権利の保持者と認める点にある。つまり、同法律においては、集団のみならず、先住民組織の指導者に、権利と義務があると扱われる。つまり、同法律における個人と集団の連続性とは、同一の人物が、個人として知的財産権の権利と義務をもつと同時に、同じ知的財産権は集団によっても保持され、その個人はその集団の一構成員でもありえるからである。

　国　家 法における法的カテゴリーは、共有の知識と生物資源に関する財産権が及ぶ範囲を示している。この法的規定は、法律第 27811 号の起草と施行に関わった関係者のみに対してだけではなく、国家全体に適用される。国家法のなかで使用されているカテゴリーは、ペルー国内におけるバイオプロスペクティング（生物資源探査）をめぐる法的論議に影響を与えているのである。

（1）個人と代表組織

　アマゾンの熱帯雨林に住むアワフン人の法では、個人と集団とのあいだに連続性がある。人類学の古典的文献ではアグアルナ人と呼称されていたアワフンの人々は、ペルー側アマゾンに居住する民族のうちのひとつである。アワフン人は、ワンビサ人、アチュアル人、シュアル人とともにヒバロ・グループに属する民族である[17]。アワフンの人口は約 4 万 5100 人であり、準定住型の村落にそれぞれ 150 人程度に分かれて生活している（Steinert

---

[17] ヒバロならびにアワフンについての詳細は、Stirling 1937; Harner 1973 and Brown 1985 を参照。民族名称としての「ヒバロ」は他称であり、野蛮人という含意があるため、本論文ではアワフンというサブ・グループの名称を用いる。

Ⅱ部　オルタナティブな〈法〉の創造

写真1　ペルー・アマゾン　　　　　　　写真2　アワフンの家屋
（ともにクラウディア・イトゥアルテ＝リマ撮影）

2003）。アワフンの領土は、約3万平方キロメートルで、ペルー北部のアマゾン川流域に広がっている。セルバにおける熱帯雨林地域は多様な植物相と固有種を育んでいる（Croat *et al.* 2005）。

　アワフンの人々は、熱帯雨林のなかで、生物資源へのアクセスについて独自の法システムを適用しており、そうしたシステムじたい個人と集団とのあいだの連続性を含んでいる。たとえば、地元の指導者（2007年2月27日インタビュー）は、シャーマンの知的財産を、適切な断食とナンテム（アヤワスカ）摂取に関する規則に従った結果として得られたものだと解釈している。彼は、そうした責任の方がシャーマンの治療力に影響を及ぼすと認識している。こうした専門知識の保持者であることの結果として、コミュニティにおける責任が生ずるのである。治療力を獲得することによって生ずるさまざまな社会的責任とは、シャーマンが、第一に治療を行うという責任であり、第二にアワフンの村人たちに災いや病をもたらさないという責任であ

る。いいかえれば、当人は善良なイウィシン（*iwishim*）であることが証明されなければならない。善良なイウィシンとは、所定の規則にしたがって正当なかたちで特別な力を獲得し、何人に対しても呪術をかけないという責任を果たすことができる人物のことである。邪悪なシャーマン——アワフンではトゥンチ（*tunchi*）と呼ばれている——だと告発されるならば、当人は熱帯雨林の村から追い出されることがしばしば発生するのである。イウィシンが特別なコミュニティにおいて特別な権利と責任を持つのと同時に、村人はイウィシンに対して権利と責任をもっている。その一例が、村人が病気になったり呪われたりした場合にイウィシンに対して治療を施してもらう権利があることである。同様に、村人には村の領土を管理する義務がある。植物、動物そして土地をふくむ村の領土は、シャーマンの力の源泉であり、シャーマンにとって重要な要素なのである。

　本論文で示す連続性をとらえる分析手法は、法律第27811号における指導者個人と代表組織のあいだのつながりを探究するうえで有用である。ペルーの熱帯雨林における合意（たとえば法律第27811号による共有の知識の登録などをめぐる）の交渉過程では、地元のチーフ——アマゾン地域のアワフン人はアプ（*apu*）と呼ぶ——の権威と、コミュニティの意思決定とのあいだには連続性がある。同様に、法律第27811号で述べられている「共有の知識を有する先住民の代表組織」という概念は、その論理のうちに連続性を含意している。たとえば、先住民の NGO の代表とその NGO（集団）じたいとのあいだには連続性がある。

　個人と集団との連続性をしめすもう一つの例は、先住民の代表組織の指導者個人が果たす先住民振興基金における役割である。先住民振興基金の規定によると、「先住民振興基金は、先住民の代表組織のメンバー5名、アンデス・アマゾン・アフリカ系ペルー人委員会のメンバー2名からなる管理委員会が管理する」（第39条）とされている。また、基金の目的は、「先住民の総合的な振興に寄与することである」（第37条）と述べられている。

　集団間の連続性については、法律第27811号は、いわゆる代表組織といった集団に権利と義務があるとしている。先住民振興基金の資金へのアクセス

権は、指導者個人を通じてではなく、あらかじめ管理委員会の評価と承認をうけたうえで、その代表組織を通じておこなわれなければならないとしている（第38条）。同様に、先住民の代表組織のもうひとつの権利と義務として、科学、商業、工業への応用を目的とする共有の知識への外部者のアクセスについて同意することも同意を拒否することもできる（第6条）。そうした手続きのなかに、代表組織の集団としてのさまざまな機能が含まれている。連続性を分析することは、代表組織を見極める点で有効である。一人の個人が同時に複数の集団（たとえば、地域のコミュニティとNGO）に属しているという可能性がある。

（２）NGOと伝統的組織の諸形態

先住民のNGOは、法律第27811号の施行と応用において、中心的な役割を担っている。その手続きを通じて、アマゾン川上流の人々による生物資源へのアクセスと分配は、クラン、コミュニティ、シャーマンならびにチーフに関係する活動という位置づけから、新しい位置づけへと変化している。アマゾンの指導者たちと代表組織は比較的新しい役割——外部者に対する医療的知識とそれに関連する植物の規制という面での役割——を果たすようになっているけれども、とはいえ拡大家族や熱帯雨林についての諸制度がそれらに対して受け身でしかないとか、ある個人が政治的とみなされるためには指導者でなければならないということを意味するわけではない。私が主張したいのは、ふたつの法的領域を明確に区別すべきだということである。すなわち、第一はアマゾン上流地域に居住する先住民による生物資源の日常的なアクセスと分配の問題であり、第二は外部者によるアクセスの問題である。このように区別することによって、同時に存在する複数の法システムについての分析を整理することができる[18]。

熱帯雨林に住んでいる人々たちと比較して、外部者やアマゾンの代表組織の指導者たちは欧米的な法システムをより詳しく知っている。ここでは、ア

---

18) 熱帯雨林に居住しているのは、アマゾンの先住民だけでない。メスティーゾ、伐木業者、軍人なども含まれる。

マゾンの人々の知識をめぐる統制のための個人や組織の新しい役割について述べているけれども、拡大家族の成員や専門治療者が所持していた伝統的医療知識は、アマゾンにおけるクランのような組織や統制のみに限定されるわけではない。植民地時代より、宣教師のなかには伝統的な医療行為やシャーマンの活動を「悪魔的」なものだとして規制しようとするものもいた。私のフィールドワーク期間中にも、伝統的治療行為を擁護する村人と、それを「悪魔的」なものだとみなす宣教師の主張を引き合いに出す福音的なアワフン村人との間に対立が見られた。

　法律第27811号の展開といった重要な出来事を経た結果として、医療知識の地位が変化した。アマゾンの人々の知識と治療活動は、かつてあった「悪魔的」とする外部からの否定的評価から、価値のある知識と法的にみなされるように変化したのである。そうした社会的過程のなかで、国内外の研究者、法律家、多国籍企業、アマゾン川上流の監視人(ゲートキーパー)たちの知的財産権の解釈が交差していくことで、新しい知的財産権の概念が生み出されることになった。この知的財産に関する新概念は、アワフン社会における知的財産の概念と欧米的な法的カテゴリーにおける知的財産の概念を創造的に解釈し織り交ぜたものである。

　アマゾンの人々は、代表組織という概念に加えて個人と集団の特性を再解釈するさいに、欧米的概念と自分たちの概念の両方を使っている。この点で、法律第27811号は、代表組織を、先住民の伝統的な社会組織から切り離されたものだとか別個のものだと位置づけているわけではない。法律第27811号は、次のように定めている――「本制度の適用上、伝統的な組織形態に相応の配慮をしたうえで、先住民はその代表組織によって代表される」（第14条）。

　AIDESEP（*Asociación Interétnica de Desarrollo de la Selva Peruana*）とCONAP（*Confederación de Nacionalidades Amazónicas del Peru*）というアマゾンの監視人組織とそれに属する各地の関係組織は、先住民、アワフン人、シピボ人、あるいは農民共同体（*campesino*）としてではなく、非営利団体として法人格を獲得している。このような組織構造は、NGOと呼ぶことも

できるが、これは欧米的な概念だといえる。ICBG（生物多様性国際協力グループ）に加わっている先住民のNGOについて、ロセンタル（Rosental 2006: 125）は「先住民コミュニティが政府、大学、外部のNGOを介さずに自分たちで外部者と交渉することを模索する場合には、欧米的な組織や説明責任のシステムにそった権威付けがしばしは必要になる」と主張している。NGOの組織形態は欧米的なものであるということは事実だけれども、そうした団体についてのロセンタルの指摘は、アマゾンの人々がそうした欧米的な組織形態をどのように理解し、どのように改変するのかという点を見落としてしまっている。むしろ、アマゾンの人々は、伝統的か欧米的かのいずれでもない、まさに *sui generis* の組織形態を用いているのであり、自分たちのニーズにあわせてさまざまな組織形態を援用しているのである。さらに、アマゾンの人々は、組織の一部分を指し示すさいに親族用語などのアワフンの民俗的概念を用いたり、組織活動の領域を表現するために樹木の根のひろがりを意味する表現を用いたりしている。

　アマゾンの人々は、バイオプロスペクティングに関連した知的財産権の交渉において、自分たちの伝統的な社会組織を再解釈している。たとえば、アワフン語のイパーマム（*ipaamamu*）とシピボ語のツィンクイティ（*tsinquiti*）は、アマゾンのNGOの会合と意思決定のなかで使われていることばである。1997年に、CONAPは伝統的な意思決定制度を促進する目的を表明した。

> CONAPは、ヒバロの人々の伝統的組織のなかで意思決定を担う「イパーマム・ヒバロ」の評価を改め、シピボ・コニボの人々のあいだにおける合意を模索するための会合を意味する「アニ・ツィンクイティ」の正当性を主張する方向で活動を継続していく。それらの重要性を認めることで、私たちの権利と持続可能な開発を実現していくことができるからである（CONAP Declaration in its X Anniversary of the Constitution 16 May 1987-1997 "Amazonian Indigenous Nationalities, A Living Past: New Challenges in front of the XXI century"）。

　この文脈のなかで、イパーマムは、バイオプロスペクティングについての

意思決定にも利用可能なアワフン固有のメカニズムだとみなすこともできる。だが、私は、組織化されたイパーマムの特徴をこのようなかたちで分類することはしない。むしろこれは、さまざまな文化的背景をもつ人々のあいだのやりとりのなかからうまれた *sui generis* の組織形態として概念化する。さらにいえば、外部者との関係や知的財産権をめぐる合意について、イパーマムといったアワフンのことばを使うことについて、全ての組織が同意しているわけではないのである。

　CONAP と AIDESEP は、イパーマムなどのアワフン語の概念を、それぞれ異なる意味でつかっている。AIDESEP は、イパーマムという用語を組織運営において使ってはいない。さらには、それは、ある CONAP 指導者が考案したものとみなしている。ことばをつくりだすことの政治的次元に着目することは、先に述べたような知的財産権の、発明的定義ならびに *sui generis* の概念という捉え方に関係している。AIDESEP のアワフン人の元指導者によれば、「CONAP は組織内の諸会合をイパーマムと呼びかえることを提唱している」(2007 年 2 月 20 日インタビュー)。AIDESEP に所属するアワフン人の別の指導者は、次のように述べている (2007 年 2 月 28 日)。

　　イパーマムの忠実な訳語は招集なのです。共同作業ための招集でもいいし、戦いのための招集でもいい。また、清掃作業[19]のための招集でもいい。これがイパーマムの意味なのです。しかし、CONAP は、このことばを使いながら、別のことをいわんとしています。CONAP は、イパーマムについてかたりながら、それ(イパーマムの再解釈)は、先住民コミュニティでは伝わらないのです。それは、合意形成のために現代のアワフン人指導者がつくりだしたものであり、それは(コミュニティのなかでは)うまく働かないのです。

　要するに、イパーマムは、アワフン人のあいだで招集を意味する集団活動の枠組であり、その点から、知的財産権をめぐる外部者との交渉のなかで使われることばとして再解釈されたのである。アワフンの人々は、このような

---

[19] ここでいう清掃作業とは、たとえば集落と河川とを結ぶ小径の岩や雑草を取り除く作業などを含む。

Ⅱ部　オルタナティブな〈法〉の創造

招集の形態を、清掃作業などをはじめとしたさまざまな目的で活用している。しかし、イパーマムの意味の再解釈の文脈において、指導者たちはイパーマムということばをアワフン社会における招集という意味ではなく、外部者との交渉のなかでの意思決定制度として使っているのである。この再解釈をめぐって、アマゾン地域の諸組織のあいだで異論があがっている。重要なことは、法律第 27811 号が規制するのは、熱帯雨林における生物資源とそれに関係する知識にアクセスしようとする外部者の活動であり、アワフンの人々どうし、または他の先住民とのイパーマムやツィンクイティといったやりとりや組織形態をかならずしも規制するわけではないということである。よって、この法律は、熱帯雨林の村々やアマゾン地域に居住する先住民によるアクセスと分配のメカニズムに何らかの影響を及ぼすことを意図したものではないのである。法律第 27811 号によって導入される制度は、先住民間でおこなわれる伝統的な交換には適用されないことになっている（第 4 条）。このように、先住民は、外部者との関係をめぐるあり方の範疇を再解釈しているのであり、この過程には社会的・法的な作為が含まれるのである。

（3）先住民

　法律第 27811 号には、自然人と法人にかぎられない集団についての言及がある。この点もまた、法律第 27811 号が、*sui generis* の知的財産権制度と特徴づけられる理由のひとつである。ペルーの知的財産権法では、権利の保持者は、一般的には自然人か法人でなければならない。一般に、自然人は個人であり、他方で法人は集団である[20]。たとえば、ペルー著作権法第 2 編「権利の所有者」は、第 10 条のなかで次のように定めている。

　　著作者は、道徳的にも経済的にも、その作品における排他権利の原所有者であり、この法律においてそれが与えられる。しかしながら、この法律によって著者に与えられる保護は、明言されるかぎりにおいて、そ

20）同様に、知的所有権の貿易関連の側面に関する協定（TRIPS 協定）の第 39 条では、自然人または法人は、他の者が、公正な商慣習に反する方法により、承諾を得ないで知識を利用することを防止することができると定めている。

の他の自然人または法人にたいして利益をもたらすものであることが望ましい。

同様に、第146条は、著作権に関係する経済的権利の保護を目的とする市民組織の法人格の条件について明確な言及をしている[21]。

法律第27811号は、前述の代表組織のほかに、「先住民」のカテゴリーに含まれるさまざまな集団を知的財産権の保持者として認めている。条文のなかにあるこの用語は、生物多様性の利用に関係する知的財産権を共有する諸集団の共存状態を分析するうえで有用である。ここで重要なのは個人と集団との区別ではなく、法によって承認される所有者の類型であり、そうした権利を行使するための制度である。そこで、私は、先住民のカテゴリーを分析したうえで、それらカテゴリーとさまざまなコミュニティの類型との関係を考察することにしたい。

第一に、法律第27811号における先住民の定義のなかには、さまざまな団体が言及されている。この法律の各所で言及されている集団、すなわち先住民は、ペルーの法では法人としては認められていない。先住民の定義に含まれ、かつ法人格をもたないその他の集団としては、自主的に孤立している集団または外部からの接触を受けなかった集団（第2条）、人類（ヒューマニティ）（第5条）、現世代と将来世代（第9条）などがある。だが、先住民の概念には、それこそ法人格を持つ先住民NGOのような代表組織も含まれる。そのため、ペルーの法制度に照らせば、先住民の定義に当てはまる集団のうちの一部は法人として存在しており、一部は法人としての地位をもたないということになる。法律第27811号は、第2条(a)において、「先住民」を次のように定義している。

> ペルー建国以前から存在していた権利を有し、独自の文化を維持し、特定の領地を占有し、自ら先住民であることを認識している土着の民族。自主的に孤立している集団または外部からの接触を受けなかった集団、

---

21) 著作権法（Legislative Decree, 23/04/1996, No. 822）のスペイン語版、英語版、フランス語版は次のURLで閲覧可能である。http://www.wipo.int/clea/en/text_html.jsp?lang=EN&id=3412

ならびに農民共同体および土着の共同体も先住民に含まれる。「先住」という用語は、「原住」「伝統的」「民族的」「先祖伝来」「土着」などの意味を含み、これらの同意語として用いられる。

「先住民」という用語は、強力な象徴的かつ政治的意味を持っている。そして、個人の集合体という以上の広い意味を持つことばであり、自己認識を含めて領域的・文化的次元に基礎を持つものである。法律第27811号における定義は、そうしたさまざまな次元を考慮しうるたいへん広義の定義である。これは、ILO 第169号条約「独立国における先住民及び部族民に関する条約」第1条における定義と似ている[22]。

法律第27811号における先住民の定義は、特定の政治的・歴史的文脈におけるさまざまなアクターの間の交渉の結果である。法律第27811号は、「先住民」のカテゴリーに当てはまるふたつのタイプのコミュニティに言及している。法律第27811号は、「農民共同体および土着の共同体も先住民に含まれる」(第2条(a)) としている。ペルーの人々は、セルバのコミュニティについて土着の共同体 (*comunidades nativas*) とみなし、シエラの農民共同体 (*comunidades campesinas*) から区別している。法律第27811号は、それらのコミュニティ (農民共同体と土着の共同体) を先住民に相当するものとしてあつかっているが、これは事実ではなく、この法律を運用するうえで重要な政治的・法的な決定事項なのである。この法律第27811号における先住民という用語の定義自体が、この法律の *sui generis* たる理由のひとつなのである。逆に、生物多様性条約は、先住民と地域コミュニティとを区別している。

---

22) ILO 第169号条約「独立国における先住民及び部族民に関する条約」は、1989年6月27日に採択され、1991年9月5日に発効した。第1条は次のように定めている。「1、この条約は、次の者について適用する。(a) 独立国における部族民で、その社会的、文化的及び経済的状態によりその国の共同社会の他の部類の者と区別され、かつ、その地位が、自己の慣習若しくは伝統により又は特別の法令によって全部又は一部規制されているもの。(b) 独立国における人民で、征服、植民又は現在の国境の確立の時に当該国又は当該国が地理的に属する地域に居住していた住民の子孫であるため先住民とみなされ、かつ、法律上の地位のいかんを問わず、自己の社会的、経済的、文化的及び政治的制度の一部又は全部を保持しているもの。2、先住民又は部族民であるという自己認識は、この条約を適用する集団を決定する基本的な基準とみなされる。」

「地域コミュニティ」という用語は、地方における農民共同体との同義語として用いられることがしばしばである。同じく、先住民、農民共同体、シエラそしてセルバといった諸概念が、この法律を実行するINDECOPIにおいて新しい概念を形成していることも、法律第27811号の諸概念の*sui generis*性を示しているといえるのである。とくにここで注意するべきことは、知的財産権に関わる国家的機関であるINDECOPIが、一般的には都市部において業務に関わっていることである。論者が2007年1月31日に行ったインタビューにおいて、INDECOPIの職員は、先住民と生物資源に関するこの法律を運用する過程でさまざまな課題に直面していることを認めている。彼女は、ペルーの多様性と、シエラならびにセルバのような異なる地域に一般法を適用することに伴う難題について次のように述べている。

> この法律は、先住民全般のためのものであり、なんでもかんでもこれにおさめられています[23]。しかし現場をみれば、山岳地帯（アンデス地域）とセルバ（アマゾン地域）とのあいだに違いがあることが分かります。人々は、それぞれに独自の慣習と世界観をもっています。（この法律を広めるための）手段という点では、その内容を明確に差異化しておかなければなりません。セルバ地域の人々のために準備した内容をそのままアンデス地域で用いることはできません。なぜならば、アンデス地域の人が、セルバ地域の人たちのために用意した内容を十分に理解するのは難しいことですから。これが難しい点なのです。資料を見ればわかりますが、性格が異なっているし、内容も違っています。

シエラにおけるケチュア語話者の人々のあいだで数十年にわたり業務に携わった経験をもつ教育省の官僚（2007年1月27日インタビュー）もまた、セルバの土着の共同体とシエラの農民共同体とのあいだの区別について言及している。彼女は、シエラの人々とセルバの人々とのあいだにある重要な違いについて述べている。外部者が地域の知識を取得しようとすることについての関心という点で、セルバとシエラのあいだに違いが見られると彼女は指

---

23) この発言は、スペイン語で"*metieron todo en el mismo saco*"だが、異なった性格のものがひとまとめにされてしまうという意味である。

摘している。彼女によると、知識を盗みとるということについての議論は、シエラよりもセルバのあいだで白熱するという。セルバの人々が、文化と先住民のアイデンティティを強調するなど、より強力なアイデンティティ運動をすすめていることが、その理由のひとつである。反対に、シエラの人々は、一般的にも、またとくに知的財産権の問題については、それほど組織化されていない。シエラの人々が熱心に注目しているのは、文化的権利ではなく、経済的・社会的権利なのである。じっさい、シエラの人々が文化的権利のかたりを用いるようになったのは比較的最近のことである。前述の教育省官僚は、シエラの人々が、そうした表現をセルバの人々から学んだのではないかと考えている。セルバの人々は、より孤立した地域に住んでいるということにくわえて、シピボやアワフンのような限られた地域に居住しているという点も、もうひとつの理由としてあげられる。ケチュア語話者の居住域が比較的限られていないように、シエラの人々はその意味でもセルバの人々とは異なる。

4　おわりに

　本論文では、「生物資源に関する先住民共有の知識を保護する制度を導入する法律」（法律第 27811 号）の内容分析を通して、ペルーの法律第 27811 号が、知的財産権の既存のカテゴリーを採用していない点を明らかにしてきた。ここでは、複数の法制度のあいだのやりとりのなかから、何か別のものが生み出されているのである。*sui generis* の知的財産権制度は、他の知的財産権制度と異なっているばかりか、生物資源へのアクセスと分配をめぐる先住民の管理システムとも異なっているのである。

　環境正義論や知的財産権論では、個人と集団とを対立するものと捉える傾向がある。本論文では、オルタナティブ・ジャスティスの観点から、この二項対立図式を越えて、知的財産権の保持者における個人と集団とのあいだの連続性、そして複数の集団のあいだの連続性を分析する戦略的手法を示した。同様に、誰が所有者なのか、知的財産権をめぐる権利と義務を効果的に

行使するための方法はいかなるものかという点が、環境正義と知的財産権の管理のための法制度開発における主要問題のひとつであるという点を示した。ペルー法が、一部の集団について法人格を認め、一部の集団については認めない（個人、組合そしてコミュニティには法人格が認められているが、先住民には認められていない）という事実は、生物資源をめぐる権利の保持者が自分たちの権利を実行可能なものとするうえで依拠する制度に影響を与えているのである。

　法学と人類学をくみあわせることにより、法人類学的なアプローチをとらない場合よりも、多文化間の関係と権力の複雑な諸関係について、より文脈をふまえた理解をえることができる。これはとくに、法律第27811号という法律を分析するうえで有効である。法創造過程における権力関係と利害集団の多様性は、国家法の起草ならびに運用において重要な役割を果たすという事実があるにもかかわらず、研究のなかで見落とされてしまうことがしばしばある。法運用の現場から得られる教訓こそが、他国で同様のアプローチを採用する際の参考になる。たとえば、エクアドルのように生物多様性といった国際条約を施行するための国内法整備に取り組んでいる国や、バイオプロスペクティングに対する政策と制度を整備しようとしている国にとって、ペルーの事例は貴重な先例である。法学的視点による法の研究は、「西洋法」あるいは「公式法」として一括りにされてしまう法の背後にあるニュアンスを人類学者が理解するうえで一助となる。先住民の規範体系が文化的かつ歴史的にかたちづくられているように、「西洋法」や「公式法」もそれぞれに多様であり、かつ常に変化する性質を持っており、またその基層に対立要素を含有しているのである。

（訳者記）
　翻訳にあたり、財団法人バイオインダストリー協会によるペルー共和国法律第27811号の仮訳「生物資源に関する先住民共有の知識を保護する制度を導入する法律」と、社団法人日本国際知的財産保護協会による報告書「各国・地域における伝統的知識の保護制度に関する調査研究報告書」を参考にしつつ、訳者が最終的に確定した。また、訳語の選定過程で、藺巳晴氏の協力を得た。

（参照文献）

Alexander, M., K. Chamundeeswari, A. Kambu, M. Ruiz and B. Tobin
 2004 *The Role of Registers and Databases in the Protection of Traditional Knowledge: A Comparative Analysis*. Yokohama, United Nations University Institute of Advanced Studies.

Bhabha, H.
 1996 Culture's in between. In S. Hall and P. du Gay eds. *Questions of Identity*. London, New Delhi, SAGE Publications London-Thousand Oaks.（ホミ・K・バーバ「文化の中間者」林完枝訳、スチュアート・ホール／ポール・ドゥ・ゲイ編『カルチュラル・アイデンティティの諸問題——誰がアイデンティティを必要とするのか』大村書店、2001年、95-108頁）

Bodenhorn, B.
 2000 It's Good to Know Who Your Relatives Are but We Were Taught to Share with Everybody: Shares and Sharing among Inupiaq Households. In G. W. Wenzel, G. Hovelsrud-Broda, and N. Kishigami eds. *The Social Economy of Sharing: Resource Allocation and Modern Hunter-Gatherers*. Senri Ethnological Series 53.

Bohannan, P.
 1957 *Justice and Judgement Among the Tiv*. London: Oxford University Press

Brown, M.
 1985 *Tswea's Gift: Magic and Meaning in an Amazon Society*. Washington and London: Smithsonian Institution Press.

Collins, H.
 1997 *The Law of Contract*. London, Edinburgh, Dublin: Butterworths.

Torelly de Carvalho, E.
 2000 Protection of Traditional Biodiversity-Related Knowledge: Analysis of Proposals for the Adoption of a Sui Generis System. *Missouri Environmental Law & Policy Review* 11: 38.

CONAP *Confederación de Nacionalidades Amazónicas del Peru*
 1997 Declaración en el X Anniversario de Constitución 16 Mayo 1987-1997 "Nacionalidades Amazónicas Indígenas. Un Pasado Viviente: Nuevos Retos frente al siglo XXI"

Croat, T. *et al*.
 2005 New Species of Araceae from the Río Cenepa Region, Amazonas Department, Peru. *Rodriguésia* 58 (88): 65-125.

Dutfield, G.
    2001   TRIPS-Related Aspects of Traditional Knowledge. *Case Western Reserve Journal of International Law* 33 (2): 233-75.
Gluckman, M.
    1955   *The Judicial Process among the Barotse of Northern Rhodesia.* Manchester: Manchester University Press.
Hann, C.
    2004   Properties of Culture, Culture as Property. In E. Kasten ed. *Properties of Culture, Culture as Property: Pathways to Reform in Post-Soviet Siberia.* Berlin: Dietrich Reimer Velag.
Hansen, S. A. and J. W. VanFleet
    2003   *Handbook on Issues and Options for Traditional Knowledge Holders in Protecting their Intellectual Property and Maintaining Biological Diversity.* New York: American Association for Advancing Science.
Harner, M.
    1973   *The Jívaro: People of the Sacred Waterfalls.* New York: Anchor Press.
Hunt, R.
    2000   Forager Food Sharing Economy: Transfers and Exchanges. In G. W. Wenzel, G. Hovelsrud-Broda, and N. Kishigami eds. *The Social Economy of Sharing: Resource Allocation and Modern Hunter-Gatherers.* (Senri Ethnological Series 53) Suita: National Museum of Ethnology.
INEI
    1993   *Censo Nacional* 1993, last accessed 07 13 08. http://www1.inei.gob.pe/biblioineipub/bancopub/Est/Lib0001/capit102.htm
INDECOPI Instituto Nacional de Defensa de la Competencia y la Propiedad Intelectual
    2006   *Guía para el Registro de conocimientos colectivos.* Lima-Peru, Impactum Creativos.
International Indigenous Forum on Biodiversity
    2002   Statement of International Indigenous Forum on Biodiversity at the Ad Hoc Open-Ended Working Group on Access and Benefit Sharing, Convention on Biological Diversity, 22-26 October 2001, Bonn, Germany.
            http://www.treatycouncil.org/new_page_523211.htm（2009 年 10 月 30 日閲覧）.
Kuruk, P.
    2007   The Role of Customary Law under *sui generis* Frameworks of Intellectual Property Rights in Traditional and Indigenous Knowledge. *Indiana International and*

Comparative Law Review 17: 67.

Moore, S.

   2005   *Law and Anthropology Reader*. Oxford, Blackwell Publishing.

Nader, L.

   1995   Civilization and Its Negotiations In P. Caplan ed. *Understanding Disputes: The Politics of Argument*. Oxford: Berg.

Pospisil, L.

   1971   *Kapauku Papauans and Their Law*. New Heaven, Human Relations Area Files Press.

Rosental, J.

   2006   Politics, Culture, and Governance in the Development of Prior Informed Consent in Indigenous Communities. *Current Anthropology* 47 (1): 119-141.

Shapera, I.

   1957   *A Handbook of Tswana Law and Custom*. London: Oxford University Press.

Schlosberg, D.

   2007   *Defining Environmental Justice: Theories, Movements, and Nature*. Oxford: Oxford University Press.

Smith, R. J.

   2006   *Property Law*. Harlow, England; New York, Pearson Longman.

Steinert, P.

   2003   *Ethnic Communities and Ethnopolitical Strategies. The Study of Ethnic Rights: a Comparison of Peru, Ecuador and Guatemala*. PhD thesis. University of Texas. Doctor in Philosophy, Austin.

Stirling, M. W.

   1937   *Historical and Ethnographical Material on the Jivaro Indians*. Bureau of American Ethnology.

Snyder, F.

   1999   Governing Economic Globalization: Global Legal Pluralism and European Union Law. *European Law Journal* 5 (3): 334-374

Urteaga-Crovetto, P.

   2002   Reconfiguring identities and natural resources in the South-eastern Peruvian Amazon. XIIIth International Congress on Folk Law and Legal Pluralism.

Williams, N. M. et al.

   1982   *Resource Managers: North American and Australian Hunter-gatherers*. Boulder, Colo.: Westview Press for the American Association for the Advancement of

Science.

Zamudio, T.

2002 *El Convenio sobre la Diversidad Biológica en América Latina. Etnobioprospección y Propiedad industrial. Notas desde una cosmovisión económico-jurídica.* Buenos Aires, Universidad de Buenos Aires, Consejo Nacional de Ciencia y Técnica and Pro-Diversitas a.c.

http://biopropiedad.tripod.com/zamudiobis.htm

（インターネット上の資料）

Diccionario Espasa concise inglés-español

2000　Espasa Calpe. http://www.wordreference.com/es/en（2009 年 5 月 5 日閲覧）

El Peruano

http://www.elperuano.com.pe/（2009 年 6 月 4 日閲覧）

Online Compact Oxford Dictionary,

http://www.askoxford.com/concise_oed/petty?view=uk（2008 年 11 月 7 日閲覧）

UNEP/CBD/WG8J/3/7

http://www.cbd.int/doc/?mtg=WG8J-03（2008 年 12 月 29 日閲覧）

WIPO

http://www.wipo.int/tk/en/glossary/#*sui generis*（2008 年 11 月 27 日閲覧）

（法律文書）

Agreement on Trade- Related Aspects of Intellectual Property Rights（TRIPS）（1994）, entered into force on 1 January 1995

http://www.wto.org/english/tratop_e/TRIPS_e/TRIPS_e.htm（2008 年 6 月 31 日閲覧）

Convention on Biological Diversity（1992）, entered into force 29 December 1993

http://www.cbd.int/convention/parties/list.shtml（2008 年 6 月 31 日閲覧）

http://www.cbd.int/convention/cops.shtml（2008 年 6 月 31 日閲覧）

Ley 27811, Ley que establece el regimen de protección de los conocimientos colectivos de los pueblos indígenas vinculados a los recursos biológicos（2002）

http://www.congreso.gob.pe/ntley/Imagenes/Leyes/27811.pdf（2009 年 10 月 26 日閲覧）

Ley de Derechos de Autor（1996）Copyright Law Legislative Decree No. 822 of April 23, 1996

http://www.wipo.int/clea/en/text_html.jsp?lang=EN&id=3412（2009 年 10 月 26 日

閲覧)
169 ILO Convention concerning Indigenous and Tribal Peoples in Independent Countries, entered into force 5 September 1991.
http://www.ilo.org/ilolex/cgi-lex/convde.pl?C169 (2009 年 10 月 26 日閲覧)

6章　ADR「過渡期」における民事調停の活用
── 調停における弁護士の役割 ──

荒井里佳

1　はじめに

　我が国の典型的な紛争解決としてイメージされるものは、これまでは裁判所における「訴訟」であった。しかし昨今、紛争解決の方法が急速に多様化しつつある。民事事件において、従来型の訴訟のみでは多様化する紛争を根本的に解決することは困難であり、その認識はすでに法曹のみならず国民の間にも浸透している。平成19年に「裁判外紛争解決手続の利用の促進に関する法律」（以下「ADR法」とする）が施行されたことは記憶に新しい。平成21年9月には、消費者金融大手のアイフルやPHS大手のウィルコム等が事業再生ADR[1]を利用して経営再建を目指すというニュースがメディアをにぎわせ、同年11月にも、JAL（日本航空）が同手続きを申請し受理され、ADRということばを国民に広く浸透させた。民事のみならず刑事事件においても、近年、当事者間の対話[2]を基調としたさまざまな解決の試みが行われている。平成21年6月からの裁判員制度により国民参加型の裁判手続が導入され、国民も司法に関心を持たざるを得なくなっている。国民にとって遠い存在であった司法の場が、身近なものとして人々の日常に組み込まれ

1）ADR法により認証を受けた民間機関が、企業と金融機関などの債権者との間で調整役となり、会社再建計画をまとめる。認証機関としては、事業再生実務家協会がある。
2）「対話」的解決という場合、当事者間での対話がまず念頭に置かれるが、その他にも、紛争の仲裁者（第三者）との対話や、ひいては、当事者自身の内省的対話が含まれることもある。

るようになった。

　現在、従来型の「訴訟」に対する代替的紛争解決手段（オルタナティブ）としては、おもに民間機関によるADR（民間型ADR）や、裁判所による調停手続（司法型ADR）が存在する。オルタナティブ・メニューが多様化するなかで、国民はあらたな紛争解決のステージを模索する過渡期におかれているといえよう。

　本論文では、この過渡期においていかなる紛争解決方法が適切であるのか、そして適切な解決手段選択のために弁護士がいかなる役割を果たしうるのかについて、紛争の現場に身を置く立場から探りたい。本論文では、「訴訟」とその代替的紛争解決手段について論じる関係で、民事の紛争解決に絞って論ずる。なお、本論文で「裁判外紛争解決」と記載するときの「裁判」は、「訴訟」を意味し、従来からの「調停手続」を含まない。

2　民間型ADR——裁判外紛争解決（1）

(1) 民間型ADRの現状

　ADR法は、裁判外紛争解決機能を充実させる目的で、平成16年に公布され、同19年に施行された。同法により、民間業者による和解・仲裁業務につき、適正さを担保する目的から、法務大臣による認証を行う制度が創設された。認証を受けた民間業者による和解仲介業務には、一定の場合に時効中断効（同法第25条）や訴訟手続の中止（同法第26条）等の法的効果が与えられている。

　ADR法の認証を受けていないが、全国の各弁護士会の紛争解決センター[3]や、民間団体によるあっせん、各種専門団体（金融・建築・労働・医療・税務等）による専門紛争解決センターもある。平成20年度に全国の弁護士会仲裁センターに持ち込まれた事件数は合計1085件で、解決件数は410件と

3）第二東京弁護士会は、平成2年に民事事件一般を広く扱う民間の仲裁センターを国内で初めて発足させた。

半数には至っていない（日本弁護士連合会 ADR センター編 2010: 101-118)。

(2) 民間型 ADR 誕生の契機——法廷という名の「劇場」

　民間型 ADR が訴訟と並ぶ紛争解決方法としてその地位を確立する可能性は高い。しかし、だからこそ「本来的」な紛争解決方法である裁判所における訴訟がいかなるものか、国民に対して何ができるのかいうことをあらためて確認しておく必要がある。

　裁判所（訴訟）は、これまで紛争の最終決着の場として一定の役割を果たしてきたと同時に、乗り越えるべき多くの問題点を抱えていた。手続きに長い時間を要すること、コストが高くつくこと、専門性の高い分野については裁判所の十分な理解が期待できないこと（裁判所の能力の問題）、証明責任が厳格であることなどである。裁判所は、これまで長きにわたり国民の不満に対し効果的な改善策を提供してこなかったという部分は否めない。さらに国民の裁判に対する意識（「争い事に白黒つけよう」「曖昧に済ませることでは納得いかない」といった意識）が明確に強まり、訴訟や裁判というものに対する意識が変化したことも背景にある。国民の裁判に対する意識の高まりにいざ対応しようとしたとき、従来の体制では十分な対応はできなかったのである[4]。

　しかし、裁判所を利用する国民自身の立場からすると、上記のような技術的な問題点以外にも以下の問題点があるように思う。それは、直接的・対話的紛争解決手段が不十分だったという点である。

　裁判所で行われる一般的な訴訟手続では、法廷における口頭弁論手続（じっさいは、弁論準備手続[5]を多用して事案の争点や証拠を絞る作業を行

---

4) 司法制度改革審議会意見書では、ADR の存在意義として、「裁判外の紛争解決手段（ADR）は、厳格な裁判手続と異なり、利用者の自主性を活かした解決、プライバシーや営業秘密を保持した非公開での解決、簡易・迅速で廉価な解決、多様な分野の専門家の知見を活かしたきめ細かな解決、法律上の権利義務の存否にとどまらない実情に沿った解決を図ることなど、柔軟な対応も必要である」としている（東京弁護士会法友会編 2009）。
5) 民事訴訟法第 168 条以下。口頭弁論期日外で争点や証拠の整理を行い、迅速な裁判進行を目指すための手続きをいう。

う）を経ることになる。この法廷で、当事者は自らの主張を展開し、裁判所に共感ないし理解を求めて、その主張を基礎づける事実や証拠を示していく。すなわち法廷が、紛争の主戦場となる。この法廷では何が行われているのか。法的手続きはもちろん日本語を用いて行われるのだが、法律用語といういわば外国語のようなものを用いている。法律用語は、法的な知識や考え方など高度な専門性に裏付けられて初めて使いこなすことができる。だからこそ手続きを専門家に委ねることになり、依頼者にとっては代理人たる弁護士の存在が重要となる（その意味で、本人訴訟は危険である）。

　法廷に持ち込まれるとそこには専門家たちが描いたシナリオがあり、裁判官、代理人弁護士、証人や当事者本人らといった登場人物が配置されている。法廷で繰り広げられるのは、整然と論理づけられ、解決にとって不必要なものをそぎ落とし、主張を通すために構築されたドラマである。裁判官の指揮にしたがい、そのシナリオに沿ってそれぞれの役割をふまえながらドラマが進み、当事者双方代理人によるシナリオの競演が始まる。しかも、ドラマの主人公は、紛争解決の場で有利に勝つという目的のため美化され、あるいは徹底的に悪として描かれることになる。法廷とは、すなわち「劇場」なのである。

　しかし、この法廷「劇場」に日々身を置く者として、気にかかることがある。それは、当事者本人がどこかに置き去りになっているのではないか、ということだ。依頼人は、代理人から、法廷で行われた手続きについて報告を受け、わかりやすい平易な言葉に翻訳されたうえで、その劇場で何が行われていたのかを知る。依頼人によっては、何が行われているかを直接知りたいと、法廷に同行することもある。しかし、専門用語が飛び交う法廷「劇場」においては、通訳者（代理人）なくしては何が行われているのか、にわかに理解しにくい。

　もちろん、代理人と本人間で齟齬が生じることは、本来ないはずである。「劇場」でのドラマは結果的に依頼者の勝利を導くためのものである以上、本来依頼者に資するものであるし、そうでなくてはならない。争点を絞りドラマ化することで勝利を得る。ドラマ化された事実もまた事実である。しか

し、依頼者がありのままの対決を希望したとき、これまではその手段がなかった。より原始的な経験を語り、紛争相手とぶつかり合う。ドラマ性の払拭が可能になってこそ、当事者は当事者たる地位を獲得しうる。

　依頼人すなわちシナリオの「主人公」が、より積極的に主人公たり得るためにいかなる「劇場」が必要なのか。それこそが、新しい紛争解決システム構築の出発点でもある。ありのままの主人公は、あらためて相手方や関係者と直接の対面をしながら、自分のための紛争解決にのぞもうとするだろう。そのニーズに応えるため、オルタナティブ・メニューのひとつとして、新たなADRシステム構築の議論がなされてきた。代理人により整理された、結論を導きやすい訴訟進行が望ましいこととあわせて、「この紛争はそもそも誰のものなのか」ということを忘れてはならない。

（3）民間型ADRの課題

　冒頭でも触れたように、現在、訴訟に替わるオルタナティブ・メニューとしてさまざまな民間型ADRが展開されつつあり、これはメニューの拡充に資するものとして今後さらに活用されてしかるべきである。ひいては民間型ADRによる解決こそが、むしろ紛争解決の主導的な役割を担うべきであるとの主張もある。しかし、直ちにその発想を実現することには疑問もある。

　法的紛争以外の紛争すべてを裁判所に委ねることは、解決の遅延を招きがちであり、民間型ADRの活用による迅速な解決を目指すべきである。だが、法的紛争の最終的解決機関は、あくまでも裁判所である。法的紛争か、単なるもめごとなのか判然としないまま優先的に民間型ADRによる解決に委ねることは、国民の裁判所へのアクセスをはからずも制約しかねない。既判力や執行力[6]の付与の問題、債務名義[7]の有無や、さらには証拠方法の

---

[6] 既判力とは、確定判決の判断内容の後訴での通用力ないし基準性をいう（民事訴訟法第114条）。執行力とは、確定給付判決やこれと同視される認諾・和解・調停調書等に掲げられた給付請求権を民事執行手続によって実現できる根拠となる効力をいう。

[7] 債務名義とは、執行名義のうち、確定給付判決およびこれと同視される認諾・調停・和解調書、執行証書、判決中の訴訟費用の裁判などのことをいう（民事執行法第22条参照）。

取り扱い[8]等についても、民間型ADRが発展途上である現状からすれば、いうまでもない。今後民間型ADRが発達した場合、それはオルタナティブ・メニューが拡充することを意味するにとどまるのであって、従来の「訴訟」にとって変わるわけではない。さらに、民間型ADRには以下のような課題も残されている。

(拘束力の問題)

民間型ADRでは、当事者間の話し合いが第三者を交えて行われるようになった点、しかもそれが専門家（医師、会計士、建築家など）の意見を反映させたものだという点を除いては、当事者間の単なる合意（契約）に過ぎないとも評価しうる。しかも、合意（契約）は脆い。紛争解決の現場では、やっとの思いでとりつけた約束が、いとも簡単に反故にされる事態を目の当たりにするのであって、解決結果に拘束力や実効性を欠く状態では根本的な紛争解決とはいいがたい。

当事者間の合意は、紛争解決におけるシンプルかつ最も理想的な形態であろう。しかし、それが単なる約束にとどまると、蒸し返され、結局のところ裁判所に持ち込まれることになる。早期に裁判所で解決をはかれば致命傷にならないような問題も、当事者の感情的なもつれを悪化させ、むしろ紛争を根深いものにする可能性がある。当事者の関係は従前に比べ悪化の一途をたどるのである。結局のところ、合意にもお墨付きや拘束力といったものが必要なのである。現時点で合意内容の実効性の確保をするためには、民間型ADR機関による解決内容をそのまま公証役場に持参して、債務名義を取得するよりほかないだろう。

(ADRの関与者は誰であるべきか)

ADR法制定の過程でも大きな争点となっていたが、第三者として間に入

---

[8] 裁判所との連携の関係で、ADR手続きでなされた当事者や関係者の言動等につき証拠能力を否定するのか、そのまま採用するのかといった問題がある。そもそも民事訴訟法上は、証拠能力（特定の有形物が証拠方法として取り調べの対象とされうる資格）を備えていなければならないが、刑事訴訟法とは異なり、広く証拠能力が認められている（自由心証主義（民事訴訟法第247条））。

る者としては誰がふさわしいのか、さらにその資質や能力としてはいかなるものが求められるのかという問題は、依然として残されている。

　アメリカ型のADRのように、法曹を関与させない制度設計を行った場合、日本の紛争現場においてもそれがただちに馴染むものであると結論づけることは難しい。紛争解決の入り口において、法的な専門家の見地から、適切な紛争解決手段の選択・争点整理を行うことは極めて重要である。これは、法曹があらゆる紛争の解決者であるという、弁護士の万能性を意味するものではない。この点について、和田仁孝（2008: 10-11）は、（ADRの弁護士助言ガイドラインにつき）「弁護士こそが紛争解決の専門家であるという誤った前提が見え隠れしている」、「弁護士協働型をとる必然性はない」と述べる。

　しかし、そもそも目の前にある紛争が、法的紛争なのか、それ以外なのか、争点はどこにあるのかを把握できる者は、一体誰なのであろうか。弁護士もすべての法領域を完全に理解しているわけではない。和田（2008: 11）はさらに、「弁護士が（中略）すべての法条文や判例を熟知して知悉しているということはありえない。現実のケースが、関与する弁護士が熟知しない論点を含んでいる可能性は否定しえない」とし、弁護士協働システムを批判するが、これは弁護士に求められている役割を誤解している。かりに、弁護士がある法条文や判例を知りつくしていることが紛争解決者たる裏付けになるのだとすれば、弁護士自体不要であり、データベースとの協働こそがより紛争解決に適していることになろう。弁護士があらゆる法情報を熟知していることは、（そうであれば望ましいが）現実に求められていないし、無理な注文である。弁護士は、法的問題をかぎ分けるセンス（法的な素養）と最低限の知識を駆使して、事案を分析し、必要な法条文や判例にアクセスすればよいのであり、むしろそういった形で必要な情報にアクセスすることのできる能力こそが重要だといえる。

　弁護士は紛争を目の前にして、そこに法的紛争の空気や臭いを感じ取る。ありふれた愚痴のなかに大きな法的問題が含まれていることもあれば、詐欺だ、損害賠償だと法律用語を並べても、法的請求に値しない場合もある。当

事者の個性、時間軸、周辺事情との関係性に着目しつつ、ぼんやりとしたさまざまな事実や事情を、「法的紛争」というフレームで切り取っていくのである。和田（2008: 5-7）によれば、メディエーターによるプロセスと弁護士の助言を別々に行うべきとの前提であるが、逆にそれはメディエーターと弁護士間のずれを生じさせる。方向性の異なる複数のアドバイスは、かえって相談者を混乱させることになる。解決に必要な事実の取捨選択、紛争の性質（たとえば法的紛争か、会計上の問題か、単なる感情的な言い争いか等）の判断は、解決へのプロセスとしてあくまでも一連一体のものである。事実関係の把握・認定と法的評価の問題を切り離すことはできない。なぜなら、事実の認定こそが弁護士の大きな役割のひとつだからである。

（4）不完全なものとしての ADR

他方で、上記のように ADR システムを確立させることは、紛争解決の実効性を過剰に付与し、同時に国民の裁判を受ける権利（憲法32条）を実質的に侵すことにもなりかねない。そこで、システムとしての ADR [9]を確立せず現状のまま活用し、あえて不完全なシステムとして位置づけ、訴訟の前座としてのみ位置づける方向性もある。さらにいえば、調停手続の前座や「裁判所のからむ紛争解決すべて」の前座としての位置づけとすることも考えられよう（もちろん、付調停制度[10]と同様に、裁判所が必要を認めた事件について ADR に回付する、いわゆる「付 ADR 制度」の場合は、反対に「後座」となる）[11]。

これは、第一に、訴訟への移行すべき案件とそのまま ADR による解決を図る案件との「振り分け」を行うことができる点、第二に、事前の争点整理

---

[9] ここでいうシステムとしての ADR の確立とは、既判力や執行力、債務名義の有無、証拠方法の取り扱い等、今後の課題として立法上見送られた諸問題を、法的制度として確立することを意味する。
[10] 訴訟手続の途中から、調停手続に付されることによって調停が開始する場合をいう。
[11] 民間型 ADR 機関と裁判所との連携をどのように認めていくべきかという問題意識であり、従来から議論もなされている（山田 2002: 24）。ADR 不調後の訴訟手続への移行と、訴訟手続から ADR に付する場合との、二つの方向性が議論されている。

を行い、重要な争点を絞り込むことができるという点で、裁判所の負担を大幅に軽減しうる可能性があり、有益である。裁判所での法的判断を行うべき法的紛争か否かの判断を行う入り口審査とも位置づけられよう。

しかし他方で、第一に指摘した「振り分け」作業自体が非常に重要な意味を帯びてしまうことは無視できない。つまり、訴訟という方法が適切か、和解という方法が適切かの判断は、裁判所が関与する前にすでにADR機関により決定されてしまう。当初から法的紛争ではないとの烙印を押された紛争は、誤った解決ルートに乗せられ、取り返しのつかない不適当な処理にゆだねられることになる。

さらに、第二に指摘した争点整理を行うことは、迅速な裁判にも資する有益な作用といえるが、争点整理という作用は、紛争解決のかなめである。何が問題のポイントかを絞る作業であり、いかなる事実認定を必要とするかの出発点になる。システムとして未確立なADR機関による争点整理の場合、争点の設定に問題があれば、これもまた振り分けの問題と同様に、最終的に裁判所に持ち込まれた場合の修復が非常に困難になるおそれもある。

(5) 差し迫った紛争解決への対応

実務家の立場からすれば、希望するシステムの提言とは別に、現在手もとにある利用可能な手段を用いて、当事者にとって最善の紛争解決を図るという差し迫ったニーズがある。日々発生する紛争を、手持ちの方法でいかに解決に導くのか。ADRが新しいステージへ向かう過渡期において紛争解決をいかに図るか、それこそが実務家に求められる役割である。

そこで、現在発足から80年以上が経過し、高度に発達した調停制度を十二分に活用することも必要である。調停は、長い時間をかけても不調に終わった場合のロスが大きいこと、手間がかかるわりに労力に見合った着手金や報酬金が見込めないこと、訴訟を提起して訴訟上の和解で終結させることとの差異が見いだしにくいなどの理由で、むしろ敬遠する弁護士も多いように思う。しかし、調停も、司法型ADRとして当事者性の重視や対話による紛争解決を重視する「劇場」として機能し、これまでも国民に利用されてき

た歴史がある。現に、簡易裁判所における調停手続を前向きに活用する流れもある。最高裁判所は、増加している労使間トラブルに対応するため、簡易裁判所での民事調停の枠組みを見直し、調停手続における労働紛争対応を強化する方向で検討をすすめている[12]（日本経済新聞 2010 年 8 月 14 日朝刊「労使調停　簡裁の機能強化　最高裁　弁護士に参加求める」）。昨今、民間型 ADR に活路を見いだしつつある紛争解決の場において、既存の簡易裁判所での調停を利用することは、非常に興味深い動向である。

　調停も民間型 ADR も、紛争解決にいたるプロセスに対し、当事者自身がある程度関与していくことができ、結論に対する自己責任・納得感があることは共通している。調停手続について考察を深めて活用することは、同時に民間型 ADR のさらなる浸透や今後の発展にも資することになろう。そこで以下では、調停手続の現状と今後の展望を具体的に考察する。

3　司法型 ADR（調停手続）——裁判外紛争解決（2）

（1）調停手続の現状

　現在の調停手続には、一般調停・家事調停・専門調停・特定調停[13]等がある。我が国の調停は、原則として調停主任（裁判官）1 人と民事調停員[14] 2 人以上で構成される調停委員会によって運営される。じっさいの手続きで

---

12) 労使間調停につき簡易裁判所の機能強化を図るべく、現行の民事調停手続をベースにしながら、労働問題に詳しい弁護士を調停委員として任命し、短期間での労使紛争解決を目指す仕組み。平成 23 年春頃に、東京簡易裁判所で試験的に開始される見込みであり、順次全国展開を検討中。労働審判制度（平成 18 年 4 月から開始。解雇や給料の不払など労使間のトラブルについて、労働審判委員会が原則 3 回以内の期日で審理し調停を試みる。調停による解決に至らない場合、事案の実情に即した労働審判を行うという紛争解決手続）は、地方裁判所本庁と一部の支部のみでしか申し立てることができず、この隙間を簡易裁判所が担うことができれば、利便性の向上が期待される。
13) 特定調停とは、個人・法人を問わず借金の返済を続けていくことが難しい場合に、債権者と返済方法などについて話し合い、生活や事業の再建を図る手続きをいう。
14) 調停委員には、弁護士、公認会計士、医師、不動産鑑定士などの専門家や、その他有識者により構成される。それぞれの地裁・簡裁にもよるが、弁護士の占める割合は高い。

は、裁判官は手続きの冒頭と最後にのみ登場することが多く、調停委員らとのコミュニケーションを通じて手続きを進行させる。当事者どうしが主張をぶつけ合うのは、申立人と相手方がそれぞれ交互に調停委員と対話をする方法（交互方式）と、当事者双方が対面して話し合いをすすめる方法（同席方式）とがある。現状では、調停者の判断や案件にもよるが、基本的に交互方式を取りつつ、双方代理人がついているような場合には同席方式にすることが多いようである [15]（今岡 2004: 35）。

　なかでも、平成12年に制定された特定調停法に基づく特定調停は、債務整理等の紛争処理をおおいに前進させた。調停案件のうち大部分は債務整理のために利用されているのが現状である（最高裁判所事務総局編 2009: 3）。当時以降の調停件数の増加は、特定調停手続の激増を反映したものであり、一般民事事件の解決手段として民事調停の選択が増加したというわけではない。これに対し、平成20年度では約14万件が純粋な一般事件として簡易裁判所の調停手続に付されているのだが（最高裁判所事務総局編 2009: 7）、建築や交通事故といった特定分野の調停をのぞくと、純粋な一般民事事件の件数は決して多いとはいえない。

　それでは現実に、調停手続ではどのような紛争が持ち込まれ、解決されているのだろうか。調停といって思いつくものは、離婚や親権者の変更などの事案を扱う家事調停ではないだろうか。家事調停は、家庭裁判所において行われるが、家事事件以外の一般事件については、基本的に簡易裁判所へ持ち込まれる [16]。一般調停事件については、訴訟になじむものから、訴訟では請求を立てることが困難な事案まで非常に多種多様である。請求内容そのものというよりも、事案の性質上、話し合いによる解決が好ましい案件が持ち

---

15) 交互方式は、調停者に対する訴えかけを通じて解決をはかるプロセスをとるため、当事者同士が直接的に話し合い合意を見いだすという調停の趣旨に反するのではないかという問題点もある。他方、同席方式でも力関係に差のある当事者間の場合相手方を威圧したり、恐怖心により思うように語ることができないなど、さまざまな問題がある。
16) 地裁で行われる調停には、当初訴訟として提起され事件について裁判所の判断で調停手続に移行させる場合があり、これを付調停という。なお、簡易裁判所に提起された訴訟についても付調停とされることがある。

込まれがちである。また、弁護士を代理人として立てずに当事者本人が手続きを行う場合も、調停を選択することが多い。手続きとしても、「ヌエ的」であると比喩されているように、「非法的処理に傾斜することもでき、訴訟に近づけて運用することもできる」との指摘がなされている（高橋 1997: 51）。調停手続は、非常に幅広く実定法を超えた紛争解決を柔軟に図ることのできる解決手段なのである。

　もっとも、調停手続は訴訟と異なり公開されていないので、現実に扱われている事案を目にする機会はまれである。以下では、筆者が調査で得た知見をもとに、個人・団体名を特定しえないかたちで抽象化した事案を記述する。これらを参考にしつつ調停実務の現状とその機能の多様性につき検討したい。

（2）土地等買取請求調停
（事案の概要）

　甲は、オフィスや商業用ビルが建ち並ぶ地域に土地を購入した。しかし、隣地には宗教団体の施設があり、信者が施設内で生活をしていた。甲は購入した土地上にビルを新築しようと工事に着工したが、隣地の宗教団体の信者らが、「工事の騒音で修行が妨げられる」「振動で精神が不安定になってしまった」などと騒ぎだし、工事中止の立て看板や、甲を誹謗中傷する内容のビラを貼るなどして、工事の妨害を始めた。この宗教団体では、施設内での修行を通じて、犯罪歴のある人々の更正をめざしたり、心的疾患のある人々が治療・療養として施設を利用することもあった。よって、信者らは施設の環境に非常に敏感であり、隣地のビル工事に反対する大きな理由はそこにあった。

　甲は、工事妨害禁止の仮処分を裁判所に申し立て、仮処分が下された。宗教団体による工事妨害は停止したものの、その後も宗教団体との工事条件（振動の発生する工事の時間帯を制限する等）をめぐる交渉は難航し、甲のビル工事は中断を余儀なくされた。

　宗教団体の代表者乙は、甲とのトラブルは今後も絶えることはないだろう

と判断し、甲に対し土地を買取りたいと不動産の買取請求調停を申し立てた。調停で、乙は、通常相場よりも高い金額で買い取り希望価格を提示した。しかし甲は、「相場の数倍の値段でなければ意地でも売らない。お前（乙）にだけは、絶対に売るつもりはない」と主張するばかりであった。

（考察）

　この事案のポイントは、額面どおり「この土地を売ってください」という請求ではない、という点にある。乙は、本当に土地が欲しいから甲に調停を申し立てたのではない。「土地を売ってください」という看板を掲げながら、じつは当事者間で将来発生しうる紛争を根本的に解決することに目的がある。この請求の背後にある奥深い問題を根本的に解決するために、あえて単純化した請求を立てたのである。かような請求は、訴訟で提起することはできない。土地を購入することを相手に強制することはできない以上、民事訴訟上の請求として成り立たないからである。本来、買い取りを求める場合、単純な交渉のみで進めることが多いと思われる。しかし、乙はあえて調停という手段を選択している。

　もちろん、このトラブルの真の原因が、実のところ依頼者側にあるのか、近隣者にあるのか、それは不明である。甲にしてみれば、周辺をもっとよく調査して土地を購入すべきであっただろうし、宗教団体の教祖乙は、始めから甲の土地を安く買い叩く目的で、あえて工事妨害をしたのかもしれない。しかし、お互いがその土地に根を下ろし、生活や職業の本拠としていくかぎり、問題が解決することはない。乙は、終わりの見えない争いを、一方当事者の存在を消去することで解決しようとこころみている。消去が実現すれば、それはまさに「根本的」解決となるのである。

（弁護士・調停委員・各当事者の役割）

　乙の代理人の立場からすれば、根本的な問題は何かについて調停委員と相手方に的確に伝え、単純な買取り請求ではないことをいかにアピールできるかが解決への出発点となろう。そのうえで、調停委員がいかに甲の説得に向けて動くかが問題となる。本件のようにトラブル続きの土地など、乙の他に買う者などいるわけがない。事実上、すでに甲の土地の流動性ないし市場性

は喪失されている。しかし、「目の前の乙にだけは、相場より相当高い値段でなければ絶対に売りたくない」「結局お前は俺を追い出して、適当な値段で土地が欲しいだけなのだろう」と、極めて感情的でかつ憶測に満ちた反論が繰り返されている。問題の本質をいかに甲に理解させるか、それが調停委員の腕の見せどころとなる。

単純な買取りであれば、当然ながら交渉のみで片が付いてしまう。逆に言えば、訴訟で扱うことができない以上、交渉ですすめるしかない。それをあえて調停手続に付し、いわば相手に揺さぶりをかけることは、弁護技術の一環でもある。根本問題をあえて隠蔽するかのように調停を申立て、その本質に迫りながら公共の場（＝調停の場）で相手方を説得するのである。これもひとつの問題の本質への迫りかたである。

（3） 離婚調停
（事案の概要）

X夫妻は、結婚生活30年以上の熟年夫婦でありながら、結婚当初から喧嘩が絶えず不仲であり、別居して8年超になる。家庭内別居期間を含めれば、夫婦関係は10年近く破たん状態にある。妻は専業主婦、夫は公務員である。性格はともに真面目である。子供は2人（長女・次女）で、いずれも成人している。長女は結婚して家庭を持っている。他方、次女は大学卒業後会社員として勤務するも、うつ病を患い母親と生活している（会社勤務は継続している）。妻も、夫との不仲が原因で自律神経失調症を患い通院中である。夫も、4度目の調停中に胃癌が見つかり、切除手術を受け回復を待っている。医師によれば、長年のストレスによるものとの診断が出ている。

X夫妻はすでに3度もの調停を経ているが、解決にいたることはなかった。初回から3回目までの調停は、妻からの申し立てで、今回の4回目のみ夫からの申し立てである。初回の夫婦関係調整調停申し立て当時は未だ別居していなかったが、2回目以降は別居中の調停であった。夫については、別居開始後に不貞行為がみとめられたが、交際期間は1年程度、現在はすでに友人関係に戻っている。3度目の離婚調停において、婚姻費用[17]の支払い

と別居を和解条項として盛り込んでいたが、妻があれこれ理由を付けて夫の自宅に居座るようになったため、耐えかねた夫が4度目の離婚調停を申し立てた。

4度目の調停手続において、妻は、「わたしは本当の、真実の話が聞きたいだけなのです」「本当のことを話してくれれば、離婚に応じます」と繰り返した。夫は、それに応じて現在の生活状況や、不貞行為は終了していること等ついて説明したが、妻はそれを真実としてけっして受け入れず、離婚に向けた話し合いは一向に進展しないままでいる。

(考察)

離婚調停であり、調停前置主義[18]（家事調停法第18条1項）が適用される事案である。よって、必ず一度は調停による解決が試みられる（もっとも、調停による解決は何度でも試みることができ、本件では4回もの調停が行われている）。

本事案は、離婚問題の際に頻繁に巡りあうものともいえる。本来、当事者意思を尊重して話し合いによる解決が最も適しているはずであり、だからこそ法が話し合いによる解決を原則に据えているのである。

X夫妻は、「片方が手を離せば、つないだ手は離れてしまう」という至極当たり前のことを、婚姻制度によって「まだつないだ手は離れていません」と法的に擬制している状態なのであって、当事者夫婦の実態からすればとうに結論がでていることも評価できる。しかも男女間の問題で、さまざまな日々の積み重ねが原因になっていることも多く、極めて情緒的・感情的な紛争の典型例であることに異論はないだろう。このように、原則として話し合

---

17) 民法第760条。夫婦は、その資産、収入、その他一切の事情を考慮して、婚姻から生じる費用を分担するとされ、夫婦共同生活を営む上で必要な費用を婚姻費用という。

18) 家庭内の紛争に関する事件について訴訟提起しようとするときは、まず家庭裁判所に調停申し立てをしなければならないこと。その趣旨には、家庭の事件をいきなり公開法廷で争わせることは家庭内の平和や健全な家族の共同生活維持の点からのぞましくないこと、身分関係事件の本質からして画一的な法適用により解決するのはのぞましくないこと、調停委員会が当事者に対し後見的なバックアップをはかりうることなどがある（梶村・徳田 2007）。

いによる解決が適切な紛争ほど、話し合いがこじれた際の事件の終末は悲惨である。

　本事案で妻が主張する「真実」というのは、過去にあった不貞行為が現在も継続しているはずだという妻なりの認識と合致した事実である。本件の申立人である夫において、離婚調停申し立て当時においても不貞行為が継続していたのか否かは誰にもわからない。しかし、夫は過去における不貞行為自体の存在は認めており、有責性は十分に認定できるので、いまさら隠し立てをしたところで夫にとって特段有利な事情もない。本事案の経緯に照らすと、夫が真実を語ったとしても、妻が離婚交渉を前向きに進展させる態度を取るとは到底思えない。「貴方は真実を語っていません。これでは話を進めることはできません」という返答の繰り返しなのである。

　もちろん、長年の夫婦生活のなかで、妻にしか感じ取れない何かがあり、夫は絶対的に真実を隠蔽しているという直感があるのかもしれない。しかし、この妻の、自分の認識と一致しない事実や主張に対してけっして納得しない態度こそが、夫の感情をますます遠ざけ、夫婦関係の破綻を招いていることは間違いない。くわえて、X夫妻はいずれも病に倒れ、しかもその原因は長年の夫婦関係の不和にあることが強く推測されている。

　本事案は、話し合いがまったく前進しない以上、何らかのかたちで出された結論は、どちらかの当事者にとっては「押しつけ」にならざるをえない。これは、まさに「根本解決」が極めて困難な事案といえる。調停で結論が出なければ、夫が離婚を望む以上訴訟に移行せねばならない。訴訟上和解成立にいたらなければ、いずれかにとって不本意な結論を強いられることになる。妻には、30年間の積年の思いから、自分自身の納得する方法など存在しないのだろうし、自律神経失調症に罹患していることと相まって、前向きなビジョンなど持てない状態であろう。ただ、ひたすらに夫が憎いのである。それどころか、悪意すらあるかもしれない。解決させないことで、相手をいっそう苦しめるのである。

　判決には、人々の終わりのない憎しみや怒りにピリオドをうち、ひとまず終わった（＝終わりにしなさい、という裁判所からのメッセージ）と擬制さ

せるという重要な機能もある。しかし、その意味での判決は、ひとかけらの許し[19]もない、悲しい場面のひとつとして目に映る。

(弁護士・調停委員・各当事者の役割)

問題なのは、このような妻の粘着質な性格や、自己の正しいと思うことと他人や外部の人間が違うことを主張した時のずれを受け入れられない気質そのものが、夫婦関係の「婚姻を継続しがたい重大な事由」(民法第770条5号)には、直ちに該当しないということである。形式的に見れば、夫には勝算がない。だからこそ、代理人としてはできれば訴訟に移行したくないのであり、できる限り調停手続中で解決を目指すことになろう。仮に訴訟になれば、民法770条に規定される離婚原因や、判例等で示された離婚要件を満たしているのかが争点になり、基本的にはその要件を根拠づける事実関係につき主張していくことになる。

なお、本事案では当事者に「ひとかけらの許しもない」と述べた。解決困難な事案だからこそ、代理人弁護士や調停委員は許しの瞬間を根気よく探り当てる必要がある[20]。民事紛争においては、後述する事案のように、一方が被害を受けており、一方が法的に、あるいは社会的、道義的に「間違って」いるという関係もあるが、1番目や2番目の事案のように、双方ともに言い分が明確な、どちらとも「間違っていない」場合も多く存在する。その場合でも、紛争当事者間においては、私はどこまでも「悪くない私」であり、あなたはどこまでも「悪いあなた」である。逆もまたしかりである。つまり、私とあなたという関係性の中には、依然として善と悪が存在している。

その善と悪に明確な線引きがあるのだとすれば、当事者間での対話的な紛

---

19) 許しと和解は、完全に一致する概念ではない。この点「許しと和解は、しばしば密接に結びつけられることが多い。しかし、この二つの概念は、後者がしばしば個人的な許しの行為を超越して行われるという理由から、区別して議論されるべきであろう」(ムーア 2008: 310)。

20) 許しと調停の関連について、許しが望ましく、当事者間でそれが実現可能であるかにつき、調停人がなしうることについては、第1に、「許しの望ましさや必要性について当事者と話し合い、アドバイスすること」、第2に「許しを生じさせるような状況が実際にあるかどうかを検討すること」が挙げられる(ムーア 2008: 313))。

争解決は見いだせないであろう。しかし、適切な方法で対話を推し進めることにより、当事者は対面している相手との関係そのものが不幸であることに気づき、関係そのものの悪さに直面せざるをえない。その不幸な関係に直面した者は、生存本能としてその不幸な関係からの脱出を試みようとする。そして、相手方との関係脱出と並行して、善と悪の線引きが溶解する瞬間が到来する可能性はある。それこそがまさに、許しへの第一歩となるだろう。

日々、紛争に直面する中で気づかされるのは、争いの後の人々の心は、どこかで許しを求めているということである。それは必ずしも当事者本人の自覚を伴うものではない。しかし、相手方から明確な謝罪の意思がなくとも、もう自分は目の前のこの人間を、しいていえばこの人間の犯した行動を許そう、そして憎しみや怒りによって相手と結びつけられていた自分自身を、相手との関係から解放しようとする。許しによる相手方との結びつきからの解放を、無意識に模索しているのだろう。許しは、紛争解決の現場において、光のようにふいに刺し込むものであり、解決の道標となる。

依頼者との対話や手続きの流れの中で、許しの可能性が発露する瞬間を決して見逃してはならない。調停手続であっても民間型ADRでの手続きであっても、許しの瞬間を求めて解決点を模索していくことが、すべての関与者に求められる姿勢なのである。

（4）男女間における損害賠償請求調停
（事案の概要）

A夫は、売れっ子ホストとして所属店舗でナンバーワンの実績を上げていた。ホストクラブの常連客である会社経営者のB子は、A夫に好意を抱き、同伴出勤のみならず店外デートをするようになった。B子はA夫に高級ブランド品を買い与え、自宅とは別にA夫と会うために利用する部屋を賃借するなど、A夫を真実の交際相手であるかのように扱い、真剣に交際しているものと信じていた。他方A夫は、単なる客としてB子と接しているつもりであり、私生活ではC美との交際を続けていた。

ある日B子は、A夫から「ホストをやめて、介護士に転身したいと思って

いる」と持ちかけられた。B子は、「それなら応援するから、頑張って」と言うと、A夫は「ホストを辞めるからには、B子さんとの関係も終わりにするから」と別れを切り出した。傷心のB子は、跡をつけるなどしてA夫の行動を監視するようになった。しかしある日、B子は路上でA夫が交際相手C美と手をつないで歩いているところを目撃してしまった。逆上したB子は、「この裏切り者！」と言いながら、所持していた傘でA夫とC美に殴りかかった。B子は、制止するA夫を振り払い転倒させ、C美に馬乗りになって殴打を続けた。結果、A夫とC美はそれぞれ打撲と切り傷等の傷害を負った。A夫とC美は、B子に対し、損害賠償を求めて調停を申し立てた。

(考察)

本事案は、2番目の事案とは異なり、法自体が話し合いによる解決を求めているというわけではない。そもそも紛争の端緒が傷害事件であり、当事者間の対立構造のみならず、被害者と加害者という「善と悪」（ここでの悪＝違法ということになろう）の対立が明確化している。すでに検討した二つの事案では、どちらかが悪でどちらかが善である、という前提をとりにくい。本事案のように、怪我を負わされた被害者のほうが、法的侵害を被ったという点において「善」であることが一応認められる場合、悪である相手方加害者に対し、いかなる責任追求をどの程度行うべきかが問題となる。

交際相手に暴力を振るわれ、怪我を負った者が、刑事手続とは別に加害者である交際相手に対して民事的に慰謝料を請求するケースは多い。加害者自身から示談の申し入れがなされることもある。打撲・切り傷のみならず、頸部や腰部などに継続的な痛みを残すような場合（いわゆる後遺障がいが残存する場合）、その後の生活における支障も見逃すことのできない重大な損害となる。しかも、男女間トラブルによる暴行事件となると、暴行に至る経緯や、交際期間、暴行の頻度などのほかに、心情的な問題も深く絡み、容易に解決に導くことが難しい事案となる。

同時に、本事案は暴行・傷害事件（刑法第208条・204条）として刑事事件にも該当する。行為態様が悪質なものであるとか、怪我が重篤であれば、加害者は刑事責任を問われ、有罪判決が下される場合もある。もっとも男女

間トラブルの場合、警察も介入を拒絶し捜査を積極的にすすめないことも多く、暴行自体の状況に関する正確な証拠の収集に困難がともなうこともある。

　かような事案において、多くの被害者は、際限のない怒りをどうあらわし、どう納めてよいかわからない。ある意味当然のことである。一時的であれ損なわれた健康や、いつ消えるとも分からない恐怖感、現実に費やした治療費など、有形無形のさまざまな損害が、被害者の身に降りかかることになる。現実のものとして、それはまさに降りかかっているのである。そして、その痛手を償うために金銭賠償を選択する場合（現実には金銭賠償を行うよりほかない）、発生結果にふさわしい賠償金額は、被害者の怒りの増幅に比例して非常に高額なものとなりがちである。

　しかし、裁判所に持ち込まれた場合の暴行や傷害事件における（後遺障害等が残らないケース）慰謝料は、被害者の被害感情に比して低額なものと言わざるをえない。交渉で相手方が要求に応じさえすれば当然ながら金額は上昇するが、加害者が応じないだけでなく、謝罪の気持ちはあっても加害者の資力問題が解決を阻むこともある。そうなると、さらに問題は難しい。暴行の程度、刑事事件として起訴されているかなど、さまざまな事情により異なるが、示談が成立したとしても、示談金額が20万円や30万円程度になることも多い（千葉県弁護士会編 2006）。賠償金額の算定は、当事者の社会的な立場や、職業、現在の資力、被害の程度、被害感情など、さまざまな要因を総合的に考慮して決することになるが、被害感情が非常に強いからといって、それのみで何千万円という損害賠償額が認められるわけではない。話し合いで賠償金額が決まらない場合はこれまでの判例や和解事例の集積にもとづいて、ある程度定型的な金額を算出せざるをえない。

（弁護士・調停委員・各当事者の役割）

　本件類似の事案では、一般には、示談交渉が決裂した段階で訴訟を行い、決着をつけることが多いと思われる（じっさいには、訴訟上の和解により終結することになる）。

　しかし、本事案のように、あえて調停に付すという選択をすることもあ

る。その理由は何か。ひとつには、恥部を公開したくないという当事者の心情がある。Aはホストであり、女性客と本事案のようなトラブルになったことを公開の法廷で語りたくないと思うかもしれない。逆にB子の立場にしてみても、会社経営者という社会的な地位もあり、公開の法廷で洗いざらい事実を語ることを拒絶する可能性もある。「ホストにはまった女社長」という烙印を押され、仮に有名企業の社長であった場合は、メディアはおもしろおかしく書き立てるかもしれない。

　もうひとつ、あえて調停を選択する理由として、依頼者の説得[21]という点が挙げられる。依頼者によっては、途方もない金額の賠償金を主張する場合がある。たとえば本件のC美は、事情もわからずいきなりB子に襲いかかられ、馬乗りにまでされており、被害者感情が著しく刺激され慰謝料請求金額も高額になる可能性もある。代理人弁護士がおおよその適切と思われる金額を被害者本人に提案しても、すんなりと受け入れることができる被害者はむしろ少ない。それを直ちに受け入れろというほうが無理な話である。そこで、本人の意向をできるかぎり尊重しつつも、弁護士が請求金額として妥当なもの（裁判所で認容されうる金額を想定した上での金額ということである）を示し、請求金額として適正な金額へと説得を行う。

　弁護士による再三の説明や説得にもかかわらず、実現不可能な金額を求める被害者を前に、どう解決を図るのか。その際に調停手続を利用することがある。被害金額ないし慰謝料が、ある程度「客観的に」妥当なものなのか、またそれを公の手段（訴訟）に訴えたとき、第三者の目から見て受け入れられるものなのかについて、当事者自身に理解を促す必要がある。これには、怒りのクールダウンや時間の経過といった要素をも加味せねばならないが、ひとまず調停手続を申し立てて、調停委員らをつうじて本件の感触を確かめ

---

[21] いわゆる説得型の調停は日本に多く、しかも裁判における規範を調停においても当然のように適用してしまいかねないことに、少なからず違和感を覚える見解もある（そもそも調停規範と裁判規範という概念を分けるかについても議論がある）。しかし、早期解決ないし当事者を紛争から早期解放するという観点からは、やはり一定の意義があると思われる（山田 2002: 13）。

させるのである。裁判所にいきなり持ち込めば、そんな金額は無理だとあっさり切り捨てられる可能性も十分にある。そのような時にこそ、調停手続の中で、冒頭からじっくりと直接本人に語らせ、調停委員に本人の口から語られた話を聞いてもらい、「かりに訴訟をすれば、あっさりと切られてしまいますよ」という現実的な訴訟リスクの理解を、調停手続の場（＝裁判所）をつうじて促す。依頼者というものは不思議なもので、弁護士から同じ話を聞かされていても、「お上」に言われると仕方ないと思えることもある。被害者が自ら納得をしてくれるのであればそれに越したことはない。訴訟に持ち込んだ時の現実的な見通しを示す、調停にはそのような役割もある。

　第三者の援護を受けて、申立人を（さらには「相手方」をも）説得することも、依頼者による自律的な意思形成のためには重要といえる。

4　民事調停の今後

　上記事例をみると、調停手続には実にさまざまな機能を見いだすことができる。民事調停は、当事者自身が語りによって主人公に近づく「劇場」としての要素を十分に備えているといえよう。これまでにも、この調停手続の可能性に着目し、専門家を積極的に介入させたり、調停委員としてふさわしい人材の確保など、さまざまな取り組みがなされている。

　かたくなになった当事者の関係を解きほぐすことは、非常に難しい。また、当事者どうしを対面させてもいたずらに時間を要し、かえって問題が複雑化することもある。そこで、調停制度をさらに充実させるためにはどうすべきか、以下で検討する。なお、これは司法型 ADR のみならず、対話型の紛争解決手段の充実化には広く不可欠な要素と思われるので、民間型 ADR の発展にも資するものである。

（1）調停技法の向上

　調停手続において、多種多様な紛争を解決し、持ち込まれた紛争の本質を見抜くために、調停委員や関与者の調停技法トレーニングについてさらなる

充実が必要である。各地裁や簡裁でも、調停員の研修会を定期的に実施し、具体的事件の処理に当たっての心がまえないし技術の習得、研鑽を目指している（日下部 2006: 22-23）。たとえば1番目の事案では、申し立てられた調停の主題（申立人が真に求めていること）を瞬時に探り当てる能力や技法が求められるし、3番目の事案でも、被害者の被害感情を充足させつつ、適正な損害金額で納得させる技術が求められる。

　具体的にいかなる技術が求められるのかについては、これまでも多くの議論や取り組みがなされ、今後の進展が期待されるところであるが、対話による解決を積極的に推進するためには、「いかに語らせるか」が重要である[22]。調停手続においては、紛争解決の前提として調停委員が当事者から正確な情報を取得することが必要である。そこで、調停委員から当事者への質問に対して「回答者が特定の質問に答えてくれない場合、調停人は、それまで聞いた回答を分析し、回答者の態度を観察し、ときには、単刀直入に尋ねたりし、その理由を探る」（ムーア 2008: 118）ことが求められる。

　弁護士が依頼人との対話を試みる際もおなじだが、とかく依頼者は、一番重要なことを語らないものである。少なくとも、そう心に留めて話を聞くことが重要である。いかに問題の核心に近づくのか、そのためには我々聞き手も「語る」ことが求められるし、それは同時に「聞く」能力を必要としているのである。語りの中で、語り手自身が自覚していなかった重要事項に気づくこともある。また故意に隠蔽しようとしてきた事実に直面せねばならないこともある。紛争解決にとって避けて通れない事実との直面は、じつにおそろしい作業であり、時に自己を攻撃する（相手にとって有利な）場合もある。だからこそ、おそろしくて「語れない」のである。その恐怖心を取り除き、かつ事実と向き合う勇気を与えるのが、まさに聞き手である第三者に求められる役割である。調停委員には当然ながらこの役割を果たすべき技量が求められるし、筆者自身もこれまでの依頼人との対話をつうじて、この役割

---

[22]「調停者の心得」9箇条のひとつとして「3　調停者は、当事者の表面的な言動だけでなく、当事者の真意をできるだけ引き出すよう努めなければならない」とされている（栢野発言、廣田ほか 2001: 33）。

の難しさと重要性を痛感している。

（2）調停委員の質の均質化

調停委員は法曹出身の人間が構成する割合が高いが、じっさいには対応はまちまちであることも多い。現場では、調停委員により事案の行方が大きく変わるのはもちろんのこと、都市部以外の簡易裁判所等における調停委員の質を疑問視する声も耳にする。これは調停のみならず民間型の特定分野専門ADRにおいてもあてはまる問題であり、法曹以外の者の主導で手続きを行う場合には、さらにばらつきがでるのではないかとの危惧もある。

したがって、上述したトレーニングの内容や品質ができるかぎり均一化されることが重要である。2番目の事案のように数度にわたり離婚調停を行った場合において、同じ夫婦に対しそれぞれの調停委員による問題解決へのアプローチや熱心度がまったく異なっていたという報告もある。もちろん、解決に至っていない以上はアプローチを変えていく必要はあるのだろうが、調停委員を変えて欲しいとか、もう一度あの調停委員に担当をお願いしたいという希望は基本的に受け入れられない以上、不公平感の残る手続きになることだけは避けるべきである。調停仲裁技術の質の均一化は、紛争解決サービスを国民が公平に享受するために必要不可欠なのである。

5　おわりに——解決メニュー多様化時代における弁護士の役割

調停実務において行われているさまざまなケースを検討してみると、民間型ADR機関も調停手続の利用も、裁判外紛争解決においては発展途上中の課題を多く含んでいる。今後、民間型にせよ司法型にせよADRがいかに進化していくかにかかわらず、裁判所の外にも紛争解決の現場が拡大していくことは、すでに日本のみならず世界的なムーブメントである。紛争可決手段のオルタナティブを模索し、日本の司法が新しいステージに向かう過渡期おいて、国民がなしうることは何か。訴訟を頂点とした紛争解決システムにおいては、民間型・司法型ADRはいずれも多様なオルタナティブ・メニュー

のひとつとして位置づけられており、メニュー自体は国民の手の届くところに用意されている。国民は各メニューのサービスを漫然と享受するにとどまらず、それぞれの利点を上手に活用し、積極的に当該紛争にとって最適な解決メニューを選び取ることが重要となる。

　充実した対話的解決を図るには、いかなる機関に紛争解決をゆだねるべきか。人々が許しを見いだすことができる解決プロセスは何か。当該紛争に最も適した解決方法を提案できることが、まず始めに紛争が持ち込まれる機関が果たすべき極めて重要な役割である。いわば、初動診断の重要性を説きたい。

　国民が最適メニューを選び取るためには、特定の紛争解決機関に委ねる前に、いかなる解決メニューが適しているのかに重点をおいたカウンセリングを実現することが理想的である。メニュー選択に特化したカウンセリングである。くわえて、それは法律家の視点から行われることが望ましい。紛争解決メニューを幅広く熟知しているのは法律家であり、それこそが法律家に求められる能力のひとつでなければならない。もちろん、低料金で簡易迅速な解決という要望も、紛争解決のきわめて重要な要素である。しかし、ただ解決が早いことだけでは落とし穴もある。取り返しのつかない判断ミスを防ぐためにも、まず弁護士に相談すべきである。訴訟が適しているのか、民間型ADRを用いるべきなのか、はたまた調停を利用して主体的な解決をすべきなのか。弁護士は、依頼人にとって最善のスキームを提案することもその重要な職務なのである。

　法律相談の現場では、「○○したい、もしくは○○を避けたいのだが、どうしたらいいですか（どういう方法がありますか）」という質問を頻繁に受ける。これは、依頼者が希望する一定の内容を実現するために、法律的にいかなる請求や手段が成り立つかという質問と、その請求権なりの権利行使を現実に行う場としていかなるシステムの利用が適しているか、という二つの内容を含んでいる。

　相談者自身は、当然ながらこの二つの相違を意識せず相談を持ちかけるし、相談を受ける側も二つの問題を混然一体としてアドバイスをすることもあるかもしれない。しかし、そもそも請求権自体成立する見込みがある場合

においては、いかなる方法を選択するか、少なくともまず第一歩としていかなる手段を選択するのかは、その後の紛争解決の運び方に大きな影響を及ぼすことになる。たとえば、内容証明郵便[23]を送付して相手方の反応を見ることもあるし、紛争がある程度成熟しているケースでは、受任当初から訴訟を提起し、相手の手元に裁判所からの呼び出し状を送付し威嚇するというプロセスもありうる。相手方にプレッシャーをかける手段はさまざまであり、弁護士のセンスや弁護技術にも委ねられよう。現に、事前交渉をあえて省き訴え提起したケースで、相手方（被告）が「いきなりこんなもの（訴状）送りつけて、どういう気なのだ。事前に話を付けるのが筋だ」と怒鳴りだすこともある。もちろん、この場合には当方は「本気度」を示すことを目的とし、いわば戦略として訴訟という手段を選択しているのである。これまでの事案からもわかるように、紛争解決手段の選択は、解決に向けた手続きの遂行そのものにも増して重要となる。

　以上のように、弁護士が紛争解決手段選択の現場と、紛争解決そのものの現場の両者に身を置くことで、手始めにADR機関に訪れた相談者にも、他方法律相談を選択した相談者にも、同質の法的情報提供ないしアドバイスを行うことができる。これにより、利用者ははじめに相談におもむく機関の選択について過度に神経を使う必要はなくなるのである。

　現在の裁判制度や法曹をめぐるシステムの変革は、めまぐるしい。想像を超えたスピードで、既成の制度や価値観はあっという間に変遷していく。ADRのさらなるオルタナティブすら、時を待たず出現するかもしれない。これらの変革は、我々国民に幅広く充実した司法サービスをもたらすはずであり、またそうでなくてはならない。新たなオルタナティブ・メニューに関する情報提供のみならず、これらのメニューを使いこなし、利用者たる国民とオルタナティブ・メニューとの橋渡しをすることが、実務家としての弁護士に求められる重大な役割なのである。

---

[23] 内容証明郵便とは、一般書留郵便物の文書内容（日付、差出人、宛先、文書内容など）について、郵便局（郵便事業株式会社）が証明するサービスのことである。

〈参照文献〉

伊東眞・今岡毅・岡久幸治・北谷士郎・田中敦・田中信義・東亜由美・山口勝・吉村庄次
　2004　「東京・大阪における民事調停の現状」『判例タイムズ』55（19）: 4-41。

梶村太市・徳田和幸編
　2007　『家事事件手続法』（第2版）有斐閣。

日下部克通
　2006　「民事調停実務の潮流」『仲裁とADR』1: 19-31。

最高裁判所事務総局編
　2009　『司法統計年報1　民事・行政編』法曹会。

高橋宏志
　1997　「我が国における調停制度の歴史」『判例タイムズ』48（11）: 50-51。

千葉県弁護士会編
　2002　『慰謝料算定の実務』ぎょうせい。

東京弁護士会法友会編
　2009　『人権の時代へ——あらたな司法改革の展開に向けて』（平成22年度法友会政策要綱）現代人文社

那須弘平・大村雅彦・山本和彦・山田文・加藤晋太郎
　2002　「ADRの過去・現在・未来——ADRの立法論的課題」『判例タイムズ』53（9）: 4-33。

日本弁護士連合会ADRセンター編
　2010　『紛争解決手段としてのADR』弘文堂。

廣田尚久・山田文・上原裕之・若林誠一・中村有作・鷹取司
　2001　「〈シンポジウム〉ADRの可能性——岡山仲裁センターの挑戦」『判例タイムズ』52（6）: 4-39。

ムーア、クリストファー・W
　2008　『調停のプロセス——紛争解決に向けた実践的戦略』（レビン小林久子訳編）日本加除出版。

和田仁孝・和田直人編
　2008　『ADR認証制度——ガイドラインの解説』三協法規出版。

Ⅱ部　オルタナティブな〈法〉の創造

7章　インドネシアの司法改革における法とそのオルタナティブ
——ADR法成立後のメダン地方裁判所における紛争処理——

高野さやか

1　はじめに

　本論文は、インドネシアにおいてADR論がもたらした波及効果についての見取り図を描くことをめざすものである。生活のなかで生じるさまざまな紛争のなかには、ときに裁判につながるものがあり、その場合、判決を得ることが一定の解決をもたらす。これにたいして1990年代以降、ADR（Alternative Dispute Resolution、裁判外紛争処理）という、民事紛争を処理するための裁判所の判決「以外」の手法（たとえば調停・仲裁・交渉など）が注目されつつある。つまりここでいうオルタナティブとは、裁判官の判決とは別に用意される選択肢ということである。
　ADRが登場する以前の司法制度設計においては、誰もが平等に裁判所を利用できるようにすることがめざされてきた。これに対しADRは、紛争の性質によっては裁判がむしろ不適切ではないかという問いを提起するものであり、訴訟にかかる時間の長さ、費用の大きさ、手続きの複雑さを問題にして、「簡易・迅速・低廉」な紛争処理をうたっている。
　もめごとを解決するためには裁判が最善の方法とはかぎらないというと、はたしてその主張のどこが目新しいのかというみかたもできるかもしれない。しかし、司法制度を視点の中心におくかぎりにおいては、これは大きな方向転換であるといえる。また、ADRが世界的に拡大していくにしたがって、調停・仲裁・交渉などにおいて機能する規範として、慣習法が評価されていることにも注意が必要である。本論文では、インドネシアにおいてこの

ADRがどのような議論を喚起したのか、そしてその議論にたいしてローカルなレベルでどのような反応があったのか、という点について明らかにしたい。

以下ではまず、スハルト政権崩壊後のインドネシアにおける法とオルタナティブ・ジャスティスについて、司法改革におけるADRと慣習法の位置づけに注目して簡単に整理したのちに、筆者の調査地であるインドネシア、北スマトラ州メダン市における状況について記述する。慣習法に相当するものとして想定されているアダットが、現在のインドネシアにおいてどのような概念であるのかを考察することを通じて、オルタナティブ・ジャスティスというテーマについて考えたい。

2 インドネシアにおけるADR

ADRは、とくに1990年代以降のアメリカ合衆国の法実務および法理論の領域で制度化が進んでおり（和田ほか 2002: 73-76）、批判を受けながらも、現在、アメリカ国内にとどまらず、世界に広がっている。インドネシアでも、1999年に初めてADRについての法が制定された。こうしたADRの拡大の背景には、法にかかわる開発援助活動である法整備支援がある。インドネシアにかぎらず、ADRは法整備支援の重要な課題のひとつであり、ADRの理論は、司法制度の改革を支援する、国際的な開発プロジェクトの一環として各国で導入されているのである。

（1）ADRと法整備支援

法整備支援のはじまりは、1960年代にさかのぼることができるが、活発化したのは1990年代に入ってからといわれる（香川・金子 2007: 1）。1991年のソビエト連邦崩壊をきっかけとして、旧社会主義諸国の資本主義体制への移行を、法制度の面で支えるための支援が開始された。現在では、世界銀行や国際通貨基金などの国際機関、そしてアメリカ・EU・オーストラリア・日本など、数多くの国が援助主体としてくわわり、対象となる国も旧社会主

義圏からアジア・アフリカ諸国へと増加している。当初の支援の対象は、金融関連法・会社法など、経済活動にかんする制度の整備に集中していたが、その後、環境・人権・汚職防止などに分野が拡大し、いわゆる「法の支配」を達成することをめざして、多数のプロジェクトが進められている。

　法整備支援の対象地域、および分野の拡大は、現在、「未曽有の法整備支援ブーム」（香川・金子 2007: 4）といわれることもあるほどである。貿易にかんするルールを受け入れ、国内の投資環境を整えることは、経済発展に不可欠であり、受入国の利益に直結する。また、援助の領域が多様化していることで、経済発展だけではなく、より包括的な意味での開発がめざされており、この傾向は歓迎されるべきだろう。しかし、受入国の現状にたいする理解なしに、いわゆるグローバル・スタンダードを一方的に押しつけることによって、主体的な法制度構築を阻害するのではないか、という批判もある（香川・金子 2007: 12-14）。

　経済発展を意識しながらも、より包括的な意味での開発をめざすという法整備支援の関心の拡大は、ADR の推進にも関係している。国境をこえた企業間の商事紛争では、それぞれの国ごとに異なる、ときに煩雑な司法手続きをできるだけ回避して、当事者間での簡易・迅速な解決をはかることへの需要が生まれる。ADR はこうした場合に、私企業の自由な活動を保証するための手段となり、投資環境の整備につながる。具体的な支援としては、仲裁や調停などの拡充、あるいは商事紛争に特化した特別裁判所の設置がふくまれる。法整備支援における ADR には、司法制度の利用回避を正当化することで、国家の介入を最小限にとどめ、企業や個人の経済活動を円滑にするという効果が期待されているのである。

　しかし ADR は、こうした投資家のための制度設計にとどまるものではなく、より積極的に、民主化の達成へのステップとしても位置づけられていることにも注意する必要がある。専門用語や手続きの複雑さといった問題は、紛争の性質を問わず、裁判というものがもつ構造的な問題といえる。そのため、裁判官という第三者に判断をゆだねるのではなく、当事者による合意形成を促進することで、人々の「リーガル・エンパワメント」[1] をはかる、

ということがめざされているのである。

　本論文で論じるインドネシアへの法整備支援は、1997年におきたアジア経済危機前後にはじまった。この時期、世界銀行などの主導で、司法改革にむけた議論がおこなわれた。憲法・刑法の改正など一連の改革は「司法権改革」および「裁判所改革」という二つの側面からとらえることができる（島田 2002）。司法改革のなかでめざされたのは、まず司法権の独立を確保すること、すなわち司法にたいする行政の介入を制限することであり、それから、司法にたいする信頼を向上させ、効率的に紛争を処理することだった。

　ADRは、この二つの目的のうち、後者の「効率的な紛争処理の実現」のために導入された。既存の裁判制度を、裁判官にたいする監視の強化といった手法で改良することにくわえて、裁判所に処理されないまま残っている事件の数を減らすために、多様な紛争処理制度を整えることが必要である、との提言がなされたのである。1999年に制定された、ADRにかんする初めての法律の正式名称は、「仲裁および裁判外紛争処理に関する1999年第30号法律」（以下、「ADR法」）という。この法律によって、仲裁の概念および具体的な手続き、仲裁人の資格などが定められたのである。

　このADR法の成立後に起きた変化として、主に企業間の紛争の仲裁[2]にあたる機関である「インドネシア仲裁評議会」（*Badan Arbitrase Nasional Indonesia*）の設置があげられる。設立時はジャカルタ・バリ・スラバヤの3か所、現在ではバンドゥン・メダン・パレンバン・ポンティアナを加えた合計7か所に事務所がある。仲裁人としてはインドネシア人73人、外国人34人をふくむ107人が登録している。外国企業の利用を想定して、利用規約はインドネシア語・英語でウェブサイトに公開されている。申し立てを受けて

---

1) 経済基盤だけでなく社会全体の開発をめざして、参加型開発といった新しい援助活動のありかたが登場したことを受け、法整備支援の領域で打ち出されている概念。「市民の法律・司法制度へのアクセスの向上」と説明されている（香川・金子 2007: 46）。
2) 一般にADRには、調停や交渉などさまざまな手法がふくまれるが、なかでも仲裁には、当事者が仲裁人の判断を受け入れるという契約（仲裁契約）を事前にかわすという特徴がある。たとえば調停の場合、調停者の意見には拘束力がない。それにたいして、仲裁人の判断には当事者は従わなければならない。

選定された仲裁人は、原則として180日以内に判断をしめすことになっている。

このように、インドネシアにおけるADR法と、それをうけて設置されたインドネシア仲裁評議会のありかたからは、インドネシアにおけるADRに、外国企業にとっての投資環境を整備する、という経済的な意義が期待されていることが読みとれる。では、民主化のためのステップ、そしてリーガル・エンパワメントとしてのADRについては、どのような議論がおこなわれているのだろうか。

（2）ADRの拡大と慣習法の再評価

法整備支援の一環としての、こうしたADRのアメリカからの「輸出」には、人類学者からの批判的な意見がある。アヴラックとブラックは、アメリカの制度を安易に他の国に対して拡張することの是非をめぐる議論のなかで、ADRの導入によって、地域レベルの自己管理能力や、既存の慣習法を弱めてしまう危険性について注意をうながしている（Avruch and Black 1996）。

しかし、ADRは定義のうえでは、訴訟による判決以外の多様な紛争処理手法をすべて内包するものであるので、人類学者が関心をよせるところの、ローカルな規範と対立するものではない。むしろ、民主化、およびリーガル・エンパワメントを達成するため、人々が共有している慣習法を活用していくことは法整備支援の重要な目的のひとつである。法整備支援の多様化にともなって、受け入れ国の要請・提案にしたがい、それぞれの地域の事情に配慮することをめざす活動もおこなわれている。法整備支援を背景とするADRの拡大は、文化および慣習法を必ずしも無視しているのではなく、新たな位置づけを与えているといえるだろう。

ADRの拡大にともなう慣習法の再評価は、インドネシアにおいてADR制度を整備するさいにもみられるが、そのさいインドネシア語では、慣習法の訳として「アダット」（adat）という語が用いられている。インドネシアの1999年ADR法には、「アダット」にかんする直接の記述はみられないが、

7章 インドネシアの司法改革における法とそのオルタナティブ

たとえば、司法改革にさきだって、世界銀行からの助成を受けておこなわれた調査の報告書は、「アダット」を伝統的 ADR と位置づけて、現状を調査し、活用していくことの重要性を強調している。

> 社会のなかで生きている法を発見することが重要である。それは言葉をかえれば、伝統法および慣習法によって法的解決を見いだすことだ（Budiarjo et al. 1997: 110）。

こうした慣習法としてのアダットの称揚は、インドネシアにおける一部の法学者にも受容され、それにもとづく研究を生み出している。たとえば、筆者の調査地にある国立北スマトラ大学では、小都市、あるいは村落部におもむいて、アダットにもとづく紛争処理についての現地調査をおこなう学生が多くいる。出身地に戻ったり、親族をたずねたりして紛争処理過程を記述するという、彼らの調査の枠組に影響を与えているのが、北スマトラ大学法学部で ADR とアダットの連続性について論じているルントゥン（Runtung）教授である。ルントゥンは、インドネシアにとって ADR の整備が重要な課題であること、そのために伝統的紛争処理を再評価することが必要であるとの立場から、メダン近郊の小都市における調査をしている。2004 年の著書『ADR――その成功と失敗』（*Alternatif Penyelesaian Sengketa: Keberhasilan dan Kegagalannya*）では、メダン近郊の小都市、ブラスタギに住む民族集団カロ・バタックを調査対象としている。北スマトラ州の山地を故地とする民族集団バタックのなかには、いくつかの下位区分があるのだが、カロはそのなかでもアダットが守られているといわれる民族集団である。

ルントゥンによれば、カロのアダットは、村落にかぎらずブラスタギのような都市においても、親族間あるいは特定の民族集団の内部での紛争処理にたいして有効だという。効果が最も発揮されるのは、カロ・バタックどうしの紛争であって、異なる民族集団に属する個人間の紛争においては、アダットの効果は限られてくる。しかしそれでも、訴訟を忌避するのはインドネシアの文化の一部である。アダットはあくまでも伝統社会のものであるが、現

在改めて調査を行うことによって、現在の問題に対応できるようにしなければいけない。ルントゥンは、アメリカにとってADRは新しい概念だが、インドネシアをふくむ東洋の国々にとってはそうではないと主張する。

ここでは、ADRという法学の比較的新しい概念を用いることによって、インドネシアにおけるアダットが現在でも有効なものとして語りなおされているといえる。しかし、はたして「ウィン・ウィン・ソリューション」といったアメリカから輸入された新しい術語と、話し合いを重視するというアダットの理念を並行して議論することに問題はないのかについては、検討の余地があるだろう。

3 アダットとは

ADRの地理的拡大と、それにともなってインドネシアで慣習法の再評価の動きがみられることは、当事者が共有している社会規範を重視するという意味においては、連続性があるようである。しかし、ここでいう慣習法、すなわちインドネシア語のアダットとは、どのような概念なのだろうか。

(1) 分けるアダット、まとめるアダット

インドネシア語の「アダット」は、一般に「慣習」と訳されるほか、伝統、儀礼、適切なふるまい、の意味でも使われる。アダットをになう単位としては、インドネシア国内に200以上存在するともいわれる民族集団が想定され、日常会話の中ではたとえば、ジャワのアダット、バリのアダット、アダットの服、といったようなかたちで登場する。したがって、アダットとは非常に幅の広い概念で、「慣習法」の訳語に相当するのはその一部分でしかないといえる。他方でこのアダットが、国家法・イスラーム法とならぶ三つめの要素として、インドネシアの多元的な法体制を構成している、という視点は広く共有されているものである（島田 2004: 383）。では、アダットには、どのような意味あいがふくまれているのだろうか。

アダットを初めて研究の対象としたのは、オランダの法学者ファン・フォ

レンホーフェン（Cornelis van Vollenhoven）であった。現在のインドネシアに相当する地域は、当時オランダによる植民地支配下にあり、アダットは、本国における法と同等のものとはみなされていなかった。しかしファン・フォレンホーフェンは、20世紀初頭に、植民地の遅れた慣習にすぎないとされていたアダットに注目して、当時のオランダ領東インド全体を19の「アダット法領域」に区分し、のちにそれぞれの領域について『アダット法集成』全45巻を著した。ここで、ヨーロッパにおける法と同等の価値をもつものとしての「アダット法」（adatrecht）が登場したのである。

　このアダットの法典化のプロセスは、植民地主義下の一方的な発明にとどまるものではなく、よく使われていたいいまわしやことわざを、規範としてまとめた業績として評価されている。ファン・フォレンホーフェンらは、1920年代にオランダ本国で展開された論争の後、法としてのアダットの概念を確立し、植民地の慣習を法の一形態とみなすことはできない、という当時の通念をくつがえしたのだった。

　ファン・フォレンホーフェンらの影響のもと、アダットが公的に承認されたことをうけてアダットの概念は、インドネシア性を体現するものとして、反植民地主義の象徴となっていった。のちのスカルノ大統領による「指導される民主主義」のもとでは、「相互扶助」（gotong-royong）、あるいは「合議による全員一致」（musyawarah mufakat）といったアダットに由来する理念が、インドネシアの伝統として強調された。アダットは、インドネシアという新しく生まれた国家を「まとめる」役割をもったのである。

　しかし他方で、民族集団を単位とするアダットは、地域ごとの差異と結びついており、スカルノ体制の初期においては、まだ不安定だったインドネシア共和国を分裂させるリスクをともなうものだった。そこで、オランダでアダット法学を学んだスポモ（Soepomo）は、インドネシア共和国憲法の起草にあたって、地方の多様性ではなく、あくまでも共通する特徴を強調するためにアダットの理念を導入した。1960年に制定された土地基本法にも、「アダットの権利を尊重する」という条文がもりこまれた。ファン・フォレンホーフェンによって法として認識されたアダット法は、オランダで教育を受

けたインドネシア人法学者を介して、インドネシア共和国にも引き継がれていった。アダット法に由来する概念を用いることで、国家の統一がはかられたのである。

その後成立した新秩序体制のもとでは、より厳しい統制が加えられることとなった。「まとめる」役割を期待されたアダットに内在する、民族集団ごとに「分ける」という側面を、抑圧していくことがめざされたのである。アダットは、婚姻・親族関係・芸術といった領域に限定されることとなり、国内の文化的多様性は認められたものの、政治的権利は与えられず、たとえば中央政府はアダットにもとづく村落区分を廃止して、新しく行政村を設置した。よく知られている例が、ジャカルタにある「タマン・ミニ・インドネシア・インダ」（*Taman Mini Indonesia Indah*）である。直訳すると「美しいミニ・インドネシア公園」という名称をもつこの公園の敷地には、それぞれの州ごとに、伝統的な要素を取り入れた展示館があり、衣装や生活用品などを見学することができる。これらの展示物が、アダットの具体的なかたちなのである。

新秩序体制下での国家建設は、中央に権力を集中することでおこなわれた。インドネシアの文化的多様性は公認されたが、各地方レベルでの政治的権利は与えられなかった。つまりアダットは、婚姻や、親族関係や、芸術の領域に限定され、紛争処理や土地の利用についての規範としては認められなくなったのである。地域住民の利益よりも、開発事業の円滑な進行が優先され、村長などによるアダットに基づく土地権の主張には、威嚇・逮捕など厳しい対応がとられた。国家による土地収用は、現在の土地紛争爆発の背景となっている。

アダットと土地との関係は認められなかったが、開発に役だつアダットは、保護・振興の対象になった。たとえばバリでは、美術や舞踊に対する支援がおこなわれる一方で、外からの資本を誘致するため、大規模観光施設の建設用地の収用が進んだ。住民の信仰を集める場所に近接するリゾート施設や、雇用機会をもとめる島外からの移民の増加は、観光事業への反対運動をまねいている。

（２）ポスト・スハルト期のアダット復興運動

　1998 年のスハルト体制の崩壊以降のインドネシアでは、過剰な中央集権体制への反省から、地方分権が進められた。大統領権限が縮小して、地方自治体の権限が拡大したことは、多くの研究者の関心を集めているが、並行して、アダットを、いわば近代化とグローバリゼーションから「救い出す」動きが国内各地で生じていることも指摘されている（杉島・中村 2006; Davidson and Henley 2007）。アダットを地方自治のよりどころにしようという試みは、1998 年に行われた憲法改正で、アダット共同体の尊重がうたわれたことにも後押しされている。これまで観光客向けの展示物に封じこめられていたアダットは、新秩序体制のもとでその全体性を取り戻そうとしているようにみえる。

　たとえばスラウェシ島では、中央政府によって引かれた行政区分のかわりに、伝統的な村落境界が復活しつつある。アダットがどのようなものであったのかを明らかにし、アダットを再定義しようという試みもあった。また、天然資源をめぐる紛争では、先住民の権利保護を訴える主張がある。アダットは現在、中央政府のコントロールに対抗する人々が、声をあげるさいのキーワードになっている。

　しかし、アダットを掲げる実践から読みとれるのは、明るい面ばかりではない。ボウエンの言葉を借りれば、スカルノによる「指導される民主主義」、およびスハルトの「新秩序時代」と比べたさい、現在の「改革の時代」は「指導なきカオス」の様相を呈しているともいえるのだ（Bowen 2003: 4）。

　インドネシアの民族集団のなかには、アダットの実現をもとめて、ときに暴力に訴えるものがある。たとえばカリマンタン島の西部では、阻害されていた民族集団ダヤクのエンパワメントを目指す運動が、インドネシア国内の他の地域からの移民に対する大規模な暴力を導いた（Davidson 2008）。アダットの名のもとに、2001 年には 10 万人を超える移民の人々が退去を余儀なくされたが、アダットを標榜する NGO は、結果的に共同体の紐帯が強化されたと指摘している。インドネシアにおいては、「先住民」（indigenous people）という言葉を用いた場合、華人などのわずかな例外を除く人口の大

部分に該当することになる。したがって、先住民という用語そのものが、さまざまな問題をひきおこすのである。

またバリ島では、開発プロジェクトにたいする反対運動が強まっているほか、島外出身者に土地を売ることを禁じたり、ヒンドゥーの宗教儀礼に参加することを村の住民全員に要求したりといった、慣習的規則が再び導入されるようになっているという（Warren 2007）。また、スラウェシ島やフローレス島では、農民が国立公園の土地境界への疑念を示しており、こうした事例は他の場所でも多くみられる。

このように、アダットは社会運動のみならず、暴力をともなった紛争に結びついていることがわかる。ここで、アダットをよりどころとする人々の主張を、単なる「創られた伝統」として拒絶することはできないだろう。しかし、インドネシアにはアダットによって結びついている民族集団がどの程度存在していて、彼らの主張が、その構成員をどこまで代弁しているのかという問題には議論の余地がある。

デイヴィッドソンとヘンリーが「アダットの変幻自在なポリティクス」（Davidson and Henley 2007: 1）と表現しているように、アダットはさまざまな意味を内包している。前項でみたように、状況によっては秩序の維持・安定を含意するにもかかわらず、あくまでもインフォーマルで成文化されていないために、これまでさまざまな主体によって当時の状況に応じた操作が行われてきた。

「植民地の劣った慣習」にすぎなかったアダットは、法学者ファン・フォレンホーフェンによる「アダット法」の法典化によって、東インド独自の法体系という位置を獲得した。そしてアダットは、オランダの支配に抗する思想として、独立運動を支えるまでに存在感を増していく。インドネシア共和国の独立後も、アダットに由来する相互扶助や全員一致といった概念を用いることで、権威への服従が確保されたのである。これが、インドネシアを「まとめるアダット」としてアダットが称揚されてきた側面である。

しかし他方で、アダットが含意する多様性は、国家を民族集団ごとに分割し、国民統合の障害となる危険性をもっていた。アダットの地域ごとの差異

は、特にスハルト体制のもとでは、展示可能な伝統文化、地域ごとに異なる観光資源として位置づけられた。アダットの脱政治化、より狭い領域への封じこめが進んだのである。これは、「分けるアダット」が警戒された結果であるが、「まとめるアダット」と「分けるアダット」は不可分なものといえる。

　このようにアダットの持つ意味あいは、「成文化されてはいないが、当事者間で共有されている社会規範」という法学における慣習法の定義とは、必ずしも一致していない。この意味ではアダットを、いわゆる「西欧起源の国家法」とは「起源を全く異にするそれぞれの社会固有の法」（安田 2000）と想定することには、慎重にならなければならない。前節で紹介したルントゥンがアダットのこれからについて導き出した結論は、伝統的な領域で行われていたものを現在生じている問題に対応できるように改良することが必要だというものだった。しかし、どのように改良するのかということについては具体的にはしめされていない。ここからは、アダットを活用することのむずかしさを読みとることができる。

　ここまで、アダットという語のもつさまざまな含意について整理してきた。ここから明らかになるのは、ADR をめぐる議論のなかで評価されているのが、以上整理してきたようなアダットの一部分を切り出したものにすぎないということである。だとすれば、じっさいの紛争処理の過程において、ADR で議論されるようなかたちでアダットが用いられているかどうかについては、検討の余地があるのではないだろうか。それをみるためには、司法制度が運用されている裁判所をみることが必要になる。こうした観点から、筆者の調査地である北スマトラ州・メダン市に視線を移すことにしよう。

4　裁判所における「ADR」

　北スマトラ州・メダン市は、人口 200 万人を超える地方都市で、スマトラ島の経済の中心である。インドネシア国内では「気性が荒い」といわれる民族集団、バタックとよく結びつけられるが、人口比率からいえば彼らはマイ

Ⅱ部　オルタナティブな〈法〉の創造

ノリティである。また華人が多いことでも知られ、ブルーナーが「優勢な民族集団がない」ことをメダンの特徴としてあげたように、人々は多様な民族的背景をもっている（Bruner 1974）。したがって多民族都市であるメダンでは、民族集団を単位としたアダットの求心力は希薄になっている。またメダン市は北スマトラ州の州都であるため、地方裁判所と高等裁判所が設置されている。メダン市では、ADRにたいしてどのような反応があるのだろうか。

(1) 調停の推進

　ADR法の成立をうけて、地方裁判所では調停の成立件数を増やすことが目標となった。裁判所での具体的な業務についての規則を定める「最高裁回状2002年1号」には、全ての判事は、「和解」（perdamaian）が成立するように、最大限の努力をすることが期待される、とある。したがって判事は、訴訟当事者の交渉をうながし、必要に応じて調停者として、どちらか

上：メダン市内
中：メダン地方裁判所
下：地方裁判所のロビー

が勝ったり負けたりするのではなく双方が利益を得る、いわゆる「ウィン・ウィン・ソルーション」に到達できるように努力をしなければならない。和解を成立させた判事には、肯定的な業績評価を与えることもあわせて明記されている。

これを受けて翌年、地方裁判所における訴訟提起後に調停期間をもうけることが義務づけられた。「最高裁判所規則2003年第2号」は、地方裁判所における訴訟提起後の3週間を調停期間として、裁判官が調停者として当事者間の交渉を促進することとなった。これはADRのなかでは、訴訟が提起されたあとにおこなわれる「訴訟付属型ADR」の一類型に分類できる。

1999年のADR法は、仲裁などの概念を規定する役割をもっていたが、司法政策によるADRの推進は、訴訟が提起されたあとの和解を増やす、という具体的な目標へと形を変えている。これまでおもに判決を出す立場であった判事が、調停者という新たな役割をになうことになったのである。

このため、判事たちが調停者としてのスキルを身につけることが必要になり、最高裁判所は判事たちを対象にして調停セミナーを開くようになった。2002年に作成された判事向けのテキスト『調停と和解』（*Mediasi dan Perdamaian*）は、最高裁長官の緒言、すでにふれた最高裁回状2002年1号の引用からはじまり、前半は、調停および交渉の概念説明にあてられている。後半では、より具体的に、調停者が果たすべき役割についての議論がおこなわれ、当事者にたいしてどのように接したらいいのか、交渉を促進するためには、どのような言葉を使うのが適切なのか、といった方針が、事例を通じてしめされている。ホワイトボードに問題点を書きだす、ユーモアをまじえて当事者との信頼関係を築く、など、説明は調停の場における細かいやりとりに及んでいる。

これらの調停者のスキルにかんする記述は、一部は原文のまま英語で直接引用がおこなわれており、アメリカで出版されているいわゆる「ハーバード流交渉術」[3]（フィッシャー・ユーリー 1989）の影響を受けている。米国で普及しているADR関連サービスにおいて、調停者として働くために必要な技術として位置づけられている交渉術を、インドネシアでは訴訟件数を減ら

すことを目的として、判事たちが学んでいるのである。

（2）判事による現状把握

　ここまで述べてきたように、1999年のADR法制定以降の地方裁判所では、訴訟提起後の調停や和解など、判決以外の形式による紛争処理を増やすことが求められるようになった。こうした司法改革の理念は、定期的に行われる判決の数のモニタリング、および調停セミナーなどによって判事たちに伝えられている。では、地裁の判事たちは、こうした中央からの働きかけに対して、どのような意見を持っているのだろうか。

　判事たちは、理念としてのADRには全面的に賛成であるとの立場を崩すことはなく、訴訟当事者に、安く、簡易で、早い解決を提供する、という司法政策の目的にたいして、正面から反対することはない。逆に、一般的なADR論でいわれているような、二流の正義になってしまうのではないか、という批判も聞かれなかった。しかし、ADRに全面的に賛意を表す判事たちも、じっさいに制度の利用が進むかどうかについては態度を変え、懐疑的になる。

　その理由は、ほかならぬ当事者が判決を欲しがるからだ、という。彼らによれば「訴訟にかかる時間と費用をおさえることには賛成だが、当事者が判決を欲しがるのでしかたがない」のである。訴訟というものは、裁判所に来る前に十分に話しあって、それでも解決できなかったために提起されている。したがって、和解や調停の可能性はもはや残されていない。調停は、ウィン・ウィンなのが利点だというけれども、当事者はむしろ判事に白黒をつけてもらうことを期待している。「弁護士にしても、訴訟が早く終わると仕事にならないからね」という冗談さえもよく聞かれた。三週間の調停期間が義務づけられた現在も、当事者の反応はよいとはいえない。法廷では、判事が話しあうようによびかけているが、当事者とのやりとりは形式的なもの

3）ハーバード大学の教員らによって開発された交渉の手法を解説したもので、単なる駆け引きではなく、お互いの一致した利害関係を結論として導きだす「ウィン・ウィン型」などの概念を提示したことでひろく知られている。

になっている。

　さらに判事たちによれば、ADR をめぐる議論のなかで利用するべきだと位置づけられているアダットは、じっさいにはあまり役に立っていない。都市、村落を問わず、裁判所に紛争がもちこまれた時点で、当事者は判決をもとめているというのが、彼らの見方であった。

　まずアダットによる話しあいがおこなわれ、話しあいが決裂したときに裁判が最後の手段となるという理解は、これまでのインドネシアにおける紛争処理の民族誌にもみられる（Benda-Beckmann 1984）。しかし、メダン市のように、人々の民族的背景が多様であるような場合、訴訟提起後の調停・和解の少なさは、この「判決にこだわる当事者」によって説明しきれるのだろうか。

5　判決にこだわる当事者とは

　前節で記述したようなかたちでメダン地方裁判所に導入された ADR を、訴訟の当事者はどのように受けとめているのだろうか。大企業との接点がなく、ADR の理論に直接はふれていない多くの関係者にとって、ADR の新しさ、導入の目的は明確ではない。また、伝統的 ADR としてのアダットを活用するという司法改革の方針の中でしめされたような問題意識も共有されていない。ADR の認知度は低く、現状を変える契機になっているとはいいがたい。これは、地方裁判所の努力にもかかわらず当事者たちが調停に応じないという、判事たちの現状把握に重なる。

　しかし他方で、判事たちがその理由として描いてみせる「判決にこだわる当事者」像によって説明できるのは、メダン地裁における人々の行為の一部にすぎない。以下に述べるように、人々にとっては判決によって「白黒つけてもらう」ことが重要なのではなく、裁判というプロセスに付随する正当性の感覚が意識的に選びとられているのである。

Ⅱ部　オルタナティブな〈法〉の創造

（1）継続する交渉

　判事によれば、当事者間の交渉が十分に行われたが合意の余地がみいだせなかったときに、はじめて裁判が提起されることになる。もめごとをかかえた当事者にとっての選択肢は直接交渉か裁判による判決であって、調停の需要はないというのは、ADR論が注目を集める前のアメリカにおける調停観に通じるものがある（棚瀬 1992: 258）。しかしメダン地裁でのじっさいの紛争処理過程をみると、広義のADRにふくまれるような実践がすでにおこなわれていることがわかる。

　裁判が進行している期間、原告・被告間の接触がなく、判決をもとめて手続を進めているのかというと、そうではない。話し合いは訴訟提起後も継続しているため、判事による調停をわざわざおこなう必要が感じられないのである。訴訟にかかわる人々の話し合いは、日々いたるところで続けられている。

　メダン地裁の一階にある所長室のとなりには、クーラーのかかった待合室があり、壁にそっておかれたソファーには、10人ほどが余裕をもって座れるスペースがある。入口には女性の秘書が座っていて、事前の約束があるのかどうかを確認する。待合室のドアには、目の位置にカーテンがかかっていて、中にいる人の顔が直接見えないようになっている。業務時間内は多くの人が出入りする。中から出てきた弁護士は、自分は銀行関係の訴訟を担当していて、所長にアドバイスをもらってきたところだ、と語った。

　所長室に入れるのはごくひとにぎりにすぎないが、廊下のベンチ、ロビー、傍聴席など裁判所内のあらゆるところで繰り広げられる会話も、雑談とも情報交換ともつかない性質のものである。地裁は厳粛な雰囲気とはほど遠く、今日は何の用事で来たのか、どんな事件か、あそこにいるのは誰なのか、といった世間話に満ちている。そのにぎやかさは、審理をとりしきる判事の声が聞こえにくいほどである。審理の開始時刻が指定されていないため、いくら携帯電話を駆使して調整をはかっても、「待ち時間」を避けることは難しい。そしてこの時間を使って、頻繁に地裁に出入りする弁護士たちは、つねにネットワークを維持・拡大しているのである。

それは弁護士どうしだけでなく、同じように廊下を行き来している書記官や判事もふくまれる。さすがにその場で事件についての話がはじまることはないが、以前担当した判事が通りかかれば、目ざとく近寄って挨拶をし、戻ってくると「彼はいい人なんだ、ほんとうにいい人だよ」などと得意げにいったりする。有力者と挨拶ができる間柄であることが望ましく、裁判所に出入りする人々についての人物評価は、噂話の中で共有され、広がっていく。また、こうしたやりとりは、アダットに基づくものとはみなされていない。彼らにとってアダットといえば、まずは結婚式や葬儀などの儀式のことであり、メダンは都市だから、もうアダットは失われている、アダットについて知りたいのなら村に行ったほうがよい、というのである。

（２）訴訟のプロセス

では、こうした状況のもと、訴訟はどのような過程をたどるのだろうか。訴訟のプロセスのなかで、「判決にこだわる当事者」モデルをさらに検討してみよう。民事部で保管されている事件登録簿の記載をよりくわしくみると、判決に至らない訴訟が少なくないことがわかる。訴訟が提起された時点で交渉の可能性が閉ざされており、人々は裁判官の判決を求めている、といえるのだろうか。

民事部の事件登録簿によれば、2004年1月から6月にかけて提起された244件の民事訴訟のうち、離婚手続きのための訴訟76件をのぞいた件数は168件[4]で、そのうち74件については、同年11月の時点ですでに判決が出ていた。残る94件のうち、和解は3件成立しているが、そのうち1件は被告があらためて控訴することで紛争が継続中であった。ではこの91件はどのような状態にあるのだろうか。

残りの91件は、「取下げ」28件と、記録が判決に至る以前の状態で止まっている「不明」63件とにわけられる。ここで「取下げ」(*cabut*)とは、民事

---

[4] インドネシアでは、正式に離婚するさい裁判所における手続きが義務づけられている。これらの訴訟は、統計上訴訟と区分されているが、養育権や財産分与をめぐる対立などが争点にのぼらず、ルーティンとして処理されているものである。

部での正式な手続きによって、原告がもう審判を求めないという意思表示をすることである。当事者間の交渉によって訴訟提起後に合意が成立し、訴訟の手続きを続ける必要がなくなった、という意味では、調停・和解と同様の機能を果たしているといえるだろう。事件登録簿には「取下げ」と記載されるが、「民事事件状況報告」では判決と区別されずに「既済」として数えられている。訴訟中も、第三者を介したやりとりは継続しているのである。

では、取下げを件数で上回っている「不明」の63件の訴訟は、どのような状態にあるのだろうか。この63件については、民事部の記録簿の記載が、判決あるいは取下げになることなしに、途中で止まっている。記録が徹底していないということもありうるが、この事件登録簿については、弁護士が過去の訴訟を確認するために民事部を訪ねてくることがよくあり、データの更新には注意がはらわれていた。作業を一人で担当していた民事部の無口な男性スタッフは、つねに大判の登録簿にむかい、几帳面な字でそれぞれの欄をうめていたのである。

二週間あるいは三週間に一度の割合で、定期的におこなわれていた訴訟の進行が、ある段階で突然止まり、そのまま何ヶ月もが経過する。ほかの事件と比べてみると、半年以内に判決を得ることも可能であり、訴訟手続きが一般に時間がかかっているのではない。この違いはどこから生まれてくるのだろうか。

ある弁護士が語ったように、「裁判を進めるためには、職員や書記官といつも連絡をとりあっていないと、忘れられてしまう」。提訴することが判決までの流れを決めるのではない。当事者の努力がないと、訴訟の進行は簡単に停止し、より新しい訴訟に追い越されていく。進行が停止している、すなわち「放置」されている訴訟は、何らかの理由で判決を求める動機が失われているという点で、むしろ取下げに近い機能をはたしていると考えられるのである。

メダン地方裁判所の民事部にある記録から読み取れるのは、ADRの一環として3週間の調停期間が義務化されたあとでも、訴訟提起後の状況の変化や、法廷外での交渉によって判決が必要でなくなった案件は、依然として

「取下げ」、あるいは「放置」というかたちで収束していることであった。したがって、裁判の手続きを進めていくさいには、必ずしも判決を得ることが目的ではなく、裁判所にやってくる人々は、判事が描いて見せる「判決を求める当事者像」には必ずしもあてはまらない。

またメダンにおいては、アダットの紛争処理の規範としての機能は限定されている。アダットを法的リソースとして利用することは、地方裁判所の現状にたいして有効な方針とはいえないだろう。判決とならんで想定される紛争処理の選択肢のなかに、「調停」「和解」は現時点では入っておらず、ADR が当初の目的に従って活用されているとはいいがたいが、取下げや訴訟の放置といった選択肢は存在している。訴訟当事者にとって、判決というよりも、むしろ裁判というプロセスが重要になっているのである。

6　おわりに

以上を整理すると、インドネシアでは、司法改革の一環として、ADRの制度が整備された。ADR の導入は、効率的な紛争処理を実現するためのものであり、経済発展のための投資環境整備に加えて、人々に共有されている慣習法、すなわちアダットの活用によってリーガル・エンパワメントをはかることがめざされた。

しかし、アダットには歴史的にみてもさまざまな含意があり、ADR のなかで期待されたような「その社会固有の法」として機能することは難しい。アダットは、オランダ植民地主義に対抗する原理として、「インドネシア性」を支えてきたのと同時に、民族集団どうしの差異に目を向けさせるという意味で、スハルト政権下では警戒されてきた。国家法、イスラーム法とならんで、インドネシアの多元的な法システムを支えるといわれてきたとはいえ、紛争処理の具体的な規範としての内実は限定されている。

そのため地方裁判所のレベルでは、ADR はアダットに基づく紛争処理ではなく、訴訟提起後の和解・調停の推進という効果をもたらした。裁判官が調停者となって、当事者どうしの交渉をうながすことが義務づけられたが、

統計上の和解・調停の成立件数に目立った増加はみられていない。判事たちはこのことについて、当事者には交渉の余地は残っておらず、あくまでも判決を求めて裁判所に来るのだ、という現状把握をしている。しかし、メダン地裁の日常業務の観察からは、訴訟提起後も交渉が継続していること、また、取下げ・放置が紛争の収束に一定の意義をもっていることが明らかになった。

　こうしたインドネシアの状況から明らかになったのは、司法改革の一環として「輸入」された ADR が、インドネシアにおける国家法および慣習法をとりまくコンテクストと結びついて、当初の趣旨とは異なる展開をしている様子である。国際的な法整備支援では、「地域知」あるいは「慣習法」を生かすことの重要性がうたわれ、インドネシアにおいては、実務家や法学者の関心はアダットに集中する傾向がある。法にたいするオルタナティブすなわちアダット、という前提をまず問い直し、よりコンテクストに即してオルタナティブ・ジャスティスに向けた議論を行うことが必要である。

〔参照文献〕

香川孝三・金子由芳編
　　2007　『法整備支援論——制度構築の国際協力入門』京都：ミネルヴァ書房。
島田弦
　　2002　「インドネシアにおける司法改革」小林昌之・今泉慎也編『アジア諸国の司法改革』pp.201-234、千葉：アジア経済研究所。
　　2004　「インドネシア法」北村一郎編『アクセスガイド外国法』pp.383-392、東京：東京大学出版会。
杉島敬志・中村潔編
　　2006　『現代インドネシアの地方社会』東京：NTT出版。
棚瀬孝雄
　　1992　『紛争と裁判の法社会学』京都：法律文化社。
フィッシャー、ロジャー、ウィリアム・ユーリー
　　1989　『ハーバード流交渉術』（金山宣夫・浅井和子訳）東京：三笠書房。
安田信之
　　2000　『東南アジア法』東京：日本評論社。

和田仁孝・太田勝造・阿部昌樹編
　　2002　『交渉と紛争処理』東京：日本評論社。

英語文献

Avruch, Kevin and Peter W. Black
　　1996　ADR, Palau, and the Contribution of Anthropology. In A. W. Wolfe and H. Yang (eds.) *Anthropological Contributions to Conflict Resolution*, pp.47-63. Athens: University of Georgia Press.

Benda-Beckmann, Keebet von
　　1984　*The Broken Stairways to Consensus*. Dordrecht: Foris.

Bowen, John
　　2003　*Islam, Law and Equality in Indonesia*. Cambridge: Cambridge University Press.

Bruner, Edward M.
　　1974　The Expression of Ethnicity in Indonesia. In A. Cohen (ed.) *Urban Ethnicity*, pp.251-280. London: Tavistock Publications.

Budiardjo, Ali, Nugroho, and Reksodiputro
　　1997　*Law Reform in Indonesia*. Jakarta: Cyberconsult.

Davidson, Jamie Seth and David Henley (eds.)
　　2007　*The Revival of Tradition in Indonesian Politics*. London: Routledge.

Davidson, Jamie Seth
　　2008　*From Rebellion to Riots*. Madison: University of Wisconsin Press.

Warren, Carol
　　2007　Adat in Balinese Discourse and Practice. In Jamie Seth Davidson and David Henley (eds.) *The Revival of Tradition in Indonesian Politics*, pp. 170-202. London: Routledge.

Ⅲ部

オルタナティブな〈社会〉へ

Ⅲ部　オルタナティブな〈社会〉へ

8章　呼応するオルタナティブ
――ケニアにおける平和事業とメノナイトの合流――

石田慎一郎

1　はじめに

　本論文は、キリスト教再洗礼派メノナイト（メノー派）[1]の平和主義とオルタナティブ・ジャスティスの世界的動向との関係を考察する。
　片野（2008: 140）によると、「伝統的なメノナイトの平和主義は無抵抗主義といわれ、謙虚で受動的かつ隠遁的態度を強調し、具体的には裁判に訴えることの拒否、労働組合への不参加、良心的兵役拒否などが行なわれてきた」。20世紀になると、メノナイトの平和主義は「受動性から行動主義へ、隔離から関与へ」と変遷し（同書: 152）、上述のような「伝統的な無抵抗・不関与主義」（同書: 141）にかわって、調停・紛争解決や平和構築への積極的関与を是とする行動主義が発達したという[2]。
　そして、現代のオルタナティブ・ジャスティスの世界的動向には、メノナイトの平和主義が各所で顔を出している。その具体例には、後述のとおり、

1）再洗礼派＝アナバプティストの起源は、16世紀の宗教改革急進派スイス兄弟団に遡るとされており、当時の宗教改革の不徹底を批判した兄弟団が、自らの意思でキリストに従うことを決意したときにのみ洗礼すべきだと主張し、成人洗礼を実践したことから「再洗礼派」と揶揄を込めて呼ばれるようになったという（鈴木 2003; 2005）。再洗礼派は、その後、宗教的迫害を逃れて北米に移住し、現在ペンシルバニア州を中心に多くが居住している。本論文では再洗礼派のメノナイトとアーミッシュの両派に言及する。両派は、1693年以降分裂し、各々別途に北米に移住したが、移住先で同じ地域に入植し、合流することもあった（クレイビルら 2008: 288-289）。
2）片野論文は、さらに論をすすめて、9・11以降のメノナイト平和主義のあらたな展開を論じている。

修復的司法ならびに紛争転換の理論と実践においてメノナイトの知識人が提唱者として認知されていること、メノナイト調停サービスが北米における民間の紛争処理の先駆的試みのひとつとして知られていること、メノナイト中央委員会がアジア・アフリカ諸国で独自の平和事業を支援していることなどが含まれる 3)。私が人類学調査を実施しているケニアでは、「もうひとつの平和」を掲げる活動にメノナイト中央委員会の関与が認められる。

このように、オルタナティブ・ジャスティスの世界的動向とメノナイトの平和主義とのあいだには注目すべき関係が認められる。例えばカナダにおける修復的司法の展開について、「修復的司法の生みの親はメノー派教徒であるハワード・ゼア（Howard Zher）だといわれているが、アメリカと同様、カナダでも修復的司法プログラムの発展、とりわけ黎明期における普及は、メノー派をはじめとする宗教団体の努力を抜きには語れない」と指摘されるのは（岸本 2004: 331）、そうした点をふまえてのことである。

そのような意味で影響関係が認められることは事実だけれども、メノナイトの教義や思想が一貫性のあるかたちでオルタナティブ・ジャスティスの世界的動向のなかに反映されているとか、メノナイトの活動によってオルタナティブ・ジャスティスの世界的動向が形作られていると理解するのは妥当ではない。

私は、民間の紛争処理や修復的司法、紛争転換論を含むオルタナティブ・ジャスティスの理論と実践におけるメノナイトの「先駆的」取り組みを、メノナイト独自の教義や思想の一方向的な〈布教〉ではなく、従来の公式法・司法のなかで周辺化されていた様々なアプローチへの〈合流〉によるものと捉える。さらにいえば、これをメノナイトの取り組みも含めた様々なオルタナティブの呼応によるものと捉える。

以上のような見解を例証するために、本論文では、まず2節でメノナイト

---

3) 鈴木（2005: 94）によると、メノナイト中央委員会は暴力・紛争・人種・性差別に関する平和と正義をめざした活動を担い」、メノナイト調停サービスは「調停と紛争解決にかかわる専門家の養成をおこなっており」、キリスト教平和活動団は国際紛争における「平和活動者を訓練する共同プログラムを提示している」。

知識人が発信する考え方（2.1）、メノナイト団体がグローバルに展開する活動（2.2）がどのようなものであるかを述べる。そして、オルタナティブ・ジャスティスをめぐる様々な取り組みが、ある特定の社会的文脈で発信され、受容される現場に、メノナイトの思想や活動が接点をもつとき、そうした接点がどのような性質のものであるか——本論文では〈合流〉と捉える——を考察する。具体的に考察するための拠りどころとして、3節でメノナイト中央委員会が直接的に関与した東アフリカ・ケニアの平和事業に注目する。

2　メノナイトからの発信

（1）理論と方法

　本節では、まずハワード・ゼアならびにジョン・ポール・レデラックという2人のメノナイト知識人に注目する。両者は、ともにメノナイト・コミュニティ内での被害者加害者和解プログラムあるいは調停事業に携わった経験をもつ実務家であると同時に、オルタナティブ・ジャスティスの世界的動向のなかで強い影響力を持つ2つのアプローチ、すなわち修復的司法と紛争転換の提唱者として知られている。

　ここで注目したいのは、ゼアとレデラックが、ひろく賛同者を得た自分たちのアプローチや考え方がメノナイト独自の思想に由来することを認める一方で、しかしそれを普遍的なモデルとして広めようとすることを拒み、むしろ方法論の文化的多様性を認める姿勢を強調していることである。すなわち、ゼアは自らが提唱する修復的司法の具体的方法は北米メノナイトの経験に根づいた特殊なものなので、他地域で実践される場合にはそれぞれ独自のかたちで構想されるべきだと述べる。そして、レデラックは、地域それぞれに固有の和解や紛争処理のアプローチを発見・開発するための具体的な方法論を提唱する。

　長年にわたりメノナイトの被害者加害者和解プログラム（Mennonite Victim Offender Reconciliation Program）[4]の運営に関わった経験を持ち、『修復

的司法とは何か』(ゼア 2003) 等の著者でもあるハワード・ゼアは、修復的司法のパイオニアとして知られている[5]。修復的司法は、刑事司法におけるオルタナティブなアプローチとして、応報的司法と対比される。応報的司法は、規則の厳格な適用と、加害者に対する厳罰を特徴とする。それに対して、修復的司法は、被害者救済を第一に優先しながら、被害者と加害者との関係修復を志向する。修復的司法は、加害者に対する厳罰を一律に否定するわけではない。だが厳罰のみでは、被害者救済の側面と、被害者をとりまく人間関係や生活環境の修復の側面とが見落とされてしまう。こうした問題意識が、修復的司法思想の根底にある。

ゼア自身は次のように述べ、自身の方法論には特殊な社会的・宗教的背景があることを認める――「わたしは白人、中流階級、男性、ヨーロッパの祖先を持つメノナイト派のキリスト教徒である。このわたしの背景は、わたしの声と見解を形成しているものである」(ゼア 2008: 9)。ゼアは、『修復的司法とは何か』のなかで、加害者と被害者の癒しが求められることを論じ、懺悔と赦しがその前提条件になると述べた。彼がいうところの癒しのニーズ、そして赦しのうちに、再洗礼派独自の思想や紛争観の一端が認められるということなのだろうか。

本論文では、ゼアの修復的司法論のどの部分に、特殊な社会的・宗教的背景あるいは歴史的背景[6] が認められるのかを逐一指摘することはしない。ここでは、むしろ、自らの方法論が特殊なものだからこそ、他地域に応用する場合にはそれぞれに適した様式で行なわれるべきだとする論点のほうに注

---

4) カナダ・オンタリオ州キッチナーで1974年に発生した少年事件の処理において試行された被害者加害者和解プログラムが、修復的司法の先駆的事例として一般的に言及されることが多い (岸本 2004: 331; ゼア 2003: 161-162; 高橋 1997: 94; Peachey 1989)。ただし、キッチナーにおける試みの以前にも同様のプログラムの例 (Columbus Night Prosecutor Program など) が認められるとする指摘もある (Joseph 1996:207)。カナダにおけるその後の修復的司法の展開についての概説は岸本 (2004)、現在のカナダにおける修復的司法事業 (カルガリー) へのメノナイトの関与についての報告は例えば堤 (2004) がある。
5) 例えば、千手正治は、1993年から1995年にかけての「ゼアのニュージーランド訪問」がニュージーランドの修復的司法の発展に与えた影響を考察し、その「影響の大きさは、想像するに難くない」と述べている (千手 2004: 59-61 ならびに注 64)。

Ⅲ部　オルタナティブな〈社会〉へ

目する。すなわち、ゼアは、『修復的司法とは何か』の日本語版序文で、修復的司法は多種多様なかたちがありうるので、「それぞれのコミュニティ、それぞれの文化は、そのニーズと伝統に適合した形式と利用法を見いださなければならない」と述べているのである（ゼア 2003: 6）。

　再洗礼派アーミッシュの赦しについて論じたクレイビルらも、ゼアと同様に、独自の歴史や信仰に根づいた方法をそのまま他地域に応用すべきではないという趣旨の注意書きを加えている（クレイビルほか 2008）。2006 年 10 月 2 日にペンシルバニア州の再洗礼派アーミッシュの学校で銃撃事件が発生した。容疑者は、学校の女児 10 人を拘束したうえ、うち 5 人を殺害した。犯行後自殺した犯人は、アーミッシュの信者ではなかった。ところが、殺害された少女の両親をはじめアーミッシュの人たちは事件発生直後に犯人の家族を訪ねて赦しを表明し、手をさしのべた[7]。被害者遺族はなぜただちに赦しを表明することができたのか。再洗礼派研究者のクレイビルらは、赦しが犯人の悔悛や謝罪に依存すべきではないとされていること、赦しを背負うのは個人ではなくコミュニティであること、赦しは心からの赦しではなく否定的行動には訴えないという決意による赦しだったことなどを挙げている。そのうえで彼らは、アーミッシュの赦しは、独自の歴史や信仰、くらしに根づいたものであり、一部分だけを取り出して他の地域に応用可能な方法論とみなすべきでないと述べる。そして、もし応用しようとするならば「丁寧で慎

6）再洗礼派や修復的司法についての研究ではないが、キャロル・グリーンハウスの民族誌（Greenhouse 1986）は、ジョージア州のバプティスト派住民のコミュニティにおける紛争回避意識に着目し、紛争回避メカニズムをうみだした宗教的・社会的・歴史的背景を明らかにする研究である。グリーンハウスによると、心のなかの葛藤を目にみえる意見対立に転化してしまう事態を回避しようとする人々にとって、葛藤は、自らの精神面での忍耐を強めていくことによってしか処理しえない。そのような忍耐を重ねることにより、やがては神によって救済されるのだとする思想が、精神面での修練に向かう信者たちの拠り所になっている。グリーンハウスは、バプティスト派住民のこのような紛争回避の論理を、南北戦争で引き裂かれた地域コミュニティの過去をめぐる人々の語りに現れる歴史知識の選択的消去との関連で説明している。

7）朝日新聞の掲載記事「少女『私から撃って』容疑者家族に『許し』――アーミッシュ流にメディア驚嘆」（2006 年 10 月 7 日夕刊）のほか。日本国内でも報道された。

ましい応用の方法を考えなければならない」という（クレイビルほか 2008: 275）。

　メノナイト調停サービス（Mennonite Conciliation Service）[8]に長年携わった経験をもつジョン・ポール・レデラックの紛争転換論（Lederach 1995; 片野 2009）は、とくに紛争調停能力の開発における導出的アプローチ（elicitive approach）について、平和研究分野で注目されている（例えば、石田 2003; インターナショナル・アラート 2002: 249-250; Avruch 1998: 73）。レデラックは、自身の紛争転換論が再洗礼派メノナイトの思想に由来するものだと明言している（Lederach 2003）。その点は上述のゼアの場合と共通している。

　レデラックの紛争転換論は、紛争地域の平和構築を実現可能なものにするには、なにより人材育成が肝要で、その際には参加型教育、適正技術、民族誌の3つの手法が不可欠だと考える立場である。第一の参加型教育は、一方的な知識伝授ではなく、対話型・参加型の人材教育が必要だとするものである。第二の適正技術は、欧米の知識や技術をただ輸出すればよいのではなく、その地域に固有のリソースを十全に活用することが必要だとするものである。第三の民族誌は、地域固有のリソースとは何かということを学ぶことが必要だとするものである。レデラックは、紛争地域の人々は、ただ単に支援を受ける側なのではなくて、平和構築の過程に不可欠なリソースなのだと指摘する。こうした過程で地域に根ざしたモデルを開発する手法を導出的アプローチと呼び、普遍的なモデルを様々な社会に応用する規範的アプローチと対比する（Lederach 1995）。

　私は、1995年と1996年にパプアニューギニア高地のエンガ州に計4か月間滞在したことがある。その間、当地で進行中の平和事業の存在を知った。その後よく調べてみると、その主宰者のダグラス・ヤングというカソリック宣教師が、レデラックの導出的アプローチに即して調停モデルの開発に取り組んでいることが分かった。当時、エンガ州では、慢性化した集団間紛争が

8）この事業は、家族・信徒団・コミュニティなど、相互に顔のみえる範囲において生じた紛争を調停し、人間関係を修復する伝統的手法を基礎とするもので、実際の活動内容については、Kraybill 2000; Lederach and Kraybill 1993 が詳しい。

Ⅲ部　オルタナティブな〈社会〉へ

社会問題化していた。これに対して、取締や厳罰、機動隊投入などを可能にする法整備を中心とする政府の諸施策は、期待通りの効果を得られなかった。そこで、ヤングは、地域に根づいた調停手法を開発し、深刻な集団間紛争に直面している住民の調停能力を補強しようという企図による平和事業に着手した。彼は、ニューギニア高地の口頭伝承に関する先駆的研究者の一人であるロドリック・レイシーならびに地元知識人を中心とするワークショップを組織運営した。導出的アプローチを採用したワークショップでは、エンガ社会の民族誌研究が、紛争解決という実務的な取り組みの土台の一部とされていた点がたいへん興味深い（石田 2002; 2003）。

(2) メノナイト中央委員会の活動

　以上、オルタナティブ・ジャスティスの世界的動向のなかで強い影響力をもつ2つの方法論——修復的司法論と紛争転換論——において、メノナイト知識人がそれぞれの先駆的提唱者として認知されていることを述べた。そして、その2人の知識人が、特定の方法を普遍的なものとして標準化することを拒み、むしろ方法論の文化的多様性を認める姿勢を強調していることにも注目した。

　以下、紛争地域の平和事業に関与するメノナイト中央委員会のグローバルな活動についてみるが、そこでも再洗礼派の平和主義そのものを布教し広めるというよりは、それぞれの地域の固有の文化や考え方を重視し、それらに合流したかたちでの支援の形が模索されている点に注目する。

　再洗礼派を母体とするメノナイト中央委員会（Mennonite Central Committee; 以下 MCC）は、全世界で支部を展開し様々な活動を繰り広げている。活動の特徴をひとことでいうと、キリスト教団体を母体とする国際援助組織であり、その主要な活動のうちのひとつが民間の平和事業に対する支援である。MCC は、平和事業のほかにも「難民援助、物質供給、国際開発をめざし国際救済基金および支援奉仕組織を束ね、年間予算6000万ドルによって57カ国のボランティアとスタッフの活動を支えている」（鈴木 2005: 94）。

　民間の紛争処理プログラムに対する支援の具体例として、ザンビアとフィ

リピンの事例を紹介する。下記は、MCC のピース・オフィスが発行するニューズレターをウェブサイトで閲覧している際に見つけた文章である。これらは、メノナイトが支援する草の根の紛争処理事業の主宰者たちが、イースタン・メノナイト大学で開催された 1999 年度夏期講習会（Summer Peace-building Institute; SPI）に招聘され、出席した際に行なわれたインタビューの一部である。これらの発言には、修復的司法の導入と地域的多様性の考慮という二つの特徴が認められる。

> 伝統的な紛争解決の主題は、加害者に制裁を加えることではない。壊れてしまった人間関係を修復することにより多くの関心がある。私たちが導入しようとしているのは修復的司法だ。北米にはこれに関する原理原則がたくさんあるが、ここでは自分たちの伝統から学びたい。こういってもよい。修復的司法は新しい考え方ではなく、長年にわたり人々とともにあったものだ。私たちにとっての最大の挑戦は、法と修復的司法とのバランスをとることである（Katongo 2000）。

> 政府は、フィリピンの多様な民族文化に根づいた紛争処理の効果的な手法ではなく、裁判所と法体系を通じた紛争処理の手法ばかりを受け入れてきた。結果、紛争解決のローカルな手法が壊されつつある。営利志向が強い法実務に委ねるよりも、何百年もの間に培われた紛争解決の経験を再評価することが重要である（Onalan 2000）。

以上で述べたことをまとめると、次の通りである。メノナイト知識人ならびに MCC は、オルタナティブ・ジャスティスの世界的動向において主要なアクターとして認知されているけれども、再洗礼派の教義や思想そのものを〈布教〉しているわけではなく[9]、それぞれの地域の固有の文化や考え方を

9）クレイビルらによると、アーミッシュは、組織的な布教を実践せず、他者を自分と同じ考えに染めようとするよりは、難民や被災者に物質的支援を行う方を好むという（クレイビルら 2008: 88-89）。

重視したオルタナティブ・ジャスティス思想の発信現場に〈合流〉し、かつて周辺化されてきた小さな声に耳を傾けている。私は、これがオルタナティブ・ジャスティスの世界的動向とメノナイトの関係の実状だと考える。ここで〈合流〉と述べたのは、ゼアの以下の言葉を念頭においてのことである。

> 修復的司法の流れは近代法制度によってしばらくの間、地下水脈に押しやられていた。しかし過去四半世紀のあいだ、その水脈は表面にあふれ出し川幅を大きくしながら流れてきた。こんにち修復的司法は世界各地で犯罪を憂慮する政府やコミュニティによって認められている。地球上のたくさんの人々がそれぞれの経験と専門性を河に注ぎこんでいる。この河は当然のことながら、たくさんの支流が世界中から流れ込んでいるからこそ存在している。またその川にはさまざまな先住民の伝統や、その伝統を取り入れた現代版なども流れ込んでくる。たとえば、ニュージーランドのマオリ先住民の伝統を取り入れた家族グループ会議(family group conferences)、カナダ北部の先住民コミュニティ起源の量刑サークル(sentencing circles)、ナバホの調停(peacemaking courts)、アフリカの慣習法、またはアフガニスタンの長老会議ジルガ(*jirga*)。調停や対立解消の分野も、さらには過去何十年と取り組まれてきた被害者加害者支援運動や刑務所の代替運動もこの河に流れ込む。さまざまな宗教団体が行ってきた取り組みもこの河に流れこむ(ゼア 2008: 83、一部訳文を修正。この見解は、『修復的司法とは何か』の日本語版序文でもほぼ同内容の文言で表明されている)。

次節は、ケニアにおける民間の平和事業に対するメノナイト中央委員会の関与についての事例を詳述し、両者の関係を〈合流〉と捉える理解のしかたを例証する。

3 メノナイト・ケニア

(1) ケニアにおける開発援助

　メノナイト・ケニア（MCC Kenya）の本部事務所は、首都ナイロビ・ウェストランド地区の閑静な住宅街にある。ケニア国内での主な活動は、乾燥地への水供給や災害被災地への食糧支援、教育支援、エイズ対策をはじめとする開発援助事業である。そして、事業全体のなかでメノナイトとしての特徴がよく現れているのが、本節で述べる一連の平和事業への支援である。

　今日メノナイト・ケニアが支援する平和事業は、1994年に着手した牧畜民コミュニティ開発プログラム（Pastoralist Community Development Program）に由来する。当初は、牧畜民（マサイ、ボラナ、トゥルカナ、レンディーレ、ポコット、ガブラ、ソマリ、サンブル）を対象にした援助事業だった。後にコミュニティ平和博物館プログラム（Community Peace Museum Program）へと名称を変更するとともに、農耕民（ギクユ、エンブ、メル、ルイヤ、グシイ、スバなど）にも事業対象を拡大し、2000年には31の民族を対象とするようになった。2000年当時、35人のフィールド・アシスタントが、地域・民族ごとに多様な「平和文化」の記録と教材化を進め、これを各地に設置した私設平和博物館で展示するとともに、小中学校での平和教育に活用し始めていた。また、2000年7月には、マウマウ戦争（ケニア独立戦争）期に発生した虐殺事件の現場に、ギクユ社会で平和を象徴する木を植樹する追悼行事を催した。メノナイト中央委員会のワークブック2000年度版（MCC 2001: 18-21）には、平和事業をメノナイト・ケニアの重点課題とする方針が示されている。

　2002年、平和博物館事業は、AFRIPAD（African Initiative for Alternative Peace and Development）として独立し、メノナイトのパートナー組織として活動を開始した。だが、本部事務所をメノナイト・ケニア本部の敷地内におき、活動資金をメノナイトから得ている点に変更はない。2005年度版ワークブック（MCC 2006a）によると、AFRIPADスタッフ17名のうち、1名が

Ⅲ部　オルタナティブな〈社会〉へ

コーディネーター、16名がフィールド・アシスタントとして活動している。このコーディネーター1名が、カリウキ・ズクという男性である。

私は、2006年8月にはじめてAFRIPAD本部事務所にてコーディネーターのカリウキ・ズクに面会した。本部事務所は、ケニア国内の民族ごとに分類した専用ファイルを備えており、ここにフィールド・アシスタントがもたらす各種資料を整理・保管していた。平和博物館事業以来の活動に大きな変化はなく、学校教育現場での活用を目的とした平和文化の調査・記録を継続していた。活動紹介パンフレットにも記述されているとおり、当時、ケニア国内の5つの民族社会（ギクユ、エンブ、スバ、ボラナ、エルモロ）で平和博物館を運営していた。

平和博物館の企画事業のひとつに、社会科見学で訪れる小学生を対象とした博物館教育がある。小学生は、博物館スタッフによる展示解説を聞くことで、地域固有の紛争処理方法を学習する。この展示解説は、所定のシラバスに準じたものである。見学後、小学生は、所定の教材を用いて、展示内容を反復学習する。次の設題は、本部事務所図書室で閲覧した教材の一部を抜粋したものである。

　　問　アフリカの伝統的な紛争処理方法を2つ選びなさい（四択）
　　問　アフリカでは、伝統的に紛争を解決するのは誰か（四択）
　　問　アフリカ人は、話し合いや和解のとき、どこに集うか（四択）

設問中に「アフリカ」を一般化した表現が含まれるが、正答に該当する事項は、地域ごとに多様である。また、一連の設問の中には、じっさいの展示解説を聞かなければ、解答することが不可能なものも含まれる。教材を利用した同様の平和教育は、ケニア国立博物館でも既に利用されている。

AFRIPADは、実務機関として草の根の調停フォーラムを自ら主宰しているわけではない。その主たる活動は、地域固有の平和構築・紛争処理方法を活用するための啓蒙活動である。とくに平和構築、和解、ならびに紛争処理一般をめぐる伝統的手法の調査研究とそれに基づく教育に比重を置いてい

る。

　以下、AFRIPAD の活動の具体的内容について、以下 2 つの項で記述する。

（2）アギクユ平和博物館

　19 世紀末から 1963 年まで続いた植民地統治の時代、ケニアにおける支配・被支配の関係は、支配する側のイギリス人（行政）と、支配される側のアフリカ人（住民）という単純な対立構図ではなかった。祖先を同じくし、言葉と生活習慣を同じくする人びとのうちにも、支配する側に与した人びとと、支配される側に押し込められた人びととのあいだの、不幸な対立を生みだした。支配される側の人びとのうちには、武装闘争を組織し、徹底抗戦のなかで命を落とした人びとが数多くいた。長年にわたって強いられた同胞間の対立は、地域社会に深い傷を残した。ケニア山周辺地域は、そうした対立がとくに深刻だった。傷跡は、現在も癒えていない。

　圧倒的な武力によって土地を奪われ、家族を奪われた当事者たちは、いま多くが高齢化している。若い世代は往時の暴力的支配を自身の体験として知らない。だが、地域社会に刻まれた暴力の記憶、過去に刷り込まれた猜疑心や不信は今日もなお根深く残っている。

　2007 年 7 月、ケニア山麓南西の高原都市、ニェリ町を訪ねた。ニェリ町は、首都ナイロビから北西方向 150 キロの位置にある。セントラル州の州都にふさわしく、充実した都市機能を持つ。国内各地に伸びるハイウェイのハブとなる交通の要衝であり、街中のターミナルには国内各地に向かうバスがひしめく。市中には、とりどりの商品を扱う店舗、炭火の煙が立ち込める焼肉（ニャマ・チョマ）レストラン、ATM を備えた都市銀行、欧州サッカーのテレビ中継を楽しめるバー、インターネット接続が可能なサイバー・カフェ等々が集中する。街角の雑踏と喧騒とは対照的に、郊外には閑静な高級ホテルが点在し、もっぱらケニア山や野生動物保護区の観光を目的とした外国人観光客が利用する。町の周囲に広がる肥沃な高原地帯は、紅茶やコーヒーなどの有力換金作物生産が栽培されている。

　ニェリ町における AFRIPAD の平和事業拠点は、商店街の外れに位置する

アギクユ平和博物館である。AFRIPADコーディネーターのカリウキ・ズクが設立した私設博物館で、もっぱら平和教育を目的とした施設として運営されている。首都ナイロビのオフィスで業務をおこなうカリウキにかわり、ふだんは、スタッフのフランシス・ムリトゥがキュレーターとして博物館管理業務を担っている。

博物館は、回廊型の二階を擁し、一階から天上までは吹き抜けになっている。一階二階ともに、壁伝いに、セントラル州に居住するアギクユ（ギクユ人）がかつて使っていた生活道具、楽器、装飾具、さらには20世紀初頭から独立に至るまでの約60年間に撮影されたと思われる古写真などを収集している。一見すると郷土史と民俗文化の資料を展示する博物館である。

キュレーターの解説を聞きながら、数多くの民具や古写真で埋め尽くされた展示場を一巡した。その末、私には、展示場が、平和教育の目的で入念に設計されていることがはっきりと理解できた。訪問者は、まず植民地化される以前のアギクユ社会における、豊かな大地と人びとのくらしとの繋がり、そして土地利用のなかに現れた人びととの絆について学ぶ。大地は母であり、人びととはその子どもたちである。そして、大地＝母は、美しい。

アギクユ社会における「美」とはどのような姿かたちとして理解されていたのか。訪問者は、続いて、装飾品を示す展示区画へと進む。大地とともに生きる人びとが美をかたちにあらわしたのが、そうした装飾品である。展示解説には、美あるところに平和ありを意味するギクユ語の諺が紹介されている。美しい自然と暮らしは、ギクユの人びとの歌と踊りのなかにも表現されていた。訪問者は、展示場に並ぶ古楽器の展示へと進む。コミュニティ内部のもめごとは地域の長老たちの寄合において解決されていた。古楽器に続く展示区画は、賢人たちがかつておこなっていた草の根の紛争処理についての資料を示す。

そして植民地支配が始まる。展示場には、数々の凄惨な場面を写した写真、棍棒、手錠、爆弾、軍用品、税金の領収書などの現物が並ぶ。それらは、植民地化以前の平穏なくらしが、圧倒的な武力によって蹂躙されたことを物語っている。

一連の展示は、平穏な時代の人びとのくらしを学んだうえで、暴力の実態を目の当たりにし、相互を比較できるように構成されているのである。

メノナイト中央委員会が作成したビデオDVDプログラム"We Should Talk Peace: Stories of African Peacemakers"[10]（MCC 2006）では、小中学生グループが平和博物館の見学に訪れたある一日の様子を収録している。そこでは、カリウキ・ズクが「紛争解決のためにアフリカ人がかつて使っていた、そして現在も使っている」様々な文化的方法を紹介する場面、カリウキの父親ポール・ミグウェ・ズクが「自分たちの伝統が遅れたものだと思い込まされてきた」ことについて子どもたちに再考を促す場面などが記録されている。

（3）もうひとつの平和

AFRIPADは、「アフリカ人のイニシアチブによる、もうひとつの平和と開発」（African Initiative for Alternative Peace and Development）の略称である。「もうひとつの平和（オルタナティブ・ピース）」とは、平和構築には、地域ごとに固有の方法があること、西洋的な平和思想・価値観を唯一絶対としないことを意味している。

カリウキは、渡米してハワード・ゼアをはじめとするメノナイトの知識人と、そしてケニア国内ではメノナイト・ケニアの人々やアギクユの長老たちと意見交換を重ねた。アギクユ博物館の一連の展示と解説は、そうした対話の過程で得たアイディアによって構成されている。

博物館を見学した私は、キュレーターのムリトゥならびに設立者カリウキの実兄で人権活動家のムセー・ズクのすすめで、彼らとともに、ニェリ周辺での二日間のエクスカーション（実地見学）に出かけた。カリウキが主催するAFRIPADは、アギクユ平和博物館と同様の事業をケニア国内各地で進めるとともに、傷ついたコミュニティの絆、そして大地＝自然と人間との絆を修復するための平和事業をおこなっている。私たちのエクスカーションの目的は、ニェリ周辺の、平和事業に関連する場所を訪れることだった。

初日に訪れたのは「カレバの洞窟」である。植民地政府側に対して抵抗し

---

10) このDVDビデオは、MCCウェブサイトのMCC Storeでの購入が可能である（2009年12月現在）。

た人びとが身を隠したとされる自然洞窟である。洞窟のひとつは美しい渓流をつつむ谷間にあり、私たちが訪れたときには女性がひとり聖書を携え、祈りをささげていた。

翌日、ムリトゥ、ムセーならびに私の3人に、女性ジャーナリストのムンビが加わって、エクスカーションを再開した。まず、抵抗軍の指導者デダン・キマジが植民地政府軍の追撃を受け、捕縛された現場を訪れた。それは、地元の青年の案内で進んだ道なき道の先の、広大な茶畑のなかの空き地だった。そこには、国民的英雄のそれとは思えないほど小さな記念碑と、有志が植えた若い記念樹があった。コンクリートの記念碑は、朽ちかけた外観からは想像できないほど新しく、2001年4月2日（建立）と刻まれていた。若い記念樹のひとつは、カリウキの実父が中心になって2005年に植樹したものである。

次に訪れたオザヤ町は、ニェリ町から17キロの位置にあり、独立闘争時に虐殺事件が起こった地のひとつである。夥しい数の遺体が集合埋葬された場所は、「オザヤ虐殺の地」と呼ばれている。AFRIPADは、この地で追悼行事をおこない、平和を祈念する植樹をおこなった。この式典には、かつて支配する側に与した人びと、抑圧されていた人びと、徹底抗戦をつづけた人びと、さらには当時を知らない各々の子孫たちが集ったという。

キアンブ県ラリでも、オザヤ虐殺の地での追悼行事が行なわれており、その様子が前述のメノナイト中央委員会作成のビデオDVDプログラム（MCC 2006b）に収録されている。植民地支配に激しく抵抗した人々と、植民地政府側に与して独立闘争を厳しく弾圧した人々とがともに参加した集いの場面では、かつて警察官として支配者側に与した男性が、白人の作戦行動に加担して同じアフリカ人を殺害してしまった過去を参加者の前で告白する場面、さらにはその男性と、かつて植民地支配に激しく抵抗した側の男性とが手をたずさえて植樹をする様子が記録されている。

ニェリ近郊でのエクスカーションでは、二日目の最後、古来の聖なる森を訪れた。尾根沿いの約265エーカーを占めるこの森林地帯は、ギクユ語で丘陵一般を意味する語を充てて、「カレマ」と呼ばれている。一帯は、植民地

時代に植林された外来種の樹木（杉やユーカリの木）に覆われており、本来の自然環境が徹底的に破壊されていた。植民地支配は、ギクユの人びとが大切にしていた聖なる森をも破壊したのである。森林破壊は、さまざまな儀礼がおこなわれる地の神聖性を脅かし、さらには農業に依存する周辺住民の生活をも脅かす。地元の人びとの話では、丘陵を覆う外来種の木は、丘陵に注ぐ雨を根こそぎ吸収し、そのために低地に注ぐ自然河川の水量が著しく減少した。

現在、カリウキ・ズクと地元の住民有志が集い、商業林化された森を本来の自然環境に修復するための事業が進んでいる。このプロジェクトは、シャリン（Sharin、フィンランドの NGO）がドナーとなり、カリウキ・ズク主宰のポリーニ・アソシエーション（Porini Association）がケニア側の受け入れ先となって進められている。

（4）合流と分流

2002 年にメノナイト・ケニアの平和博物館事業が AFRIPAD として独立し、メノナイトのパートナー組織として活動を開始したことは既に述べたが、そのように述べたことで、メノナイトの支援活動がなければ、以上で詳述した一連の活動による平和事業がうまれなかったという誤った印象をあたえてしまうかもしれない[11]。だが、そうではない。私は、以下で述べる個人的交流という具体的なレベルにおいても、一連の展開は、メノナイトによる〈布教〉ではなく、〈合流〉として理解すべきだと考える。

東アフリカで発行されている週刊新聞 *The East African* の記事「地域固有の方法による平和」[12]によると、1993 年、当時 MCC ケニアの代表をつとめていたジャニス・ジェンナーの発案により、ケニア各地の地域文化に根ざした紛争解決への取り組みが始まった。そうした取り組みの一環として、平和文化に関する民俗資料の収集事業が開始された。1994 年にはその分野の

---

11) この点について共同研究会でのコメントが有意義だった。以前に発表した拙論（石田 2007）でも、同様の意味で誤った印象を与えてしまった可能性がある。
12) ウェブサイト版にて 2008 年 5 月 5 日公開の記事（Peace by Local Means）。

Ⅲ部　オルタナティブな〈社会〉へ

専門家として、当時ケニア国立博物館民族誌研究部長をつとめており、同年に物質文化に関する著書（Somjee 1994）を刊行した民族誌学者スルタン・ソムジがメノナイトの平和事業に関わることとなった。ソムジは、これをメノナイト・ケニアの支援によるコミュニティ平和博物館事業として推進し、その過程で当時既にニェリ町で私設博物館を開設していたカリウキ・ズクに出会った。これがソムジとカリウキとの共同の発端である。2002年、ソムジがカナダに移住することにともない、平和博物館事業やオザヤ虐殺の地での植樹追悼行事を含む平和事業をカリウキが引き継ぎ、AFRIPADを設立した。以上が、2008年5月5日付けの週刊新聞 The East African ウェブ版の記事に書かれているAFRIPAD設立の経緯である。

　MCCケニアの代表として平和事業に着手したジャニス・ジェンナーは、メノナイト・ケニアの代表を7年間つとめた後、現在はイースタン・メノナイト大学の法と平和構築研究センターに勤務している。研究センターでは、ハワード・ゼアやジョン・ポール・レデラックの同僚であり、レデラックとは共編著（Lederach and Jenner 2002）を出版するなどの研究交流がある。研究所ウェブサイトによると、バージニア州のイースタン・メノナイト大学大学院にて紛争転換研究の修士号を取得している[13]。

　要するに、本論文で記述したメノナイト・ケニアが支援するAFRIPADの平和事業とは、メノナイトの実務家であるジャニス・ジェンナー、ケニア国立博物館の民族誌学者であるスルタン・ソムジ、そしてアギクユ平和博物館を設立したカリウキ・ズクの3者の交流を基盤とする共同事業だったと理解することができる。そして、ジャニス・ジェンナーのイニシアチブは、参加型教育、適正技術、民族誌の3つの手法を重視するレデラックの方法論を想起させる。こうした個人的交流のネットワークによって、ケニアの平和事業へのメノナイトの合流は実現した。

　ところで、このような合流は、ゆるやかなものであり、制度的な合一を意味するものではない。じっさい、いちど合流した上記の3者は、その後しば

13）http://www.emu.edu/personnel/people/show/jennerjm?ssi=ctp（2009年12月25日閲覧）

らくして分流した。スルタン・ソムジのカナダ移住については既に述べたとおりだが、上述の記事「地域固有の方法による平和」が書かれた 2008 年 5 月には、カリウキ・ズクは、AFRIPAD の活動を事実上休止し、自らが主宰するもうひとつの団体ポリーニ・アソシエーションの活動に統合していた。2007 年 7 月、アギクユ平和博物館の見学とニェリ町近郊のエクスカーションを終えた私は、ナイロビにてカリウキを訪ねた。一年前の 2006 年 8 月に訪れた際は、ナイロビ・ウェストランド地区郊外に位置するメノナイトの敷地内に AFRIPAD の事務所を構えており、そこで執務していたが、2 度目の訪問時は、既にウェストランド市街地のオフィスビルの一室に移転していた。この事務所移転は、カリウキのイニシアチブによる平和事業のメノナイト・ケニアからの分流にあわせた出来事だったのである。

4　おわりに

こんにち、オルタナティブをもとめる現状批判の思想が、法や司法の分野にも浸透するようになった。そのことによって、従来の公式法・司法体制のなかで周辺化されてきた紛争解決・調停・和解・平和構築の様々な既存のアプローチ[14]が、あらたなオーディエンスを獲得するようになった。メノナイトの知識人や国際組織は、それに成功した、いまや主流の発信者である。そして、メノナイトの知識人や団体は、自分たちのコミュニティ内部での営みをこえてオルタナティブ・ジャスティスの世界的動向を牽引しているかのようにみえる。

けれども、当の現場を観察するとわかるが、彼らは、かつて周辺化されていた様々な既存のアプローチに〈合流〉しているのであり、かならずしもメノナイト独自の教義や平和思想を〈布教〉しているわけではない。メノナイ

---

14) ここでいう周辺化されてきた様々なアプローチとは、紛争処理における民間の手法、草の根の手法、地域固有の手法などを含み、これまで一括して「裁判外」または「非公式」の紛争処理と呼ばれてきた多様なアプローチのことである。これらの周辺化に対する批判については、たとえば Avuruch 1998; Lederach 1995; Walker 2004 などがある。

トが、ほんらい他と同様に自ら発信する複数の小さな〈オルタナティブ〉のうちのひとつでありながら、オルタナティブ・ジャスティスの世界的動向においてとくに重要な役割を果たしてきたと広く認められるのは、主流の発信者として地歩を固めたことに加えて、耳を傾け、媒介するグローバルな活動を展開しているためだと思われる。いいかえれば、メノナイトは、自分たちの声を発信することよりも、草の根の小さな声に耳を傾け、呼応することで[15]、オルタナティブ・ジャスティスの世界的動向における主要な媒介者として世界各地で受容されている。

(参照文献)
石田慎一郎
 2002 「戦争の復活と伝承の記述——パプアニューギニア、エンガ州における平和研究の系譜」『社会人類学年報』28: 107-032。
 2003 「民間の紛争処理における技術移転と地域文化——パプアニューギニアにおけるレデラック理論の応用をめぐる一考察」『法社会学』59: 193-208。
 2007 「ADRとメノナイト——アジア・アフリカにおける多元的法体制の新しい展開」『法律時報』79 (12): 120-126。
インターナショナル・アラート
 2002 『紛争転換リソースパック』阿曽村邦昭・上杉勇司監訳、日本紛争予防センター。http://www.jccp.gr.jp/jpn/pro/pub/r_pack/(2003年5月閲覧)
片野淳彦
 2008 「9・11以後のキリスト教平和主義——メノナイトの視点から」千葉眞編『平和運動と平和主義の現在』pp.137-156、風行社。
 2009 「思想としての平和構築」千葉眞編『平和の政治思想史』pp.283-303、おうふう。
岸本基予子
 2004 「カナダにおける修復的司法——沿革、プログラム、及び評価」藤本哲也

---

[15] イングランドは、マラウィの首都リロングウェにおける噂話を住民の怒りに由来するモラルパニックと捉える視点を提示しつつ、人々が発するべき声をもたないのではなく、外来の人権活動家やNGO、メディアなどの側が彼らの声に耳を傾けていないことの方に問題があると論じている(Englund 2006: Chapter 7, 'Human Rights and Moral Panics: Listening to Popular Grievances')。

編『諸外国の修復的司法』pp.329-361、中央大学出版部。

クレイビル、ドナルド・B／スティーブン・M・ノルト／デヴィッド・L・ウィーバーザーカー
 2008 『アーミッシュの赦し——なぜ彼らはすぐに犯人とその家族を赦したのか』青木玲訳、亜紀書房。(*Amish Grace: How Forgiveness Transcended Tragedy.* John Wiley and Sons, 2008)

鈴木七美
 2003 「新連載　アーミッシュを訪ねて (1) ——歴史的背景と多様性」『言語』32 (4): 18-23。
 2005 「キリスト教非暴力と平和主義の底流——再洗礼派メノナイト／アーミッシュ」綾部恒雄編『クラブが創った国アメリカ』pp.84-96、山川出版社。

ゼア、ハワード (Howard Zehr)
 2003 『修復的司法とは何か——応報から関係修復へ』西村春夫・細井洋子・高橋則夫監訳、新泉社。(*Changing Lenses: A New Focus for Crime and Justice.* Herald Press, 1990)
 2008 『責任と癒し——修復的正義の実践ガイド』森田ゆり訳、築地書館。(*The Little Book of Restorative Justice.* Good Books, 2002)

千手正治
 2004 「ニュージーランドにおける修復的司法の発展とマオリ族——1989年の家族集団協議会から2001年の裁判所関与の修復的司法協議会まで」藤本哲也編『諸外国の修復的司法』pp.43-79、中央大学出版部。

高橋則夫
 1997 『刑法における損害回復の思想』成文堂。

堤和通
 2004 「Calgary Community Conferencing について」『比較法雑誌』38 (3): 1-42。

Avruch, Kevin
 1998 *Culture and Conflict Resolution.* United States Institutes of Peace Press.

Englund, Harri
 2006 *Prisoners of Freedom: Human Rights and the African Poor.* University of California Press.

Greenhouse, Carol.
 1986 *Praying for Justice: Faith, Order, and Community in an American Town.* Cornell University Press.

Joseph, Katherine L.
 1996 Victim-Offender Mediation: What Social & Political Factors Will Affect Its De-

velopment? *Ohio State Journal on Dispute Resolution* 11（1）: 207-221.

Katongo, Jeston
  2000　Balancing Zambian Traditional and Legal Systems. *Peace Office Newsletter*（Mennonite Central Committee）30（1）.
  http://www.mcc.org/peace/pon/PON_2000-01.html（2006 年 10 月 19 日閲覧）

Kraybill, Ron
  2000　Reflections on Twenty Years in Peacebuilding. In Sampson, Cynthia and John Paul Lederach eds, *From the Ground Up: Mennonite Contributions to International Peacebuilding.* Oxford University Press.

Lederach, John Paul
  1995　*Preparing for Peace: Conflict Transformation Across Cultures.* Syracuse University Press.
  2003　*The Little Book of Conflict Transformation.* Goodbooks.

Lederach, John Paul and Janice Moomaw Jenner
  2002　*A Handbook of International Peacebuilding: Into the Eye of The Storm.* Jossey-Bass.

Lederach, John Paul and Ron Kraybill
  1993　The Paradox of Popular Justice: A Practitioner's View. In S. E. Merry and N. Milner eds. *The Possibility of Popular Justice: A Case Study of Community Mediation in the United States,* pp.357-378. Michigan University Press.

Mennonite Central Committee
  2001　*Mennonite Central Committee Workbook 2000.*
  2006a　*Mennonite Central Committee Workbook 2005.*
  2006b　*We Should Talk Peace: Stories of African Peace Makers.* [26-minute video DVD] Mennonite Central Committee

Miller, Joseph
  2000　A History of the Mennonite Conciliation Service, International Conciliation Service, and Christian Peacemaker Teams. In C. Sampson and J. P. Lederach eds. *From the Ground Up: Mennonite Contributions to International Peacebuilding.* Oxford University Press.

Muhando, Jacob and Kariuki Thuku
  2005　*Mt. Kenya Sacred Sites: A Guide Book on Mt. Kenya Sacred Sites.* African Initiative for Alternative Peace and Development.

Onalan, Manuel
  2000　Making Peace in the Indigenous Way in the Philippines. *Peace Office Newsletter*

(Mennonite Central Committee) 30 (1).
http://www.mcc.org/peace/pon/PON_2000-01.html (2006年10月閲覧)

Peachey, Dean E.
　1989　The Kitchener Experiment, In M. Wright and B. Galaway eds. *Mediation and Criminal Justice: Victims, Offenders and Community*, Sage.

Sampson, Cynthia and John Paul Lederach eds.
　2000　*From the Ground Up: Mennonite Contributions to International Peacebuilding*. Oxford University Press.

Somjee, Sultan
　1994　*Material Culture of Kenya*. East African Educational Publishers.
　2000　Oral Traditions and Material Culture: An East Africa Experience. *Research in African Literatures* 31 (4): 97-103.

Thuku, Kariuki
　n.d.　*The Sacred Footprint: A Story of Karima Sacred Forest. Volume 1*. Porini Publication.

Walker, Polly O.
　2004　Decolonizing Conflict Resolution: Addressing the Ontological Violence of Westernization. *American Indian Quarterly* 28 (3, 4): 527-549.

9章　パプアニューギニアにおける
　　　オルタナティブ・ジャスティスの生成
―――ブーゲンヴィル紛争の修復的プロセスを事例に―――

馬場　淳

1　はじめに

　本論文は、ある紛争を契機にオルタナティブ・ジャスティスが立ち現われてくる生成の過程を具体的に記述・分析することを目的とする。考察の対象となるのは、パプアニューギニアのブーゲンヴィル自治区（旧称：北ソロモン州）である。

　後述するように、1988年にはじまるブーゲンヴィル紛争は、分離独立運動に発展するなかで、当該地域の住民を分断し、かつ心身ともに深い傷を与えた。そのため、政治的プロセスと並行するかたちで、平和構築と社会の再生に向けた修復的実践[1]が営まれたのである。本論文が注目するのは、こうした修復的実践の一つを担ったNGO（メラネシア・ピース財団）の活動と（それが主導する）調停である。メラネシア・ピース財団は、プリズン・フェローシップ（アメリカを拠点とするキリスト教団体）の正義と和解センター（Centre for Justice and Reconciliation）による「2007年国際修復的司法賞」（International Prize for Restorative Justice）[2]を受賞したことにも表れて

---

[1] 本論文では、より幅広い範囲に適用可能な用語として、修復的実践という言葉を用いる。ワクテルにならえば、修復的司法の用語では、制度化された法的領域という限定的な分野しかいい表せない。その一方で「修復的実践は、教育、社会事業、カウンセリング、子育て、組織内の指導、そして社会規律の確立にも応用できる」（ワクテル 2005:152）。
[2] http://www.restorativejustice.org/editions/2007/august07/awardannouncement/?searchterm=2007 award bougainville（2010年9月18日閲覧）

いるように、荒廃したブーゲンヴィル諸社会において修復的司法を積極的に導入・推進してきたエージェントなのである。

　修復的司法の分野では、この調停は「ブーゲンヴィル調停モデル」（Bougainville mediation model）として知られている。理論的には、被害者、加害者、コミュニティという三つの領域を設定し、重なり合いの度合いにより「完全に修復的」（fully restorative）（すべて重なり合う）、「十分に修復的」「一部修復的」と類型化することがあるが（高橋 2003:79-80）、ブーゲンヴィル調停モデルは「完全に修復的」に位置付けられているのである（パーメンティア 2010:44）。日本の文献ではまだあまり周知されていないブーゲンヴィルの調停を記述・検討することは、「完全に修復的」かどうかを含めて、意義のあることと思われる。

　ただし、はじめにあえて強調しておきたいのは、本論文があくまでもオルタナティブ・ジャスティス論であり、「修復的司法だからオルタナティブ・ジャスティスだ」という単純な議論ではないという点である。確かに、ここでみるオルタナティブ・ジャスティスが経験レベルではそれこそ修復的司法の多様な発現形態の一つといってしまえばそうなのだが、筆者が注目したいのは、むしろ社会の修復という全体的コンテクストやエージェントを通じて、新しいジャスティスが形をなしていく創造的過程なのである。これは、オルタナティブ・ジャスティスを、修復的司法論／ADR論の延長としてみるのではなく、現状に対する批判やよりよき社会と将来に向けた交渉から立ち現れてくる構築物とみる本論文の立場を反映したものである。そこで、本論文の立場をより明確にするためにも、ブーゲンヴィルに関する具体的な検討に先立ち、まずはオルタナティブ・ジャスティス論の原理的考察を行うことからはじめたい。

2　オルタナティブ・ジャスティスへの人類学的アプローチ

　今日、修復的司法（刑事司法分野）、ADR＝裁判外紛争処理（民事司法分野）、真実和解委員会に代表される和解プロジェクト（平和構築分野）が、

公式的な近代型裁判に「代わる」紛争処理・秩序維持の理念および実践として、世界の多くの国々で展開されている。オルタナティブ・ジャスティスとはこれらを具体的な位相とするジャスティスのあり方の総称といえる。それはまた、相異なる分野の諸言説が一つのアリーナに結集し、相互作用することを可能にさせる有効なメタ概念でもある。ところでその概念内容を考えるとき、修復的司法やADRがあたかも自明な代名詞のごとく定義上の本質となってしまうことには、若干の留保を付しておきたい。というのは、修復的司法やADRがオルタナティブ・ジャスティスとみなしうるということと、それがオルタナティブ・ジャスティスの概念的本質であるということは別のことだからである。後者の立場に立てば、修復的司法あるいはADRのコンセプトを共有しない法的現象が視野から抜け落ち、オルタナティブ・ジャスティス概念がもつ分析フィールドをむしろ狭めてしまう可能性があるだろう。よってここでは、修復的司法やADRをオルタナティブ・ジャスティスの定義上の本質としてしまう発想を相対化するとともに、社会的・歴史的多様性に開かれたものとして（再）定義してみたい。

　そもそも修復的司法やADRをオルタナティブ・ジャスティスの自明な代名詞としてしまうことの危険は、抜き差しならぬ修復的司法やADRがもっている歴史的経緯や概念群を呼び込んでしまうことにある。端的にいえば、修復的司法もADRも、西洋近代という特殊な社会的・歴史的コンテクストに埋め込まれており、西洋近代に対立する概念群（ポストモダン、反近代、非西洋、コミュニティ、「伝統」）を内在化している。民刑を一緒に語ってしまうことには躊躇を覚えるが、オルタナティブ・ジャスティス論だからこそ越境的に語りきれるのだと開き直り、乱暴にまとめていってしまえば、いずれも、第一に、従来の近代型裁判による紛争処理の限界や反省（応報的司法に対する修復的司法、「訴訟の爆発」に対する効率性ニーズをはじめ、専門性ニーズ、日常性ニーズを充足しようとするADR）を核心にもつポストモダン的現象だということである（たとえば、和田 2007、ゼア 2003）。またこれと相即して、修復的司法やADRは、近代法システムのもとで埋もれていたコミュニティや「伝統」と強い親和性をもっている。サンフランシス

コ・コミュニティ・ボードやキッチナー（カナダ・オンタリオ州）での実験的な試み——これに関与したボランティアは修復的司法の先駆的提唱者ゼアをはじめとするメノナイト（再洗礼派）という宗教的背景を有する[3]——など先進国内部の草の根運動のほか、主に「第三世界」を対象とする法人類学的民族誌研究が啓蒙的な役割を果たしたことはすでによく知られている[4]。つまり非欧米諸国の自治的な紛争処理のあり方が、先進国（とくにアメリカ）において、1970年代の調停ブームと相まって、インフォーマル／コミュニティ・ジャスティス礼賛の一つの後押しとなっていた。修復的司法にしても、その代表形態としてしばしば言及されるニュージーランドの家族集団会議（ファミリー・グループ・カンファレンス）は先住民マオリの「伝統」にもとづくとされており（ゼア 2003: 265）、他の先住民諸社会でも広く実践されていたものだといわれる。石田（2007）が「逆流」現象と呼ぶように、現在、開発援助などを通じて、修復的司法やADRという"新しいジャスティス"は「第三世界」に輸入されているのだが、現地の住民たちが——完全に同一のものではないにしろ——漠然と「もともとあった」「昔からやっていたこと」という感覚を吐露するのは、当然といえば当然である[5]。それが新しいのは、あくまでも西洋と近代型裁判という観点からみてのことだからである。

さて、オルタナティブなるものの相対性について議論を進めよう。本来的に、何がオルタナティブなのかは相対的であるはずだが、修復的司法やADRを概念的本質としてしまうとき、上述のとおり、オルタナティブの意味内容はかなり固定化されることになる。わかりやすく、既存のもの（A）

3）オルタナティブ・ジャスティスの世界的動向におけるメノナイトの影響については、石田がかねてより注目してきた（石田 2007）。また本書8章も参照のこと。
4）こうした影響関係については、たとえば、久保（2009）がADRの史的展開のなかで触れている。また和田（1996）は、合意批判についても法人類学の啓蒙的役割を認めている。
5）たとえば、藤本は、修復的司法をポストモダンの思想的背景をもつとしながらも「日本文化の底流にある「和をもって尊しとなす精神」であるかのようにさえ、私には思える」と述べている（藤本 2004: 422）。

への代替（B）という図式を仮に立ててみることにしよう。Aに「西洋近代型の裁判」を入れ、Bに「それ以外」を求めるのは、近代型裁判が紛争処理の同義語となっている西洋近代的な発想である。では、近代的な「法の支配」が貫徹していないとされる開発途上国の人々にとってはどうだろうか。いうまでもなく、この限りではないはずである。本論文で対象とするパプアニューギニアも、その典型的な例の一つである。

パプアニューギニアでも、修復的司法は2000年以降の司法制度改革の中心テーマに据えられている。しかしコミュニティの参与や被害者保護、加害者の社会復帰、当事者関係の修復による平和の実現などを盛り込んだ修復的司法アプローチは、担当大臣に「馴染みのない目新しいもののように思われるが、どのパプアニューギニア諸社会でも、日常生活のなかで行われている」といわしめている（GD 1999: foreword）。パプアニューギニアには多くの言語集団が存在しており安易に一般化することはできないものの、それぞれの地域社会ごとにある伝統的規範や価値観に根ざした「正義」を実現するための手続きがある。そしてそのなかには、個人よりも集団・共同体（コミュニティ）が中心となり、対抗というよりも、調和や関係を回復していくような修復志向性があることは確かである。その意味で、現在グローバルに流通するADRや修復的司法の理念は、この地域の人々にとっては馴染みがあり、自明なものでさえあるかもしれない。逆に、19世紀後半にはじまる植民地化以降に導入された近代法システムは、今となってもなお村落住民にとって馴染みのない「他者の制度」である。この状況では、先進国の「我々」に馴染みのある近代法システムこそ、代替＝オルタナティブ（B）ということになってしまう。たとえば、調査地では以下の語りがよく聞かれる。

> 今は（親族間の相互扶助という）伝統が失われ、みな、どうしていいかわからなくなっている。カヌーの舵を失ったようなもんだ。女性たちはこの代替物を求めているんだ。扶養費請求訴訟は、伝統の代わり（alternative）となっているのだ（2006年3月28日、マヌス州ロレンガウ在

住の弁護士)。

　これは、私の調査地の弁護士が、離婚や離別に伴う生活費・養育費の保障を求める近代型裁判（扶養費請求訴訟）について語ったものである。親族間の相互扶助が失われたというのは都市中心的な議論で極論にすぎるが、細かい話をする紙幅のゆとりはない。さしあたりここから読みとるべきは、彼らにとってのオルタナティブが近代型裁判だという点である。実に、パプアニューギニアは、ネオリベラリズムの趨勢のなかで、近代的セクターを中心とする「法と秩序」の制度的拡充や整備に強く傾注している。「近代」がまだ貫徹していないがゆえに、「近代」は今もなおオルタナティブであり続けているのだ。「何がオルタナティブなのか」は、対象地域に生きる住民の理解や社会状況と不可分なのである。こうして、A（既存のもの）とB（代替）の内容が対象とする国や地域ごとに異なり、また一つの社会でも歴史・政治的状況のなかで変わっていくのであり、ゆえにオルタナティブ・ジャスティスの意味内容は相対的なものにならざるをえない。だとすれば、オルタナティブ・ジャスティスとは、絶えず現状を乗り越える想像／創造的営為の産物であり、終わりなき生成の流れのなかにあるものだと理解すべきであろう。そもそもオルタナティブ（という言葉）を「常に」冠することがそれを象徴しているといったら、言葉遊びにすぎるだろうか。

　修復的司法やADRが前提として抱え込む西洋近代の「亡霊」からの解放は、オルタナティブ・ジャスティスを社会的歴史的多様性に開かれたものにしていく。確認までにいうが、この考えは修復的司法やADRがオルタナティブ・ジャスティスとはみなしえないということではない。それらは、西洋近代という特定の社会的・歴史的状況から生みだされたオルタナティブ・ジャスティスの一つのあり方にすぎないということなのである。

　最後に、石田が本書（8章参照）で、オルタナティブ・ジャスティスの世界的動向はある地点から（別のところへ）の「布教」ではなく、複数の場から生じた「合流」とみるべきであると強調していることは注目に値する。というのは、見方を変えれば、「合流」とは、各地にそれぞれの「支流」──

現地住民の主体性とその社会的・歴史的コンテクスト——があることを認めることだからだ。そして本論文は、「支流」の一つ、ブーゲンヴィルの実態を検証しようとするものである。次節からみていくように、「支流」も、それこそさまざまな影響関係や相互作用の産物である。そうした濃密な相互作用をつくりだし、オルタナティブ・ジャスティスを生成させる背景には、ブーゲンヴィル紛争という特異な政治的・歴史的状況がある。では、そのブーゲンヴィル紛争とはどのようなものだったのか。本題に入っていくことにしよう。

3　ブーゲンヴィル紛争の概況

(1) ブーゲンヴィル島

　ブーゲンヴィル島とその北部のブカ島は、地理的にはソロモン諸島に属するが、行政上パプアニューギニア領に属し、(旧) 北ソロモン州を構成する。19 世紀後半以降、欧米列強の進出と植民地分割により、ブーゲンヴィル島・ブカ島は他のニューギニア島北東部とともにドイツ領となり、以降、他のソロモン諸島（イギリス領）とは異なり、パプアニューギニアと同じ道を歩むことになったのである [6]。日本人には、太平洋戦争時、連合艦隊司令長官山本五十六の搭乗機が撃墜され（ブイン上空）、戦死した場として知られている。

　伝統的には、ブーゲンヴィル島とブカ島の多くは、母系社会である。つまり母系出自集団が社会構造の基本単位となり、土地や財産の所有・継承単位であった（Nash 1974）。もちろん、母系社会といっても女性が公式的に政治リーダーを担うことはむしろ稀なのだが、私の知り合いの女性（ブカ島出身）が「北ソロモンに帰れば、私には土地がある」「ブカ島では女がボスなのよ」などと語るように、女性たちは自信や自尊心を強くもっている。じっさいの社会生活における女性の役割や力はかなりの程度で認知されており、

---

[6] パプアニューギニアとソロモン諸島の略史については、拙稿（馬場 2009b）を参照されたい。

女性が紛争における調停者の役割を引き受けることも珍しくなかった。これは、紛争後の平和構築において、女性たちが積極的に関わったことの社会文化的背景といえるかもしれない（後述）。

さてヨーロッパ人との本格的な接触がはじまるのは、20世紀になってからのことである[7]。1930年代には、ブーゲンヴィル島の中央高地（パングナ）で金・銅鉱床の存在が確認されているが、本格的な開発には至らなかった。1960年になって、オーストラリア鉱物資源局の地質学者が再調査したことで、ブーゲンヴィル島の運命は大きく転換していくことになった。世界最大の多国籍鉱山会社のオーストラリア支社CRA（Continc Riotinto Australia）が主株主となり、ブーゲンヴィル鉱山会社（Bougainville Copper Ltd, 以下BCL）が設立され、1967年、採掘が本格的に始められることになったのである。この鉱山開発が地元住民に与えた影響は、雇用創出にとどまらない。パングナに暮らしていた人々には補償として、洋風の家が買い与えられ、鉱山使用料として年間5パーセントのロイヤリティが支払われた。またパングナの内陸地から海岸部の町（アラワ、キエタ）を結ぶ道路網が整備され、物流システムが加速度的に進化した。こうしてブーゲンヴィル島の鉱山関連地域は、一気に近代化されていったのである。なによりパングナ鉱山のマクロ経済効果は甚大で、独

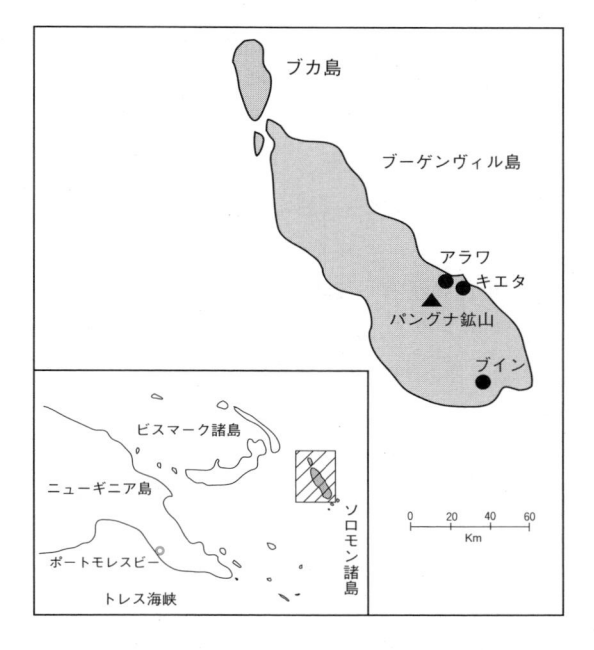

7）この段落の記述は、塩田（1991）に負っている。

立後のパプアニューギニアの歳入2割以上、外貨の4割以上をたたき出し、国家経済に不可欠な役割を担うまでになった。こうした経済的豊かさを背景に、パプアニューギニアの独立時（1975年）、分離独立運動が生じたほどである。この運動は「北ソロモン共和国」を宣言したが、パプアニューギニア防衛軍によって鎮圧された。

（2）市民戦争としてのブーゲンヴィル紛争[8]

ブーゲンヴィル紛争の発端は、1988年11月24日、鉱山施設の爆破であるとされる。パングナ地主協会の事務局長フランシス・オナが爆破事件の首謀者だとされるが、それは鉱山開発によるパングナ環境問題の調査結果（「環境問題なし」）に不服だったからだ。フランシス・オナはパプアニューギニア工科大学を卒業したあと、技術者としてBCLに10数年間勤務していた経験をもつ。しかし鉱山開発の横暴を目の当たりにし、環境破壊による100億キナ（1兆5000億円相当）の賠償金を要求するようになっていったのである。爆破グループは、その後、ブーゲンヴィル革命軍（Bougainville Revolutionary Army、以下BRA）となった。

ただし注意せねばならないのは、この事件があくまでも鉱山開発に関わる人々の間で生じたことであり、北ソロモン州全体を巻き込むものではなかったということである。分離独立運動への流れはそれこそ微細で複数の出来事によって形づくられていったのだが、そのなかでも1989年3月に起こった看護師（ブーゲンヴィル出身）の刺殺事件は重要な契機となった。これは他州出身者（Redskins）[9]によるものと考えられ、地元住民と他州出身者の対立図式を明確に創りあげた。そもそも鉱山開発に伴い、多くの他州出身者がブーゲンヴィル島にやってきており、風紀が乱れていた——地元住民は、か

---

[8] この節の内容は、主に塩田（1991）、ハウレイ（Howley 2002）、ウォルファース（Wolfers 2007）らの記述をもとにしてまとめてある。
[9] レッドスキンとは、文字通り「赤い肌・皮膚」のことである。これは、黒色の肌をもつブーゲンヴィル島とブカ島の住民が、暗褐色の肌をもつ他のニューギニア地域出身者を指すときに用いるいい方である。

ねてからそのことに憤りを覚えていたのである。こうした背景のもとで、対立はたちまち激化し、政府側も（他州からの）警察や防衛軍を派遣し、鎮圧に努めた。こうして BRA の反鉱山開発運動は、島全体に一気に噴出した島外者排斥熱と合流し、分離独立運動という大きな流れを作り出したのである。いいかえれば、BRA は、パングナ鉱山開発に直接関わらない島民も自らの勢力に組み入れることに成功したわけである。BRA による度重なるゲリラ攻撃で、1990 年 1 月パングナ鉱山は無期限閉山となった。パプアニューギニア政府は、行政サーヴィスを停止し、白人・他州出身者に避難を呼びかけた。翌月、北ソロモン州とは別に、ブーゲンヴィル暫定政府（Bougainville Interim Government）が樹立された。それに伴い、BRA はこの暫定政府の防衛軍となり、独立運動の闘士とみなされるようになった。かくしてパプアニューギニアからの独立に向けた市民戦争がはじまったのである。鉱山闘争から和平プロセスが本格化するまでの約 10 年間のうちに、パプアニューギニア政府がこの戦争に投下した資金は総額約 1 億ドルにのぼるともいわれる。

　さて、ここで対立図式を確認しておこう。単純にいえば、独立派（暫定政府と BRA）と非独立派（パプアニューギニア政府、防衛軍、警察）に分かれるが、ブーゲンヴィル島民（および北ソロモン州民）すべてが独立を支持していたのかというとそうでもない。独立後の国家経営に慎重な立場から独立を支持せず、パプアニューギニア領に留まることを望むブーゲンヴィル島民の武闘派は、BRA に対抗してブーゲンヴィル抵抗軍（Bougainville Resistance Forces、以下 BRF）を組織し、パプアニューギニア政府側と共闘した。また市民戦争で土地が荒廃し、住む場所を失った人々は、政府が提供したキャンプで暮らすようになった。根本的に、戦闘に参加しない市井の住民は、その時々の状況（襲撃、恐怖、地元リーダーの見解など）に応じて、政治的態度を変更させていたと推察される（Wolfers 2007:5）。なお BRA 内部にも分断がある。1990 年頃には、フランシス・オナの命令・統制下にない集団（俗にラスカル BRA[10]と呼ばれる）が生まれた。地元で悪徳の限りを

---

10) ラスカル（rascol）は、通常、組織的な窃盗団を指すが、日常的に（そこから転じて）不良や犯罪者など悪事を行う人一般をも意味する。

尽くしたのは、こうした集団だったようである（Howley 2003: 3）。

4　平和構築のプロセスとエージェント

　ここでは平和構築を、政治レベルと社会レベルに分けてみていくことにしたい。まずブーゲンヴィル紛争が「終結」に向かう政治的プロセスを要約すると、次のようになる。1990年代の半ばを過ぎると、ニュージーランドにおいてバーンハム宣言（1997年）とリンカーン協定（1998年）が締結され、ブーゲンヴィル島民の統合と和解が提唱され、和平への基本的な原理が確認された。同時に（1998年4月）停戦合意が締結され、翌年5月、暫定政府のなかに平和委員会（Peace Committee）が設立された。その後も交渉が重ねられ、2001年、州とBRA／暫定政府の間でブーゲンヴィル和平協定（Bougainville Peace Agreement）が締結された。この協定は、来るべき自治政府の政体と憲法に関する規定が盛り込まれていた点で重要な意義をもっていた。そしてブーゲンヴィル憲法（正式にはConstitution of the Autonomous Region of Bougainville）が起草され、2005年5月には自治政府に向けた選挙が行われ、ブーゲンヴィル人民議会党のジョセフ・カブイ（Joseph Kabui）が大統領に選出された。翌月（6月）、自治政府が発足し、10年から15年の後に独立の是非を問う住民投票が行われることになった。しかし大幅な自治が確立したとしても、パプアニューギニア政府への財政依存や憲法問題などが山積しているのが実情である。2007年国家予算によれば、平和構築のための復興助成金5050万9500キナが支出されており、中央政府から多大な支援を受けていることは明らかである（Wolfers 2007:18）。

　次に、こうした政治的展開とは別に／並行して行われた社会の再生の動きに注目してみたい。ブーゲンヴィル紛争の初期から行政サーヴィスが停止したことに加え、市民戦争にともなう精神的・物理的損害は甚大なものだった。社会レベルの修復は、政治レベルの和平と同程度に喫緊の課題だったのである。実際、和平プロセスと並行するように、社会レベルの修復が着手されてきた。そしてこの社会レベルの修復にたずさわった主たるエージェント

修復的実践に携わった NGO（一部）

番号	組織名
1	キリスト教会女性連携フォーラム （Bougainville Inter-Church Women's Forum）
2	コミュニティ立脚型総合的人道支援プログラム （Bougainville Community Based Integrated Humanitarian Program, BOCBIHP）
3	パルパル開発訓練センター （Paruparu Development Training Center）
4	レイタナ・ネハン女性開発機構 （Leitana Nehan Women's Development Agency, LNWDA）
5	コミュニティ総合開発機構 （Bougainville Community Integrated Development Agency, BOCIDA）
6	平和と自由のための女性の会 （Bougainville Women for Peace and Freedom, BWPF）
7	トラウマ・カウンセリング機関 （Bougainville Trauma Counseling Institute）
8	メラネシア・ピース財団 （PEACE Foundation Melanesia）
9	ソロモン諸島キリスト教協会の人道支援 （Humanitarian Aid for Bougainville, Solomon Islands Christian Association, HABSICA）
10	ブーゲンヴィル自由運動 （Bougainville Freedom Movement, BFM）

が NGO なのである（表参照）。

ここでは各 NGO の活動を詳しく紹介するゆとりはないが[11]、表の組織名を一瞥するだけでも、社会生活に関わるさまざまな局面を修復したり、エンパワーしていく総体的な動きを見て取ることができるだろう。注目したいのは、平和構築の主体（peacemakers）として、キリスト教会と女性が重要な役割を担っている点である（Howley 2002:163-166）。紛争時だけでなく、日常生活のさまざまな局面で集団組織力の高さを発揮しているキリスト教会は

11）それぞれのサーヴィスの特徴については、別のところでまとめたので参照されたい（馬場 2009c: 272-275）。

理解できるとしても、女性がこれほどまでに突出するのは母系社会ならではなのだろうか。たとえば、現地人女性で、運動にもたずさわり、オーストラリア国立大学の大学院生であるスプリッグスは、女性の伝統的力を主張し、それが平和構築にも活かされていると述べている（Spriggs 2003:204-206）。ハヴィニとシリヴィ編（Havini and Sirivi 2004）の『大地の母として』でも同様に、ブーゲンヴィルの独立に積極的かつ主要な役割を演じた女性を——ときに過度と思われるくらいに——称揚する論調が一貫して流れている。それは、森林に潜み、ゲリラ活動をしていたBRAに適宜、宿と食糧を提供し、革命闘争を「縁の下」から支えたという類のミクロなレベルから（Havini 2004）、リンカーン会合（1998年1月）への積極的参与や（ポートモレスビーでの）デモ行進と政府への懇願などにおよぶ。たとえば、平和と自由のための女性の会（BWPF、番号6）は、バーンハム会合直後、公的アリーナにブーゲンヴィルの声を発信していく組織として、1997年に設立された。第一回ミーティングでは、1995年の第4回世界女性会議（北京）を受けて、人権侵害の問題を取り上げ[12]、翌年（1998年）には女性の伝統的な力が紛争解決（とくに和解）に役立つというセッションを開いた（Sirivi 2004）。またBWPFは、2001年、海外NGOのブーゲンヴィル自由運動（番号10）と共同し、ブーゲンヴィル女性サミットを開催した。このなかでは、参加した女性（とくにリーダー的女性）に、紛争で荒廃した社会（コミュニティ）の修復や敵対する人々どうしの和解に積極的に寄与するように呼びかける場面もあった（Miriori 2004）。

　こうした女性の貢献すべてを、伝統（母系社会）に帰してしまうことは本質主義的でやや危険であるが、母系社会と女性のプレゼンスの相関関係を否定することもできないだろう。

　以上、行政サーヴィスが停止した1990年以降、自治政府樹立に向かう政治的展開とは別に、女性、教会、NGOというエージェントが絡まり合いながら、持続可能な社会の再生に向けた取り組みがなされていたのである。メ

---

12) 北京会議に出席したブーゲンヴィル女性は、会議にて、女性の人権を無視する紛争の現実を報告するとともに、ブーゲンヴィルへの平和的な干渉を世界に訴えた。

ラネシア・ピース財団（番号8）もまた、ブーゲンヴィル社会の統合と再生、そして未来に向けて取り組んだエージェントの一つである。次節では、その活動について詳しくみていくことにしよう。

5　メラネシア・ピース財団の試み——和解と修復

（1）メラネシア・ピース財団（PEACE Foundation Melanesia）

　メラネシア・ピース財団（以下、ピース財団）は、もともと法務大臣B・ナロコビ[13]によって1988年に設立された政府機関FLOJ（Foundation for Law, Order and Justice）が前身となっている。ナロコビは、FLOJを機能させる有能な人材として、ニュージーランドで実務経験があるケン・エガン（Ken Egan）を任命した。FLOJがブーゲンヴィルで活動をはじめたのは、1994年である。しかしすぐに財政難に陥り、1995年、有志によりNGOとして継続していくことになった。このとき、ピース財団に名称変更した。PEACEとはPeople and Community Empowermentを意味し、住民自身が力をつけることがこの地域の平和（peace）構築につながるという含意がある。財団の活動に初期からコミットしてきたハウレイ[14]の報告（Howley 2002; 2003）にしたがって、このNGOの活動をまとめてみたい。

　ピース財団の活動は、紛争処理、和解を促す調停スキル、コミュニティ計画を主たる目的としている。さまざまなプログラムがパッケージ化されており、1コース3週間制となっている。ターゲットは、伝統的なチーフ、女性・若者グループのリーダー、聖職者、村落裁判の判事[15]、村の有力者である。参加者の半分が女性という点も注目に値する。

　ピース財団の特筆すべき特徴は、現地人調停者の育成である。彼らは素人

13）ナロコビについては、拙論（馬場　2009a）を参照されたい。
14）パトリック・ハウレイはマリア会信徒（Marist brother）で、1966年までオーストラリアの小中学校の教師をしていた。その後、パプアニューギニアに移り、以来、国立高校の校長やディヴァイン・ワード大学の学生課長などを歴任し、パプアニューギニアの教育制度に関わってきた。ケン・エガンと親交があった縁で、ピース財団に加わるようになった。その報告は、本論文でも多く引用している。

ではあるものの、紛争解決技法（スキル）を身につけ、地元で調停を行う人材である。文字通り和解の促進者（facilitator）とかアイスブレーカー（ice-breaker）とも呼ばれているが、ここでは「調停者」と呼んでおく。「調停者」になるためには、通常の3倍、つまり3コース（＝9週間）のプログラムを受け、コースの修了証書をもらう必要がある。意欲があることはもちろん、コースの参加者のうちから、ピース財団の目的や理念をしっかり理解している者が選ばれる。たいてい25歳から40歳くらいまでの教会関係者が多いという。学習形態は徒弟制で、参加者から次第にアシスタント、そして模擬的に人前で教えることを学んでいく[16]。

　無論、コース受講者みなが必ずしも「調停者」になるわけでない。ただピース財団のコースは、参加者に、自分や社会文化を見つめ直す機会を与え、地域社会の平和に寄与する人材になるよう促すことがしばしばあるという（Howley 2002:218）。たとえば、元BRAの指揮官がコースを受けたあと、コミュニティの平和指導者に変容している例がある。

　なおハウレイの報告によれば、1994年から2000年までの7年間で、開かれたコースは250以上、コースや訓練を受けた人は6400人以上にのぼるという。またそのうち、160人以上が「調停者」になったという（Howley 2002:173）。

(2) 和解へのステップ

　ジョン・トムボット（John Tombot）は、1997年、ピース財団の「紛争解決のためのトレーニングコース」（Conflict Resolution Training）を受講し、その後「調停者」として実務に携わるようになった。以下では、ジョンの報

---

15) 村落裁判とは、当該コミュニティの「平和と調和」の実現を目的に、それぞれの地域社会の伝統や慣習に則って紛争を処理する制度であり、その決定には公式的な法的効力が認められている。判事はその地域住民のなかから選出され、法律の専門家である必要はない（むしろ多くが素人である）。

16) コースの受講中は、給料はでないが、ピース財団がすべての生活費用をまかなう。調停活動に従事するようになると、2週間150キナの給料が与えられる（Howley 2003: 251）。

告にもとづいて、ピース財団の提供する調停モデルをみてみよう（Tombot 2003: 261-264）。ピース財団は、和解に向けた調停のプロセスを段階ごとに分け、手続きを明確に定めている。

　訓練を受けてコミュニティに戻った「調停者」は、調停の要請を受けると、まず犠牲者と面会し、被害に関する事実を収集する（第1段階）。またこのとき、調停が和解を目指すものであり、白黒をつけ、刑罰を科す裁判ではないことなど、調停の目的が確認される。それから、第2段階は、加害者と面会し、犠牲者の語る出来事を確認していく。そして「調停者」が会合の日時、場所を指定し、当事者およびそのグループによる集会が開かれる（第3段階）。ここでは、「調停者」の主導のもと、「包み隠さず話し合い」調停が進められていく。具体的には、『聖書』を用いて、罪からの自由や赦しが強調される。目指しているのは和解であり、損害の賠償ではないことが改めて強調される。その後（第4段階）、それぞれのグループに分かれて、和解するかどうかの話し合いが行われる。これは、2、3時間、ときには一日かかることもある。グループのなかで意見がまとまると、「調停者」が決定内容を宣告する（第5段階）。和解の方向ならば、和解儀礼の日程や詳細についての交渉が続く。そして和解儀礼を行い（第6段階）、握手をするとともに、ピース財団が用意した合意書にサインする（第7段階）。この合意書は、まずピース財団の本部へ送られ、5部のコピーがとられる。なおこの合意書には公式的な法的強制力はない。加害者が合意書に従わないときは、改めて担当した「調停者」が伺い、原因を追究し（不満の聴取など）、新たな交渉の可能性を模索する。

　こうした手続きについて、ジョンは、自らの実務経験を振り返りつつ、次のように述べている。

　　誰も、心の中に、正義の感覚をもっていると私は信じている。私が調停をしたすべてのケースが明らかにしているのは、村に生きる普通の人々が、何が正義なのかをよく知っているということだ。修復的司法は、彼らにその正義を行使するやり方を提供しているのだ。（Tombot 2003: 260）

住民は「正義の感覚」をしっかりもっており、ピース財団が提供する調停スキルはその現地の「正義の感覚」に馴染むのだ、というわけだ。ここには、現地の「正義の感覚」と「外」（ピース財団）から導入されたスキルや形式性（手続き、合意文書）の調和的な合一がある。彼は、これを「結婚」という言葉で表現している。ただし後に述べるように、調停が真に「正義の感覚」を反映したものかどうかは怪しいし、実体（正義の感覚）と形式（スキルや文書）の二元論という単純な問題でもないはずである。以下では、具体的な事例を検討し、ジョンが「結婚」という言葉に託した意味を筆者なりに再解釈してみることにしたい。

（3）調停の事例
　以下の事例は、ジョンが携わった調停の事例を概略したものである（Tombot 2003: 260-261）。

【事例概要】
　抵抗軍 BRF の司令官（A）が戦争とはまったく関係のない村人（B）を銃殺したかどで、B のコミュニティが A に殺人の容疑をかけていた。そこで A は、調停者ジョンに頼み、問題解決を図ろうとした。ジョンは、A と B の母親との会合をアレンジした。10 時間の議論の末、A は自分のもっていた銃を引き渡し、和解の意思を表明するとともに、B を殺した BRF の下級戦士三人（まとめて C とする）の名前を明かした。そして B の家族は、A からの 10 キナの支払いに合意し、会合が終結した。だが告発された他の被疑者 C の問題が残っている。3 日後、ジョンは C のところに行き、そのコミュニティ（長老、C の親を含む）での会合をもった。そこでジョンは、A がいったことを話すと、C の一人は次のように容疑を認めた。

　「ええ、私たちこそ、その少年を殺しました。私たちは隠したりしない。道をパトロールしているときに、彼を撃った。それは、彼らの村に到着した 10 時半頃のことだった。犬が私たちを吠え始めたとき、その

若者は逃げようとした。彼がBRA兵士だと思ったし、ライフルをとって私たちを撃とうとしているのではないかと思って、とっさに撃ってしまった。彼の村は、BRAの拠点として容疑がかけられていたからだ」。

その後、ジョンらは再びBの村へ行き、全体ミーティング（第3段階）の日程を伝えた。当日、ざっくばらんに話し合える場をつくるよう努力したという。被害者（B）側は、加害者（C）に50キナと二つの貝貨[17]のまとまりを要求した。Cは「あなたの涙をおさめるにはそれでは少ない」といい、100キナ払うと提案した。B側がそれを受け入れると、双方は支払いを含む儀礼的行為（第6段階）を行った。

この事例は、Bの殺害をめぐる二つの調停がそれぞれ和解にいたり、「成功」したことを示している。この一連の過程は、B側の人々にとって「真実」が明るみになっていく過程でもある。だがここでは、資料の制約上、殺人や暴力にともなう憤りや哀しみがどのように癒されたのか、真の意味で和解しえたのか、そしてこれが住民の「正義の感覚」を反映したものなのかという主観的な側面は不明確なままである。むしろ和解にいたる調停は、ジョンを通じて、ピース財団のコンセプトや手順に規制されていた側面が目立つ。

たとえば、和解にともなう支払いの内容をみてみよう。AであれCであれ、支払う金額はきわめて少額である。というのも、この支払いは賠償（compensation）ではないからなのだが、その背景には、ピース財団が「賠償が和解と対立する」ものとして否定していることがある（Howley 2003: 245）。その理由には、賠償が葛藤の鎮静というよりも新たな行為（re-action）を生み出すもので、根本的な問題解決にはならないこと、賠償がニューギニア高地の伝統であり、ブーゲンヴィルの伝統ではないこと、などが挙げ

---

[17]貝貨とは、伝統的に、冠婚葬祭や交易などにおける取引の支払いに用いられていた。計量方法はかなり洗練されており、蓄積も可能である。一部の地域（ニューブリテン島）では文化的アイデンティティの資源となり、現在でも、通貨と完全に互換性のある「貨幣」として公定的に使用されている。

られている。たしかにオガンは、犯罪に対する（金銭の）賠償は、ヨーロッパ人との接触が本格化して以降のことであると述べている（Ogan 1972:151）。しかしそうだとしても、北ソロモン州では、鉱山開発によって貨幣経済が浸透しているのは事実であり、1990年代には賠償の慣行はかなり定着していたといえるだろう。そうすると、ここでの実践は、賠償の伝統がないということよりも——後述するように、他の民族誌では賠償が報告されていることも踏まえれば——和解儀礼を賠償に転化させないピース財団のポリシーに強く規制されたものと考えた方がよいだろう。最後の段階でB側がCに提示した要求は、B側の自発的行為や伝統というよりも、ジョン（ピース財団）らとの度重なる対話に影響を受けている可能性が高い。

　その一方で、ピース財団のポリシーには還元しえない現象がある。それは、和解儀礼と呼ぶように、最終局面（第6段階）の和解の表明が、慣習的に規定された人材、モノのやり取り（交換）などを含む儀礼的行為と不可分に成り立っているということである[18]。たとえば、調停の場に出てくる母親の存在である。すでに述べたように、母系社会のブーゲンヴィルでは、死者は母親の集団に属するため、母親（とその親族）が交渉の前面に出てくるのは当然のことなのである。また和解儀礼のなかで貝貨が取引されていることは、伝統的な様式に則っていることを示している。そのほか、和解儀礼のなかには「ビンロウの実の交換」「弓矢を壊す」「石を置く」行為——これらはいずれも和平を象徴する——が見られる。こうした伝統的行為は、ピース財団の戦略や意図というよりも、むしろ現場の和解儀礼にたずさわる「調停者」や参加者たちの自然に繰り出される慣習的行為だと考えられる。ピース財団は、合意書を受け取る以外は、調停のプロセス全般に深くコミットしたり、監視や統制をするわけではない。現場の交渉から和解儀礼の執行はほぼ完全に、教育訓練を受けた「調停者」の裁量に任せられているのである。そのため、和解への方向づけや金額など、ピース財団によっていくつかの要素

---

[18]　だからこそ、私は、ジョンのように「成功」から住民たちの「正義の感覚」を読み込むことはしない。儀礼的行為とは本来的に、個々人の意思や主観性と切り離して考えなければならないからである。

が規制されているとしても、現場にいる参加者はいつの間にか自分たちなりの「出来事」に変えしまうのである。調停から和解儀礼にいたるプロセスは、住民にとってはかなり馴染みのあるものに違いない。

　このように和解儀礼にいたる調停のプロセスは、異種混淆的に構成されている。異種混淆性という点ではジョンの「結婚」という言葉と重なるが、ここでみたのは形式と実体の二元論（とその融合）ではない。和解が成立したことのなかに住民の「正義の感覚」や「赦し」を無邪気に読み込むならば、後に触れるように、和解へのプロセスに潜む（グローバルおよびローカルな）力学を不問に付してしまうことになるだろう（たとえば、サラット 1996）。むしろ筆者はこの異種混淆性を、（調停者を含めて）現地人が新しいものを受容する営みの産物と考える。このプロセスには、ピース財団主導の調停理念や手続きを、違和感や抵抗なきかたちで受け入れ、遂行していく現地人なりの主体性が発揮されているのである。

　ところで、現地で行われる和解儀礼が伝統的な観点から「正しく」行われるかどうかは、和解の効力そのものに関わっているとみる見方もある（たとえば、福武 2008）。たしかに儀礼的かつ伝統的要素が、和解に向かう調停を円滑にし、効果的にしているといえる。しかしブーゲンヴィルでは、和解の効力と真正性の水準が相関しているという印象を受けない。おそらく問題なのは、儀礼の真正性というよりも、儀礼を通じて何が達成されるのか／されねばならないのかという目的の方だろう。それは、現状（同じ住民どうしの敵対状況）を変えていくことであり、具体的には、和解による関係の修復——ひいては社会の修復——である[19]。人々は個々の状況のなかで、彼らなりに「適切」かつ望ましいと思われるモノや行為をブリコラージュ的に取り入れながら、柔軟にその目的を達成するよう努めている。それが結果として、異種混淆的なプロセスを構築していくのである。

---

[19] ハウレイによれば、訓練を受け、地元で調停を行うことは大変な労苦のともなう奉仕であるが、そうした「調停者」の動機に「平和への献身」が強く看取されるという（Howley 2003: 251）。ただし私は、その動機が自然発生的というよりも、まさにピース財団の訓練や宣伝活動を通じて醸成された点にも留意すべきであろうと考える。

Ⅲ部　オルタナティブな〈社会〉へ

6　考察

　元来、ブーゲンヴィル諸社会における傷害や殺人の処遇は、交換儀礼による和解、賠償、報復（身体的罰、恥辱を含む）、そして植民地化以降に導入された近代型裁判が加わり、多様であった。パングナ鉱山を含むブーゲンヴィル島中部・南部に居住するナシオシ（Nasiosi）を調査したオガンによれば、伝統的に、死は――たとえ殺人であっても――妖術かその報復によってもたらされるものと考えられていた。よって出来事の関係者が等しく饗宴を執り行い、双方のバランスをとることで解決が導かれたという――「双方がやりとりし、バランスがとれたなら、争いは終わらせなければならない」（Ogan 1972:36-37）。またナシオシの西隣に居住するナゴヴィシ（Nagovisi）を調査したナッシュは、伝統的な賠償について報告している。同じ集団内であればごく簡単な罰金（wolina）で済んだが、必要に応じて傷害に対するナペナ（Napena）、殺人に対してはナリナ（Nalina）という支払いが区別されていたという（Nash 1974:59-61）。後者（ナリナ）は、死者の喪失に対する賠償と位置付けられている。さらに植民地化が浸透する以前の、「部族戦争」が行われていた時代には、バランスを保つための報復もみられた（Nash 1974:67-68）。

　こうした記録を踏まえれば、「伝統社会の法と正義は、罰、辱め、赦しの複合だった」というハウレイの見解は至極正しいものである（Howley 2002:188）。ジョンが語るように「人々は何が正義かを知っている」のかもしれないが、ジャスティス（正義）の実現方法は多様だったといえる。よって、赦しや和解を特権視する絶対的な理由はどこにもない。むしろ伝統社会のもめごとが修復的志向のもとで自治的かつ平和的に解決されていたと一枚岩的に想定してしまうのは、先進国側の勝手なイメージの押しつけに他ならないだろう。そこで問うべきなのは、和解が他を押しのけ特権的な地位を占めるコンテクストとは何か、いいかえれば、和解が「ジャスティスを実現する望ましい道」となっていく生成の過程とはどのようなものなのかである。

9章　パプアニューギニアにおけるオルタナティブ・ジャスティスの生成

　1980年代後半からはじまるブーゲンヴィル紛争は、和解を特権化するコンテクストを与えたといえる。独立に向けた市民戦争は、単にパプアニューギニア政府や他州出身者に対する闘争であるだけではなく、同じブーゲンヴィルの住民どうしが抗争する血なまぐさい状況を生み出した。ここにおいて和解は、分断され、対抗しあい、傷を抱えた者たちが赦し合い、共存する社会を再建し、新しい未来を拓くために意義深いものとなるのである。いいかえれば、被害者・加害者・コミュニティの和解は、ローカルで私的な些事のようにみえて、実は社会的サーヴィスを復興し、住民相互が友愛的にまとまり、新しい社会を再建していこうとする総体的営みの一部となっているのである。このような和解を通じた社会の修復という認識論的志向性が共有されることで、近代型裁判や賠償という選択肢は二義的なものとみなされてしまうのである。

　ところで、本論文でみてきた紛争後のブーゲンヴィル社会での調停を、本来の伝統とか伝統の復活といってしまうには注意が必要である。というのも、ピース財団というエージェントによって、この調停は世界規模で展開されている修復的司法の概念を強く付加されているからである。和解を促進するピース財団は、もともと海外で実務経験を積んだ人や世界的動向を知りうる白人（引用したハウレイはオーストラリア人である）が主導している。現地住民は、そこかしこで開かれるワークショップやフォーラム、あるいはその受講者の情報を通じて、和解や関係の修復というコンセプトを学んでいるし、調停を主導する者もピース財団の教育訓練を通じて独特のスキルや方法を身につけている。そして和解が成立した暁に与えられる合意書なる文書は、伝統的には存在しないものである。これが公式的な場でどこまで法的効力をもつかについては不明であるが、ひとつの道具（＝資料）として、当事者たちが今後の手を打つなかでなんらかの効果を発揮する可能性は考えられる。修復的司法がメラネシアの伝統（慣習法）のなかに本質的に備わっていたとする見方もあるが（Howley 2007）、不可視の権力性（グローバルな法イデオロギーの浸透）への視点や「今、ここ」の伝統が現在の観点や立場性から（再）創造されたものであるという見方にも等しく気を配っておく必要が

あろう（e.g. リネキン／ハンドラー　1996）。

　要するに、和解儀礼にいたる調停は、伝統にもピース財団にも根を持ちつつも、そのどちらにも還元できない新しいジャスティスのあり方だといえよう。その調停がオルタナティブ・ジャスティスだというのは、それが修復的司法だからという単純な理由からではない。それは、市民戦争という特異な政治社会的状況との交渉のなかで、また新しいエージェントを通じて、現状を乗り越える創造的営みとして生成してきたという、まさにその点においてなのである。

7　おわりに

　本論文は、オルタナティブ・ジャスティスの意味内容をアプリオリかつ本質主義的に規定せず、対象地域の社会的・歴史的文脈に埋め込まれたものとしてみるという前提から出発した。そしてオルタナティブ・ジャスティスの生成を、パプアニューギニアのブーゲンヴィル紛争という特異な歴史的・社会政治的状況のなかにみた。具体的には、紛争解決の一パターンでしかなかった和解は、この特殊な状況のなかで特権化されるとともに、伝統的儀礼と、ピース財団の調停スキルや形式性が、ブリコラージュ的に結びつき、その結果どちらにも還元できない異種混淆性を帯び、新しいジャスティスとなってきた過程を明らかにした。その背景には、和解が市民戦争の荒廃から立ち直ろうとする修復的実践の構成要素であったことが挙げられる。つまり関係の修復という概念は、分断された住民が友愛的にまとまり、より良き未来の再建を模索する社会全体の要請のなかで改めて意義深いものとなったのである。

　南アの真実和解委員会が例証するように、紛争後社会の再建に対して修復的司法が有効であることは確かであろう（パーメンティア　2010）。とはいえ、関係修復への志向性を共有してはいるものの、南アフリカをはじめとする真実和解委員会の実践と比べてみた場合、ブーゲンヴィルの調停モデルはその形式が大きく異なっている。そもそも国家事業ではなく、公聴会が行わ

れる会場も決まっておらず、カメラもなく、テープも回っていない。テレビをみて、見ず知らずの被害者・加害者の和解を共有するわけでもない。「調停者」は、研修コースを受けたあとはそれぞれの地元に戻り、依頼があれば調停を執り行う。それは森林のなかでかもしれないし、町の片隅かもしれず、また依頼に応じて適宜執り行われる。そもそもピース財団で訓練を受け、認められたとしても、彼らは専門家とはいいがたい。こうしたゲリラ的な調停のあり方は、社会の修復という超越的目的に向けた柔軟なブリコラージュを許容するが、その反面、ローカルな力関係の介入をも許し、差別的処遇や和解の強制など調停の実効性に否定的な影響を与えていく危険性にも留意すべきだろう[20]。

とはいえ、このブーゲンヴィルの修復的実践が、国内外において、多くの訓育学的意義をもっていることは間違いないだろう。本論文でみてきたように、泥沼となった紛争の終結と新しい社会の再生という平和構築プロセスには、国家だけでなく、多様なエージェントがそれぞれに、ときに協同しながら、参与・寄与している。その一つであるピース財団は、「2007年国際修復的司法賞」を受賞したように、修復的司法をめぐるケーススタディとして、理論と実践の双方で世界的な注目を集めている。また「脆弱国家」(weak state) とよばれるパプアニューギニアにおいて、市民社会の役割や国内法秩序のあり方を考える上でも示唆的である。2000年以降の国家司法政策では、修復的司法がそのプランを貫く中核的なアプローチとなっているが、この担当大臣がブーゲンヴィル問題大臣(Minister for Bougainville Affairs)を兼任していたことは偶然ではないだろう。

(参照文献)
石田慎一郎
　　2007 「ADRとメノナイト――アジア・アフリカにおける多元的法体制の新しい

---

[20] たとえば、素人判事による村落裁判にはこの種の否定的影響がすでに報告されている。男性中心に営まれる村落裁判では、しばしば女性の声が軽視されたり、語る場すら与えられないケースもある。赦しや癒しの核心が語り合うことだとすれば(松田 2007)、物語りを阻むローカルな力学は草の根修復的司法の障壁といえるのではないだろうか。

展開」『法律時報』79（12）。
久保秀雄
　2009　「司法政策と社会調査――ADR運動の歴史的展開をめぐって」鈴木秀光ほか編『法の流通』慈学社。
サラット、オースティン
　1996　「和解における合意と権力」棚瀬孝雄編『紛争処理と合意――法と正義の新たなパラダイムを求めて』ミネルヴァ書房。
塩田光喜
　1991　「大地の破壊、民族の創成――1988〜90年ブーゲンヴィル島分離独立運動の経過と本質」『アジア経済』32（12）。
ゼア、ハワード
　2003　『修復的司法とは何か――応報から関係修復へ』（西村春夫・細井洋子・高橋則夫監訳）新泉社。
高橋則夫
　2003　『修復的司法の探究』成文堂。
馬場　淳
　2009a　「法文化の発明とポジショナリティ――統合と多様性の間でたゆたうパプアニューギニアを事例にして」角田猛之・石田慎一郎編『グローバル世界の法文化――法学・人類学からのアプローチ』福村出版。
　2009b　「パプアニューギニア」「ソロモン諸島」山川出版編集部編『世界各国便覧』山川出版社。
　2009c　「パプアニューギニアの社会福祉」萩原康生ほか編『世界の社会福祉年鑑2009』旬報社。
パーメンティア、ステファン
　2010　「政治犯罪に修復的司法は可能か――南アフリカの教訓」（石田慎一郎・河村有教訳）『コンフリクトの人文学』2号、大阪大学出版会。
福武慎太郎
　2008　「和解儀礼の現在――スアイにおける住民投票前後の和解のプロセスを事例に（第7章）」『ティモール・南テトゥン社会の民族誌――紛争、難民、和解に関する人類学的考察』博士論文、上智大学。
藤本哲也
　2004　「修復的司法の批判的考察――アメリカの議論を中心として」藤本哲也編『諸外国の修復的司法』中央大学出版部。
松田素二
　2007　「過去の傷はいかにして癒されるか――被害を物語る力の可能性」棚瀬孝

雄編『市民社会と責任』有斐閣。
リネキン、ジョセリン／リチャード・ハンドラー
　1996　「本物の伝統、偽物の伝統」岩竹美加子編『民俗学の政治性――アメリカ民俗学100年目の省察から』未来社。
ワクテル、テッド
　2005　『リアルジャスティス――修復的司法の挑戦』（山本英政訳）成文堂。
和田仁孝
　1996　「法人類学の変容と「合意」批判」棚瀬孝雄編『紛争処理と合意――法と正義の新たなパラダイムを求めて』ミネルヴァ書房。
和田仁孝（編）
　2007　『ADR――理論と実践』有斐閣。

Dinnen, S. (ed.)
　2003　*A Kind of Mending: Restorative Justice in the Pacific Islands*. Canberra: Pandanusbooks.

GD = Government Document
　1999　*The National Law and Justice Policy and Plan of Action: Toward Restorative Justice*. Port Moresby.

Havini, M. T.
　2004　Women in Community during the Blockage. In M. T. Havini and J. Sirivi eds. *As Mothers of the Land: The Birth of the Bougainville Women for Peace and Freedom*. Canberra: Pandanusbooks.

Havini, M. T. and Josephine Sirivi eds.
　2004　*As Mothers of the Land: The Birth of the Bougainville Women for Peace and Freedom*. Canberra: Pandanusbooks.

Howley, P.
　2002　*Breaking Spears and Mending Hearts: Peacemake and Restrative Justice in Bougainville*. London: Zed Books Ltd.
　2003　Restorative Justice in Bougainville." In S. Dinnen ed. *A Kind of Mending: Restorative Justice in the Pacific Islands*. Canberra: Pandanusbooks.
　2007　Incorporating Custom Law into State Law in Melanesia. (http://www.restorativejustice.org/editions/2007/august07/howley)

Miriori, S. R.
　2004　Bougainville Women's Summit 2001. In M. T. Havini and J. Sirivi eds. *As Mothers of the Land: The Birth of the Bougainville Women for Peace and Freedom*. Canberra: Pandanusbooks.

Nash, J.
　1974　*Matriliny and Modernization: The Nagovisi of South Bougainville.*（New Guinea Research Bulletin No. 55）Canberra: Australian National University.

Ogan, E.
　1972　*Business and Cargo: Socio-economic Change among the Nasioi of Bougainville.*（New Guinea Research Bulletin No. 44）Canberra: Australian National University.

Sirivi, J.T.
　2004　The Birth of the Bougainville Women for Peace and Freedom. In M. T. Havini and J. Sirivi eds. *As Mothers of the Land: The Birth of the Bougainville Women for Peace and Freedom.* Canberra: Pandanusbooks.

Spriggs, R. S.
　2003　Bougaiville Women's Role in Conflict Resolution in the Bougainville Peace Process. In S. Dinnen ed. *A Kind of Mending: Restorative Justice in the Pacific Islands.* Canberra: Pandanusbooks.

Tombot, J.
　2003　A Marriage of Custom and Introduced Skills: Restorative Justice Bougainville Style. In S. Dinnen ed. *A Kind of Mending: Restorative Justice in the Pacific Islands.* Canberra: Pandanusbooks.

Wolfers, E.
　2007　Challenges of Autonomy in Papua New Guinea's Autonomous Region of Bougainville. *The Journal of Pacific Studies* 30: 1-22.

10章　義のない風景
―― ベトナムの文学作品にみる法と社会の外がわ ――

加藤敦典

1　オルタナティブ・ジャスティスの体制化に抗して

　オルタナティブ・ジャスティスは、あくまで法と社会のなかを生きる「大人」をつくるための啓蒙運動なのではないか。法と社会を志向するオルタナティブ・ジャスティスは、同時に、何らかのかたちで法と社会からの自由にも寛容であるべきではないか。この論文では、文学作品を手がかりに、オルタナティブ・ジャスティスを支えている法的・社会的秩序理念の外がわにある別の調和のイメージのありかたに目を向けてみたい。

　一般に、あるオルタナティブが既存の体制に対抗しようとするとき、その過程で自分自身を体制化させてしまうことがある。このとき、オルタナティブな理念は、自分たちが掲げる理念にもとづく対抗的な制度だけが現実可能なものであり、それ以外の対抗理念は未熟である、あるいは非現実的であるといって排除してしまう。この論文集がとりあげている各種のオルタナティブ・ジャスティスにもやはり体制化の危機がつきまとう。この論文では、オルタナティブ・ジャスティスをめぐる従来の議論が、ある種の調和についての想像力を非現実的なものとして無意識のうちに排除してしまっていることに注意を喚起していくことで、オルタナティブ・ジャスティスの体制化に抗していくための手がかりを探りたい。

　この論文では、まずベトナムにおける ADR（裁判外紛争処理）として注目される和解組（*to hoa giai*）をとりあげ、それを支える「助けあい」の理念を記述する。そのうえで、「助けあい」がつくりだす世界から逸脱するこ

とを夢見る想像力をベトナムの現代文学作品のなかに探っていく。

　以下では次のように議論をすすめる。第2節では、この論文集がオルタナティブ・ジャスティスと名付けるADR、修復的司法、真実和解委員会などの試みが、社会関係の活性化を紛争処理の手段であり、かつ最終的な目的とみなす「社会関係志向」をもつことを指摘する。また、そういった社会関係志向にもとづく紛争処理制度が、社会関係のなかで生きることを避けがたい現実であるかのように人びとに信じさせるイデオロギー装置になりうることを指摘する。

　第3節では、ベトナムの和解組制度を支える相互扶助の理念について分析する。ベトナム政府や現地の人びとの解釈によれば、和解組を支えているのは、隣人の困難を見過ごすことなく、積極的に援助の手を差しのべる「助けあい」の理念だという。この論文では、これをベトナム語の「義」（nghia）の概念によって説明する。また、和解組の実践が、場合によって、紛争当事者を「助けあい」にもとづく濃密な社会関係のなかに拘束してしまうことも説明する。

　第4節では、ベトナム人の想像力のなかに、「義」にもとづく社会秩序からの根底的な逸脱を夢見る、もうひとつの調和のイメージがあることを現代の女性作家であるズオン・トゥー・フオン（Duong Thu Huong）の小説『虚構の楽園』（ズオン 1997（1988））のなかの、ある風景描写に注目することによって指摘する。その風景は「助けあい」に拘束された現実に倦んだ登場人物が、幼いころに感じていた母親との一体感を思いだしながら感じ取る、世界との神秘的な調和についての描写である。この論文ではこれを「義のない風景」と呼ぶことにする。

　最後に、第5節では、「義のない風景」に見られるような子ども時代への退行的な想像力がもつ現実批判の力について考察する。

2　オルタナティブ・ジャスティスの社会関係志向

（1）社会関係志向の紛争処理制度

　ADR、修復的司法、真実和解委員会などの試みには共通の特徴がある。それは、社会関係の活性化を紛争処理の最良の手段であり、かつ、最終的な目的であると考えていることである。これらの試みは、当事者同士の対話の促進などを通して社会関係を活性化させ、それによって紛争処理をおこなおうとすると同時に、紛争処理の実践を通して当事者を含めたすべての人びとが自分の生きる社会への信頼を取り戻すことを目指している。たとえば、修復的司法は「犯罪を対人関係の側面から見る」（ゼア 2003: 185）ことを重視し、被害者の癒しだけでなく、被害者と加害者の関係やコミュニティ全体の癒しも目標に掲げている（ゼア 2003: 189-191）。社会関係の活性化を通して紛争状況を修復し、かつ、紛争処理の実践を通して社会関係への信頼を賦活化させようとする考えかたを、ここでは紛争処理制度における「社会関係志向」と名付けよう。

　社会関係志向の紛争処理制度にはある仕掛けが隠されている。それは、修復すべき社会があたかもそこにあるかのようにふるまうことで、そこに実際に社会を生じさせるという仕掛けである。このような仕掛けのもと、社会関係志向の紛争処理制度は社会関係のなかを生きることが避けがたい与件であるかのように人びとに信じさせるイデオロギー装置として作動する場合がある。社会関係志向の紛争処理制度が体制化していくとき、その外がわで生きる可能性についての想像力は抑圧されることになる。

　たとえば、南アフリカの真実和解委員会の例を考えてみよう。南アフリカの真実和解委員会は、国民国家としての南アフリカ社会の創出を前提に設置された（永原 2005: 120）。このとき、南アフリカに暮らす人びとが国民として共に暮らし続けることは国民和解の脈絡では疑う余地のない与件であり、南アフリカという国家の枠組み自体を疑う可能性は排除されていた。社会学者の阿部利洋が明らかにするように、南アフリカという枠組みを先に設定

し、その枠組みのなかで国民和解をめぐる「何らかの集合的な営み」（阿部 2007: 289）をおこなった結果として、南アフリカ社会という「新たな関係性」（阿部 2007: 290）が生まれたのである。いわば、南アフリカでは、紛争処理の実践が南アフリカ社会をつくったということになる。実際、東ティモールのように、和解すべき国民が誰なのかがそもそも問題になるケースもある（福武 2008）。真実和解委員会の実践は、すでにそこに存在している国民の再統合をはかる作業ではなく、国民和解をめぐる実践を通して、人びとに国民国家という社会関係を避けがたい与件として提示しようとする作業なのである。

（2）社会関係志向の「解凍」

　もちろん、それぞれのオルタナティブ・ジャスティスの試みは、崩壊してしまった社会関係を取り戻そうという切実な願いに基づく真摯な試みであり、既存の司法制度における訴訟や応報的な制裁の意義を再考し、紛争後社会での粛正や報復の連鎖を断ち切るための試行錯誤の努力に裏打ちされたものである。しかし、それでもなお、社会関係志向の紛争処理制度の偏りを指摘することは必要な作業だと私は考える。

　人間は社会のなかでしか生きられないという考え方が疑いようのない「現実」として人びとの思考を支配してしまうことは、いくつかの点で望ましくない。

　まず第一に、そのような思考は人びとをある特定の社会関係（たとえば南アフリカという国民国家）に拘束してしまう。

　第二に、社会関係に組み込まれない生きかたが、非人間的、退廃的、逃避的な生のありかたとして否定的に理解されることになる。新自由主義体制の世界的な拡散のもと、法的保護を剥奪された生（cf. アガンベン 2003）への関心が高まりつつある。そのような人びとを社会への再統合の対象として理解しようとする研究は多い。しかし、むしろ、法の外がわの視点から社会を見直す試みも必要ではないだろうか。たとえば、フィジーの老人ホームで調査をおこなった人類学者の春日直樹は、儀礼と贈与にもとづく関係性として

の「法」（*lawa*）から放逐された老人たちの追憶を、希望の言説として分析する。春日は、ある老人が語る「父親と一緒に渡った無人島のコプラ農園で、髪の毛が伸びるまで過ごした時期、朝夕にみた鏡のような海の輝き」（春日 2009: 62）への追憶が、互酬的関係性を剥奪されたみじめな老人という「既存の現在から権威を奪い、別の光景として現前させる」（春日 2009: 65）と指摘する。そこには、かつて存在したはずの、互酬性を知る前の生の輝きが見えている。「法」の外がわに生きる人びとの追憶には、現実的なものをつくりあげている仕掛けを暴く批判の力がときに宿ることがある。

　社会関係志向の紛争処理制度のイデオロギーを批判するうえで、批判法学の議論も参考になる。批判法学の議論によれば、法の言説はそれ特有の概念（「契約自由」の概念など）を用いることで独自の社会的リアリティを構成し、それを事実的なものとして「凍結」（ゴードン 2001）する。法は単に社会を統制したり、社会のニーズに応答したりする手段ではなく、「『社会』そのものを構成するディスコース」（和田仁孝 1996: 38）なのである。法的言説がつくりだす社会的現実についての「信仰体系」を疑う必要があるのは、それが単に支配者の利益に奉仕する欺瞞だからというだけではなく、「それらの『信仰体系』が人々に（支配階級の人々自身も含め）人生が現在のものとは異なったより善いものでありうるのだということを想像することさえ困難にしているからである」（ゴードン 1991: 248）。この凍結してしまいがちな現実認識を「解凍」（ゴードン 2001）することが必要なのである。

（3）ADRの場合

　ADRの場合、社会関係に依拠した紛争処理が人びとをその社会関係のなかに閉じこめてしまう可能性について、これまでにもある程度まで反省的な議論を展開してきた。

　1970年代にアメリカで盛んになったADR運動は、コミュニティのメンバーによる紛争処理を通してコミュニティを再生するという運動だった（和田安弘 1996: 30）。ADR運動はまさに社会関係志向の紛争処理を標榜する運動として始まったといえる。しかし、コミュニティの基盤がないところにコ

ミュニティをベースとした調停技法を導入しただけでは、実際にはコミュニティは再生できなかった。結局、ADR 運動は単に調停者たちをエンパワーすることしかできなかった（Merry 1982; 和田安弘 1996: 30-31）。

近年の ADR 論は、アメリカの ADR 運動の失敗などを教訓として、調停者のスキルに頼るのではなく、「当事者の自主的な問題処理能力の創造的過程を促進」する「対話自立型 ADR」（和田仁孝 2007: 4）を目指すようになっている。

しかし、それらの議論も社会関係を志向する点では 1970 年代のアメリカの ADR 運動の理念を継承している。

リベラル派の ADR 論者たちは「契約」という社会関係を重視する。たとえば、民事訴訟法学者の山田文は、裁判所へのアクセスが確保されている社会では、ADR を補完的に活用することによって、自発的な合意にもとづく契約が尊重されるようになり、私的自治の原則に適った市民社会の成熟を促すことができるはずだと指摘する（山田 2002: 65）。ADR をよりよい契約社会をつくるための補完的制度とみなす議論である。

いっぽう、法社会学者たちは、契約の背後にあって契約を支える「社会」の強化に注目する。たとえば、棚瀬孝雄は、私的自治を支える自由の原則は、同時に他者とのあいだに積極的な関係づけをつくっていく連帯のモメントを内在させていなければならないと主張し、契約的な秩序を支える関係性を構築する場としての本人訴訟の可能性を指摘する（棚瀬 1988: 2-4）。また、和田仁孝の ADR 論は社会関係志向という点ではさらに徹底している。和田によれば、現代社会では、紛争が調和の回復によって終結することは少なく、むしろ、関係の切断やコンフリクトを内包したままでの緊張関係の維持のほうが一般的になっている（和田仁孝 2004: 172）。このような現状を踏まえ、和田は関係切断のための話し合いの場の提供をも含む「関係的了解」の活性化の場としての ADR を構想する。関係切断のための関係的了解とは次のようなことを意味する。われわれは相手との関係を切断しようとする場合でも、相手への最低限の作法を維持し、暴力や侮蔑的な態度を避けようとする。逆に言うと、「関係切断が可能なのは、相手がそれを許容すること、

暴力に訴えることはしないことが暗黙に当然の前提として了解されているからである」(和田仁孝 2004: 176)。つまり、契約や契約破棄が可能なのは、その契約の背後にあって契約を支える社会的な信頼関係が当事者のあいだにあるからで、対話を促進するADRはそのような社会的信頼関係の活性化に役立つものになるはずだ、ということだ。

しかし、関係の切断に対する支援をも標榜する和田のラディカルなADR論ですら「そこで否応なくわれわれが社会を形成し日常生活を組織している限り」(和田仁孝 2004: 175) 関係的了解にもとづく作法は維持されなければならないと指摘することで、社会関係のなかでの紛争処理を避けがたい与件として提示するのである。

3 「義」の重さ——和解組を支える「助けあい」の理念

(1) コミュニティ・ジャスティスとしての和解組制度

ベトナムの和解組制度は、村落の内部で発生した民事紛争や軽犯罪を村落の世話役たちが中心になって調停する典型的なコミュニティ・ジャスティスである。

和解組の実践を支えているのは、なによりもまずベトナムの村落(とくに旧北ベトナムの村落)の集団的な結合性の強さである。ベトナムの村落の集団性の背景には、第一に、社会主義革命以前から続く自律的な村落共同体の「伝統」がある。ベトナムの村落は、15世紀以降、国家の統治の下請けをすることと引き替えに、国家の干渉をある程度まで排除して、自律的な共同体の運営をおこなってきた (Woodside 1971; 桜井 1987)。このような村落結合の強さを背景に、ベトナムの村落は、住民同士の紛争を村落内部で処理することを望ましいとみなす規範を発達させてきた。ベトナムの村落では、遅くとも19世紀初頭までには、村落内有力者による調停制度ができていた。また、フランス植民地政府も村落調停を奨励する。さらに、訴訟を望ましくない行為とみなす儒教的規範や、訴訟には莫大な費用がかかるという経験則も住民たちを訴訟から遠ざけていた (加藤敦典 印刷中)。

もっとも、ベトナムの村落住民が「伝統」的に調和を重んじ、訴訟を起こさなかったというのは、いわゆる「調和のイデオロギー」（Nader 1990）であり、実態を反映したものではない。実際には、革命以前のむらでも、村落内部に派閥争いがある場合などには延々と訴訟合戦が続くケースがあったことが知られている（八尾 1998; 松尾 1999）。

　第二に、現在のベトナム村落の集団的な結合性はベトナム戦争当時の総動員体制の遺産でもある。1960年代以降、北ベトナムの村落は、共産党政権の指導のもと、戦争遂行を第一の目標として農業や社会生活全般を集団的に管理する単位へと改造されていった。その後、1975年にベトナム戦争が終結し、また、1990年代初頭に農業生産合作社（*hop tac xa san xuat nong nghiep*）のシステムが解体しても、地域のインフラ開発などを自助努力によって進めていかなければならない必要から、戦争という名目をともなわない動員体制が続いていった（加藤敦典 2008）。村落の集団的な結合性は、現在でも日々のさまざまな「自主管理」（*tu quan*）的な活動を通して再確認され続けている。和解組はこのような村落結合に支えられ、また村落結合を再確認し続けるために奨励され続けている。

　現在の和解組制度に直接につながる制度は、旧北ベトナムで1964年に「社会主義的近代化」の一環として制定されたものである。共産党政権は、和解組制度を設計するにあたり、それを従来のような「裁判」型の村落調停とは違うより人民に近い制度として、また、相互扶助的で生産に励む村落と家族をつくるための制度として設計しようとした（加藤敦典　印刷中）。とはいえ、当時は合作社が村落内の紛争調停を実質的に担っていたため、和解組は長いあいだ形式的な制度にとどまっていた。その後、上述のように、1990年代初頭に合作社が解体し、また、1998年以降、ベトナム政府が村落住民の「自主管理」能力の強化にもとづく紛争予防をめざすようになるなか、和解組制度はふたたび脚光を浴びるようになる。近年の和解組は村落の紛争処理における実際的な役割を担うようになっている。

　また、日本の国際協力事業機構（JICA）をはじめとする各国の援助機関は、「体制移行」国に対する法制度整備支援の一環として和解組に注目して

きた。JICA は 1996 年から民法・商法を中心とした法整備支援をベトナムで展開している。そのなかで、商事仲裁機関の整備とあわせて、村落における和解組制度の整備もおこなっている（佐藤 2003）。

和解組制度の理念と運営方針を概観しておく。制度運営の実態については、私の調査地であるベトナム中部のハティン（Ha Tinh）省T社（*xa*、村落地域の最末端行政単位）の事例を中心に紹介する（図1）。なお、和解組に関する法規文書の内容については法人類学者の菅原鈴香（2002）が詳述している。

ベトナム政府が定める和解組の目的は紛争予防・司法効率化・共同体の強化の三点である。1998 年の国会文書によれば、和解組の目的は「法律違反の防止と削減」「秩序と社会安全の確保」「裁判所で審理すべき事案の削減」「地域共同体による団結・相親・相愛（*tuong than, tuong ai*）の伝統の発揮」となっている（第10期国会常務委員会法令第09号前文、1998 年、*Phap lenh so 09/1998/PL-UBTVQH10 ngay 25-12-1998 cua Uy Ban Thuong Vu Quoc Hoi ve To chuc va hoat dong hoa giai o co so.*）。

図1　ベトナム全図

運営方針としては、第一に、助言や説得により当事者の合意にもとづく自主的な紛争解決を支援することを掲げている（政府議定第160号第2条、1999 年、*Nghi dinh so 160/1999/ND-CP ngay 18-10-1999 cua Chinh Phu, Quy dinh chi tiet mot so dieu cua Phap lenh ve to chuc va hoat dong hoa giai o co so.*）。第二には、地域社会の連帯・治安・安全の確保を掲げている（同第2条）。そのため、和解組は当事者からの要請がなくても調停活動を開始できる（同第12条）。菅原は、和解組が迅速で安価な調停を望む住民のニーズに応えるいっぽうで、共産党政権の強化につながる治安維持を優先課題にかかげる「二重機能」（菅原 2002：39）をもつ制度だと指摘し、和解組に対する安易な

制度化支援に警鐘を鳴らしている。

和解組は社の下位に置かれるトン（thon）やソム（xom）とよばれる集落・居住区単位に設置される（同第3条）。

対象とする事案は民事紛争や軽犯罪である。具体的には、(1)家庭内や近隣住民同士の個人的ないさかい、(2)婚姻・家族に関する紛争、(3)刑事処罰や行政処罰にあたらない少額の窃盗・けんか・傷害事件が対象となる（同第4条）。離婚申請（後述）および労働訴訟については、和解の前置を定めている。しかし、一般的な民事紛争については和解を前置する義務は法律上はない。

和解組のメンバーは、トンやソムの世話役たちである。法律によれば、ベトナム祖国戦線（婦人会や老人会などといった官製の大衆団体の連合体）のトン・ソム支部が和解組メンバーの候補を推薦し、住民が選挙することになっている（同第8条）。私の調査地では、ソムの各大衆団体の支部役員が和解組のメンバーを兼任し、共産党ソム支部のトップが座長を務めている。

和解組による調停は、実際には、当事者の対話の促進の場というより、大衆団体の役員などによるゆるやかな審理の場といったほうがよい。和解組のメンバーが与える「助言」や「説得」とは、実際には、当事者や関係者からの事情聴取による事実確認にもとづいて、ものごとの理非を教え諭すことである場合が多い。賠償金の支払いなどの調停案を和解組が提示することも一般的だ。また、むらの秩序を乱したことを「集団」（tap the、村落住民全体）にむけて謝罪するように当事者に求めることもある。コミュニティ・ジャスティスとしての特徴がよく現れている。

私の調査地のT社では、各ソム（約100—150世帯）の和解組が年間に2、3件の事案を受理している。事案は住民同士のけんかや家庭内不和が多い。これらの事案を和解組が解決できず、訴訟に発展するケースはほとんどない。

（2）「助けあい」としての和解組

調査地の人びとは和解組の意義について（1）村落内紛争処理規範と

(2)「助けあい」の倫理というふたつの側面から説明する。

　第一に、和解組はもめごとを「上」（上級行政単位）や「外」（むらの外部）に出さないための活動だと調査地の人びとはいう。T社の公安担当官によれば「ソムは社に問題をあげないこと、社は県に問題をあげないことが努力目標だ」という。社の人民委員会の年次報告書には、県の裁判所に持ち込まれた案件の少なさが「成果」として記載される。とくに、住民が県の行政や人民裁判所に直接に案件を持ち込む「審級越え」（vuot cap）は絶対に許されない。住民たちも「人民内部の矛盾」（mau thaun noi bo nhan dan）を自分たちで解決することは住民の望ましい振る舞いだと考えている。あるとき、私の下宿の隣に住んでいる女性が、ある和解の事例について話すなかで「これが自主管理なんですよ」と私に自慢げに言ったことがあった。私がその意味を尋ねると、彼女は「もめごとを外に出さないこと。社に迷惑をかけないこと」だと言った。紛争当事者のなかには、もめごとを「外」に出さないという規範を逆手にとって、事案を社に上げる動きを見せて相手を牽制する人もいる（加藤敦典 2009: 187-189）。逆に和解組が「問題を外に出して恥をかかせるぞ」ということによって、当事者たちが萎縮して調停に応じるケースもあるという（Bui Quang Dung 2001: 31）。

　第二に、和解組は「助けあい」（giup do）なのだと現地の人びとはいう。かつて集落の世話役をしていた男性は次のように言う。「乗り合いバスでスリをしている男がいたら、それを見た人は注意するだろう。老人に席を譲らない若者がいたら注意するだろう。和解組がやっているのはそういうことだ」。彼がここで和解組の美徳として語っているのは、人間は自分が犯している間違いに気づかないことがあるので、そういうときには周囲が手を差しのべて間違いを教え諭してあげるべきだ、ということである。いわば「おせっかい」のモラルを語っているのである。

　和解組を「助けあい」とする解釈はベトナム政府関係者の見解にも現れている。司法省の和解組制度担当官は和解組を支える「団結・相親・相愛の伝統」について次のように書いている。

わが人民は「破れた葉がよい葉を包む」「姉が倒れれば妹が支える」の方針で、いつでも団結と自力・自強の精神を発揮してきた。また「ひとつ忍べば九つはうまくいく」「九を捨てれば十になる」とお互いに話しあい、諭しあってきた。それによって「灯りが消え、火が消えれば灯しあう」（加藤注——親族や近所の人が困難にあるときはお互いに助けあうという意味）ようにしてきたのだ（Tran Huy Lieu 2004: 12）。

この文章によれば、第一に、「団結・相親・相愛の伝統」は紛争の当事者が知るべきモラルである。紛争当事者は忍従の精神を発揮し、なるべく訴訟を起こさず、共同体の内部での話し合いによって問題を解決し、共同体の団結を維持する。それがベトナムの伝統だというわけだ。また、第二に、「団結・相親・相愛の伝統」は調停をする側の美徳でもある。上述のソムの男性が乗り合いバスの比喩を用いて語っていたのと同様に、ベトナムでは、紛争が起きたときに周囲の人びとはそれを他人事として見過ごすことなく、すすんで当事者に手を差しのべて我慢することの大切さを諭しあう、というのである。

（3）「義」の概念——「助けあい」の二重性

彼らがいう「助けあい」には、ふたつの意味が絡まっている。いっぽうでは、間違ったおこないに目をつぶることなく、立ち上がって注意するべきだという、いわば公憤にもとづく「おせっかい」のモラルを語っている。他方では、バスの車内で老人に席を譲るというような、紛争当事者同士の互譲や忍従などの「助けあい」の倫理についても語っている。そのため、「助けあい」の美徳について教え諭すのが「助けあい」だ、という論理が生まれることになる。

この「助けあい」の二重性はベトナム語でいう「義」の概念によってうまく説明することができる。ベトナム戦争中の共産党の指導者で、哲学史家として活躍したチャン・ヴァン・ザウ（Tran Van Giau）は、ベトナム人の六つの伝統的価値のひとつに「義を為すこと」（vi nghia）を挙げている（ちなみ

に、残りの五つは「愛国」「勤勉」「英雄」「創造」「楽観」)。それによれば、「義」とは「意識をもって正しいことをおこない、間違ったことに抵抗する」(Tran Van Giau 2000: 443) ことを意味する。ザウの議論の脈絡では、その「義」とはベトナム戦争を闘う「救国」の「大義」だった (Tran Van Giau 2000: 450)。

いっぽう、「義」の概念はより日常的な社会関係における行動規範を意味することもある。それは親子関係、師弟関係、隣人関係などにおける扶助の倫理としての「義」である。ひとたび「義」のある関係をもったなら、相手が困難にあるときには必ずそれを助けなければならない。ベトナム人は「むらの情義」(tinh lang nghia xom) という言葉をよく使う。「情」とは身体的な接触の感覚にも近い「個別具体的な親近感」(宮沢 2000: 204) から生まれる「感情的紐帯」(Malarney 1993: 186) だ。これに対して「むらの義」とは、隣りあって暮らす以上、隣人が困っているなら、それを見過ごすことなく、自分の利害を顧みずに立ち上がらなければならない、という倫理を表現している。ここでの「義」は、あくまで特定の関係性にもとづいて立ち現れる扶助の義務である。

このように、「義」の概念は、いっぽうで、公共の正義（もしくは公憤）を意味し、他方では、ある特定の社会関係に依存した扶助の義務をも意味する。和解組はこの「助けあい」の二重性において、まさに「義」にもとづく行為だということになる。互助的な「義」のある社会関係のなかで生きるように人びとを教え諭すことが「義」のある行為だということである。「義」は紛争処理の手段であり、かつ目的である。すなわち、「義」の概念は社会関係志向の紛争処理制度としての和解組を支えるイデオロギーだということができる。

(4)「義」への拘束——ある家庭内暴力の事例から

「義」のイデオロギーに支えられた和解組の実践は、たしかにベトナムの人びとにとって美しい行為だといえる。しかし、和解組の実践は、紛争の被害者を「助けあい」の関係性のなかに拘束する側面ももっている。ある家庭

内暴力の処理を事例に考えてみたい。

ベトナムの村落の離婚率は低い。2006年のベトナムの離婚率（年間の離婚件数／婚姻件数）は、都市部で3.3パーセント、村落部で2.4パーセントだった（Ministry of Culture, Sports and Tourism, Socialist Republic of Vietanm & UNICEF 2006: 1）。ちなみに、日本の2005年の離婚率は36.7パーセントだった（厚生労働省「平成17年人口動態統計の年間推移」）。

ベトナムで離婚が少ないのは、女性が子どもたちのことを考えて「犠牲」（*hy sinh*）になるからだ、とベトナムの人びとはいう。たとえば、T社の公安担当の男性が言うには、ベトナムはまだ貧しく、離婚すると子どもの養育が問題になるので、たとえ夫のほうが間違っていても、女性は「困難に耐え」（*chiu kho*）ていっしょに暮らすことを選ぶのだという。これは男性だけの意見ではない。ハティン省ベトナム祖国戦線のある若い女性スタッフも、ベトナムでは西洋のように嫌いになったらすぐ別れるということはなく、女性は子どもの養育を考えて我慢するのだ、という。

制度上も離婚は難しい。離婚申請手続について、婚姻・家族法（2001年）は村落などでの和解の実践を奨励し（第86条）、かつ、合意にもとづく離婚申請の場合でも、いっぽうの当事者による離婚申請の場合でも、人民裁判所内での和解の前置を定めている（同第89、90、91条）。実際に、村落部で離婚をしようとする場合、ソムと社での和解不成立を経なければ、社の司法担当者は県の人民裁判所に送付する書類を作成しないことが多い。そのため、村落部では、正式な離婚の手続きを経ずに別居し、別の非正式な配偶者を得ているケースをよく耳にする。

2003年の春、T社で社の行政幹部が妻を刃物で切りつけるという事件があった。夫の浮気の現場を妻が偵察に行ったことを知った夫が逆上して暴行におよんだらしい。夫は事件が外部に漏れないように、妻を自宅で療養させた。自宅周辺の人びとはできごとを完全に把握していた。しかし、社の幹部が起こした事件だったので、ソムの和解組には荷が重すぎ、和解組は調停をおこなわなかった。やがて、事情は妻方の親族や夫の職場にも知られることになった。すると、さまざまな人が非公式に調停にやってくるようになっ

た。妻方のゾンホ（*dong ho*、父系親族集団）の族長、夫の職場の同僚、夫の高校時代の恩師、夫のゾンホの世話役たちなどが次々に調停にやってきた。最後には、夫と仕事上の交際がある県の女性職員たちがやってきて、涙を流す妻に対して「子どものために頑張りましょう」といって励ましたりもした。妻の前で夫を強く叱責したのは、私の知る限り、妻の弟だけだった。結局、夫は職場で「懲戒」（*ky luat*）を受け、また、ソムの共産党支部からも訓告を受けたようだ。その具体的な内容は私にはわからなかった。その後も二人は一緒に生活を続けることになった。近年になって、妻が病気をして入院したことなどがきっかけになり、夫婦の関係はいくらか改善しているようだった。

　法社会学者の和田安弘（1996）によれば、ADRでは、夫が妻に暴力をふるったケースでも、「被害者としての女性」という側面はあいまいにされ、被害者自身も紛争調停に責任をもつ当事者と位置づけられる傾向があるという。和田はこれを「紛争解決に向けて『妥協』もすべきであるところの『当事者』という視角から問題を捉えるADRのイデオロギー的特性」（和田安弘 1996: 35-36）として批判する。また、人類学者のロウラ・ネイダーもADRによる調停では、法的権利や事実関係に属する問題が感情や人間関係や共同生活の問題にすり替えられる傾向があると指摘する（Nader 2002: 131）。

　和解組が被害者に忍従を強いる事態に対処する方法としては、まず、リベラル派が構想するように、法と裁判所へのアクセスを確保することを挙げることができる。実際、ベトナム政府も2007年にドメスティック・バイオレンス防止法を制定し、これにより、家庭内暴力に関しては、その重大さに応じて行政処分もしくは刑事罰を科すことが可能になった（条文については、内閣府男女共同参画局 2007: 93-97）。あるいは、和田仁孝が「関係的了解」について指摘するようなかたちで、和解組が関係切断の支援も含めた話し合いの場になるよう、調停の方針を改めるという改善案も考えられる。

　しかし、紹介した事例で、暴力を受けた女性が求めていたのは法廷で争うことでも夫と別れることでもなかった。私が「夫には何を望んでいるのか」

と聞いたところ、彼女は「以前のように親族の法事にきちんと顔をだすようになってほしい」と答えた。また、彼女はこれに続けて「彼は昔は腕のいい大工だったんです」とも言う。彼女が夫に望んでいたのは、夫がまだむらの大工をしていたころ、つまり社の行政幹部になってむらの日常生活から離れていく前のように、親族の「助けあい」の関係の輪のなかに戻ってきてくれることだった。

　ここで私が言いたいのは、彼女の願望に寄り添った紛争解決をしていこう、ということではない。そうではなく、「義」のある社会関係に対する願望が紛争被害者の願いをも覆うヘゲモニックな状況のなかで「凍結した意識に風穴をあけ」（和田仁孝 1996: 51）ることが必要ではないかと言いたいのである。次節では、ここまで述べてきたような「義」のある社会関係の疎ましさからの離脱を思い描く文学作品を紹介してみたい。そこに描かれる離脱の夢は、自立した個人がつくりだすリベラルな契約社会への夢想でもなく、また、対話の促進による関係の修復を願うものでもなく、もっとラディカルに社会関係そのものからの逃避を夢見る想像力である。

4　義のない風景

　女性作家ズオン・トゥー・フオン（Duong Thu Huong）の小説『虚構の楽園』は、1950年代の北ベトナムにおける土地改革がもたらした社会的混乱を縦軸にとり、主人公のハンという少女をとりまく家族の愛憎を横軸にして展開していく（加藤栄 1997）。この作品は、1986年に始まったドイモイ（*Doi Moi*）政策の「事実を直視する」というスローガンに真正面から取り組んだものだといえる。従来、この作品は社会主義という「楽園」への幻滅を赤裸々に描いた作品として評価され、それゆえに、ベトナム国内では発禁処分にもなった。しかし、この作品が描こうとしたのは、社会主義の理念の虚構性だけではなかった。そうではなく、ベトナム人にとって美しいものと理解されてきた、血縁的な結びつき、母と幼い娘のあいだの一体感、むらの共同性といったものが、どれもはかなく、ときに不気味で、やがては遠くに霞

10章 義のない風景

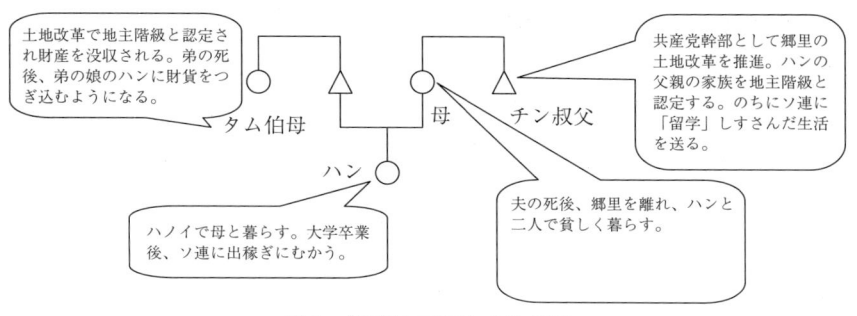

［図：人物相関図］
- タム伯母:「土地改革で地主階級と認定され財産を没収される。弟の死後、弟の娘のハンに財貨をつぎ込むようになる。」
- チン叔父:「共産党幹部として郷里の土地改革を推進。ハンの父親の家族を地主階級と認定する。のちにソ連に「留学」しすさんだ生活を送る。」
- ハン:「ハノイで母と暮らす。大学卒業後、ソ連に出稼ぎにむかう。」
- 母:「夫の死後、郷里を離れ、ハンと二人で貧しく暮らす。」

図2 『虚構の天国』人物相関

んでしまう「虚構の楽園」なのだということを描いているのである（加藤敦典 2008: 132）。

　家族の愛憎劇に絞ってあらすじを紹介しよう（図2）。ハンの父親は、土地改革隊長を務める義弟（妻の弟）のチンによって地主に分類され、失意のうちに若くして死んでしまう。父親の姉のタム伯母は、自分にとって唯一の「同じ血」を引く後継者となった姪のハンに対して、土地改革の失意を乗り越えて苦労してためてきた財貨を惜しみなくつぎ込んでいく。しかし、ハンはそんなタム伯母の期待と援助を疎ましく感じるようになる。いっぽう、ハンの母親はタム伯母がハンの世話を焼くことを不愉快に思いながら、やがて自分の弟であるチンの息子たちに愛情を注ぐようになる。タム伯母がハンに尽くし、ハンの母親が弟の息子たちに献身するという「奇妙で不条理な愛情のおっかけっこ」（ズオン 1997: 231）のなかで、ハンと母親のあいだの溝は深まっていく。

　あるとき、郷里に暮らすタム伯母が重い病気になり、主人公のハンは母をハノイに残して、ひとりで郷里に帰る。ハンはむらに戻る道すがら、母と一緒に初めて郷里に帰ったときの情景を思いだす。それは渡し船の情景だった。船の上にはいささか険悪な空気が流れている。遅れて乗り込んできた男が乗客の女と口論して何か嫌みを言っている。乗り合わせた乗客たちはみな黙りこくって下を向いていた（ズオン 1998: 58-59）。しかし、ハンには、そのときの情景が「夢のような楽園」だったように思えてくるのである。

生まれて初めて両親の故郷に帰ったあの日、私は身を固くして母にしが
みついていた。母だけを愛し、この世で信頼できるのは母しかいないと
信じきっていた。当時の私はまだ幼くて、タム伯母という人の存在すら
知らなかった。渡し舟の帆の下にも、私の小さな楽園は花開いていた。
白い帆布には継ぎが当たっていたが、あれだってじゅうぶんに神秘的
だった。あのつっけんどんな男の客も、無愛想な船頭も、芋の包みを担
いだ忍耐強い無口な女も……。そのすべてが一体となってハーモニーを
なし、私の幼い日に花開いた楽園のように思えた。川面を渡る風は切る
ように冷たく、波はひたひたと川岸に打ち寄せていた。地平線には夕焼
け雲が浮かび、水際にはかげろうの白い死骸が浮いていた（ズオン
1998: 297）。

　ハンは母と娘の幼児期的な一体感に包まれている。そして、帆布の継ぎあ
て、船の上の険悪な空気、陽炎の死骸など、すべてが神秘的に調和している
ように感じている。ハンはそのころ、まだタム伯母の存在も知らず、まだ
「社会」を知らなくても生きることができた。母との一体感の虚構性にうち
ひしがれる主人公の心情に託して描かれる在りし日の調和の風景は、「助け
あい」の秩序とは違う、もうひとつの調和観の系譜に連なるものだといえ
る。
　いっぽう「助けあい」のモラルが充満するむらはハンにとってはまるで重
く澱んだ池である。かつて、ハンが大学に合格したとき、タム伯母がむらで
宴会を開いてくれたことがあった。そのひときわ賑やで、おそらくベトナム
人にとっては美しいむらの暮らしのひとコマであるはずの宴会の準備風景
は、ハンにとってはどこか重苦しい風景として記憶されている（ズオン
1998: 165-169）。結局、タム伯母は病気で死に、ハンは葬儀の喪主をつとめ
る。葬儀のあと、タム伯母の財産を売ってくれとむらびとたちがやってく
る。そんな「助けあい」にがんじがらめになったむらの暮らしは、ハンに
とって「魑魅魍魎」の住む、暗く澱んだ「池」なのである（ズオン 1997:
319）。おそらくここで、「池」としてのむらは、渡し舟の浮かぶ川面と対比

的な象徴性を与えられている。

5 社会解体の想像力——子ども時代への追憶

　文学作品のなかに「義」にもとづく社会関係から逃避する想像力をさぐるというこの論文の試みに対しては、ふたつの反論が予想できる。
　第一に、ここで示された想像力は、あくまで文学作品のなかのものであり、実践的ではないという反論が予想できる。ちなみに、批判法学に対する法社会学からの批判も同様のものだった。現実に人びとが日常的実践のなかで法制度を換骨奪胎しているのだから、批判法学のように法的言説の脱構築に終始するのではなく、研究者はまず真摯にそれらの実践に注目すべきだ、という批判である（和田仁孝 1999: 37-38）。
　しかし、現実的なものと非現実的なもののあいだの境界をゆるがすこともまた、現状批判のうえでは必要ではないか。『虚構の楽園』の風景描写にはシュルレアリスムのおもむきがある。シュルレアリスムは現実と超現実の二分法の固定化を解除し、超現実を現実のなかに導入する詩的方法を創出することで、現実をも変容させようとする（渡辺 2000: 37）。『虚構の楽園』の川面の風景が指し示しているのは、まさに現実のベトナムの「社会」を解体する想像力なのではないか。そこに示されているもうひとつの調和の夢は、より融和的であったはずの世界からの希望を指し示すものなのではないか。
　第二に、人間は社会関係を断ち切って生きることなどできない、という反論も予想できる。たしかに、社会関係を断ち切って実際的な「大人」の生活を営むことは難しい。この論文で紹介した範囲では、社会関係の彼岸にある「義」のない風景は、たしかに幼児期的な一体感へのメランコリックな郷愁でしかなく、それは想像上の一時的な避難場所にとどまっている。現実可能な制度としての ADR は、同一性を基盤とする共同体主義、リベラルな個人主義、ソシアルな関係主義の三つの要素のバランスのもとでの制度設計をめざしていくしかないだろう。
　しかし、その制度は社会関係から逃避する自由を制度化できない可能性と

Ⅲ部　オルタナティブな〈社会〉へ

して保持しておくべきではないだろうか。「義のない風景」が指し示すようなコミュナルな調和の夢は、これまでのADR論では制度化できない外部として等閑視されてきた。これまでのADR論はコミュニティ・ジャスティス、リベラルな契約社会論、ソシアルな関係的了解についての議論など、いずれも社会関係による社会関係のための紛争処理を標榜する議論の枠内にあった。しかし、他者との関係を志向する正義は、同時に、他者との社会関係にしばられることなく、それでもなお他者と共存していられるような「楽園」の夢をつねに生かしておくべきではないだろうか。それは、決してオルタナティブに対するさらなるオルタナティブではない。そうではなく、その逃避の夢は体制化に抗し続けるための希望の言説なのである。助けあい、譲りあい、話しあいなどがなくても私たちはだれかと共に在ることができたという希望は、私たちが模索するオルタナティブ・ジャスティスを少しでも柔らかいものにとどめておくための希望でもある。

（謝辞）
　この論文に関する調査は、以下の資金援助のもとで実施した。記して感謝申し上げる。文部科学省アジア諸国等派遣留学生奨学金（2002年10月〜2003年9月）、大阪大学COEプログラム「インターフェイスの人文学」トランスナショナリティ研究班・大学院生派遣制度（2004年7月）、日本学術振興会特別研究員研究奨励費（DC2・COE、大阪大学、2005年4月〜2007年3月：研究課題名「『自主管理』時代を生きるベトナムの村落住民」）。

（参照文献）
アガンベン、ジョルジュ（Giorgio Agamben）
　2003　『ホモ・サケル──主権権力と剥き出しの生』（高桑和巳訳）以文社。
　　　（*Homo sacer : il potere sovrano e la nuda vita*, Torino: Einaudi, 1995）
阿部利洋
　2007　『紛争後社会と向き合う──南アフリカ真実和解委員会』京都大学学術出版会。

春日直樹
　2009　「法と夢想と希望——フィジーの公立老人ホームで考える」東大社研・玄田有史・宇野重規編『希望学4 希望のはじまり——流動化する世界で』pp.57-71、東京大学出版会。
加藤麻子
　2001　「『Nhu'ng thien du'o'ng mu』末部の解決策に関する考察」『武蔵大学人文学会雑誌』32（2, 3）。
加藤敦典
　2008　「動員の跡地にて——自主管理時代のベトナム村落における統治のモラルの語りかた」石塚道子・田沼幸子・冨山一郎編『ポスト・ユートピアの人類学』pp.113-134、人文書院。
　2009　『統治のモラルの民族誌——「自主管理」の時代を生きる中部ベトナム村落住民の政治人類学的研究』(博士論文、大阪大学大学院人間科学研究科)。
　印刷中　「近代のプロジェクトとしての村落調停——社会主義建設期ベトナムの和解組制度にみる共同体の物語」小長谷有紀・後藤正憲編『社会主義的近代化に関する歴史人類学的研究』(仮題)、明石書店。
加藤栄
　1997　「訳者あとがき」ズオン、トゥー・フオン『虚構の楽園』、加藤栄（訳）、段々社、328-338頁。
ゴードン、ロバート、W.（Robert W. Gordon）
　1991　「法理論の新たな発展動向」（深尾裕造訳）D・ケアリズ編『政治としての法——批判的法学入門』（松浦好治・松井茂記編訳）pp.238-260、風行社。(New Developments in Legal Theory. In D. Kairys ed. *The Politics of Law: A Progressive Critique*. New York: Pantheon Books. 1982)
　2001　「法的現実の解凍——契約法理のイデオロギー性」棚瀬孝雄編『法の言説分析』pp.101-132、ミネルヴァ書房。(Unfreezing Legal Reality: Critical Approaches to Law. *Florida State University Law Review* 15: 195-220. 1987)
桜井由躬雄
　1987　『ベトナム村落の形成——村落共有田＝コンディエン制の史的展開』創文社。
佐藤安信
　2003　「市場経済化ベトナムにおける紛争処理と法——外国投資関連の商事紛争処理を中心に」小泉昌之・今泉慎也編『アジア諸国の紛争処理制度』pp.101-137、アジア経済研究所。

菅原鈴香
    2002　「『貧困』『法』『文化』——貧困層の正義へのアクセスをいかに伸ばすか」（国際協力事業団準客員研究員報告）
ゼア、ハワード（Howard Zehr）
    2003　『修復的司法とは何か——応報から関係修復へ』（西村春夫・細井洋子・高橋則夫監訳）新泉社。（*Changing Lenses: A New Focus for Crime and Justice.* Scottdale, Pa.: Herald Press. 1995）
ズオン、トゥー・フオン（Duong Thu Huong）
    1997　『虚構の楽園』（加藤栄訳）段々社。（*Nhung Thien Duong Mu* Ha Noi: Nxb. Phu Nu. 1988）
棚瀬孝雄
    1988　『本人訴訟の審理構造——私的自治の裁判モデル』弘文堂。
内閣府男女共同参画局
    2007　『東アジアにおける配偶者からの暴力の加害者更正に関する調査研究報告書』。
永原陽子
    2005　「二一世紀に国民国家をつくる——反復と翻訳の向こう側へ」真島一郎編『だれが世界を翻訳するのか——アジア・アフリカの未来から』pp.119-147、人文書院。
福武慎太郎
    2008　「国民和解を想像する——東ティモールにおける過去の人権侵害の裁きをめぐる二つのローカリティ」幡谷則子・下川雅嗣編『貧困・開発・紛争——グローバル／ローカルの相互作用』pp.91-117、上智大学出版。
松尾信之
    1999　「一九世紀末ベトナム北部の訴訟文書からみた『国家』、村落、村落内有力者」『歴史評論』585: 29-45, 10。
宮沢千尋
    2000　「ベトナム北部の父系出自・外族・同姓結合」吉原・鈴木・末成編『〈血縁〉の再構築——東アジアにおける父系出自と同姓結合』pp.185-211、風響社。
八尾隆生
    1998　「黎末北部ヴェトナム村落社会の一断面——ナムディン省旧百穀社の事例」『南方文化』25: 113-132。
山田文
    2002　「ADR——裁判外の紛争処理機関」和田仁孝・太田勝造・阿部昌樹編『交

渉と紛争処理』pp.62-85、日本評論社。

和田仁孝
- 1996 『法社会学の解体と再生——ポストモダンを超えて』弘文堂。
- 1999 「モダン法思考の限界と法の再文脈化——法ディスコースとプラクティスをめぐって」井上達夫・嶋津格・松浦好治編『法の臨界［１］法的思考の再定位』pp.27-52、東京大学出版会。
- 2004 「現代における紛争処理ニーズの特質と ADR の機能理念——キュアモデルからケアモデルへ」早川吉尚・山田文・濱野亮編『ADR の基本的視座』pp.157-199、不磨書房。
- 2007 「ADR の理念と構造」和田仁孝編『ADR——理論と実践』pp.2-10、有斐閣。

和田安弘
- 1996 「幻想としてのインフォーマル・ジャスティス」棚瀬孝雄編『紛争処理と合意——法と正義の新たなパラダイムを求めて』pp.23-42、ミネルヴァ書房。

渡辺公三
- 2000 「マルセル・モースにおける現実と超現実——シュルレアリスムへ向けた人類学からのいくつかの断片」鈴木雅雄・真島一郎編『文化解体の想像力』pp.33-52、人文書院。

Malarney, Shaun Kingsley
- 1993 *Ritual and Revolution in Viet Nam*. Michigan: A Bell & Howell Company.

Merry, Sally E.
- 1982 The Social Organization of Mediation in Nonindustrial Societies. In R. L. Abel ed. *The Politics of Informal Justice, Vol 2*, pp. 17-45. New York: Academic Press.

Ministry of Culture, Sports and Tourism, Social Republic of Vietnam & UNICEF
- 2006 *Survey on the Family in Vietnam Fact Sheet*.

Nader, Laura
- 1990 *Harmony Ideology: Justice and Control in a Zapotec Mountain Village*. Stanford: Stanford University Press.
- 2002 *The Life of the Law: Anthropological Project*. Berkeley: University of California Press.

Woodside, Alexander B.
- 1971 *Vietnam and the Chinese Model: A Comparative Study of Nguyen and Ch'ing Civil Government in the First Half of the Nineteenth Century*. Cambridge, Massachusetts: Harvard University Press.

Bui Qaung Dung
- 2001 Hoa giai o nong thon mien Bac Viet Nam (Gia thuyet danh cho mot cuoc nghien cuu). *Xa Hoi Hoc* so 4 (76): 26-31. (「ベトナム北部農村の和解（研究のための仮説）」『社会学』)

Tran Huy Lieu
- 2004 Mot so van de ve cong tac hoa giai o co so. trong *Dan Chu va Phap Luat* (so chuyen de ve cong tac hoa giai), tr. 5-31. (「基層レベルにおける和解工作に関するいくつかの問題」『民主と法律』和解工作特集号)

Tran Van Giau
- 2000 Gia tri tinh than truyen thong cua dan toc Viet Nam. trong *Tran Van Giau Tuyen Tap*. Ha Noi: Nxb. Giao Duc, tr. 298-454. (「ベトナム民族の伝統的な精神的価値」『チャン・ヴァン・ザウ選集』)

11章　紛争処理の原初形態
――現代におけるコミュニティ・ジャスティスの可能性――

久保秀雄

1　はじめに

　人類学は、原初的で小規模な社会を主な対象として、呪術や決闘・歌合戦・ゴシップ・村八分などさまざまな手法によって紛争が処理されていることを「発見」してきた。すなわち、法学が主に裁判を念頭においてきたのに対して、人類学は紛争処理の手法には裁判以外にも多様なバリエーションがあることを明らかにしてきた（ヘンドリー 2002: 177-195）。そうしたバリエーションのなかで、法学でも注目を浴びた手法が「交渉と合意」である。というのも、紛争を収束させるために当事者同士が交渉し合意形成をはかることは、原初的な社会に限らず、現代の産業化が進んだ社会でも共通して見られるからである。つまり、当事者にとっては、裁判は専門的で費用や時間がかかるといった理由からハードルが高く、裁判外で実施される交渉と合意こそが、専門家でなくても誰もが日常的に取り組める紛争処理の原初形態となる[1]。こうした実態が、人類学での発見をきっかけに明確に認識されるようになった（Gulliver 1969; 和田 2002）[2]。そして、まるでデュルケムの企図をなぞるかのように、原初形態に目を向けることによって紛争処理についての根本的な見直し――裁判中心の見方から裁判外への視野の拡大――が進ん

---

[1] 俗に訴訟社会とされる合衆国でも、裁判に持ちこまれる紛争は「紛争ピラミッド」と呼ばれる「氷山」のうちの一角に過ぎない（Miller and Sarat 1980-81）。また、たとえ裁判になったとしても、判決にまでいたらず和解――つまり交渉による合意――で終わるのが通常のコースとされている（Galanter 1985）。

だ。しかも、そうした視野の拡大は、裁判に代わるオルタナティブ・ジャスティスの政策的活用につながっていった（Adler 1993: 68-74; 久保 2009）。

もっとも、従来の研究は、紛争処理の多様なバリエーションを明らかにしてきたとはいえ、既に発生した紛争の事後的処理ばかりに目が向いていた。そのため、紛争の発生を事前に防止する紛争の予防的処理にはあまり注目がいかなかった[3]。しかし、マックス・ウェーバーは次のように言う。「法律問題の事後的な解決に当たるのではなくて、あらかじめそもそも紛争が起きないように、また紛争が起こったときにもリスクを最小限にとどめる処置を講じようとする」予防法学こそが、顧客ニーズに応えていく職業法律家の「最古の種類の活動」であった、と（ウェーバー 1974: 276-280）。歴史的な視点に立つと、リーガル・サービスの原初形態と考えられるほど、紛争の予防的処理が重要であることがみえてくる。たしかに、関係当事者にとって紛争の予防を実現することは、紛争をうまく事後的に処理すること以上に望ましい理想的状況だろう。現代のリーガル・サービスでも、たとえば会社が合併する場合、生じうる紛争の予防的処理が第一に提供される。そして、それでもなお一部で紛争が生じてしまったときに初めて、事後的処理が提供される。逆に、すべてがうまく予防できたら事後的処理の出番はない。このように、リーガル・サービスの順序関係を考慮すれば、予防的処理こそ紛争処理

---

2) そうした人類学の発見は、次のような視点の転換をともなっていた。すなわち、法学的に「裁定者が紛争に対してどのようなルールを適用するか」といった裁判やルールに焦点をしぼってしまう視点を脱して、「当事者が紛争解決を求めてどのような意識でどのような行動をとるのか」といった当事者の行動・意識を捉える視点への転換である（Just 1992: 373-374）。

3) これまでの研究では、「紛争の遍在」が前提とされてきた。たしかに、裁判になる紛争は氷山の一角であり、裁判にならなくても社会のそこかしこで紛争は生じている。だからこそ、裁判外での紛争処理の実態を把握することは、紛争処理の全貌を捉えていく上では重要な意味をもった。また、そのような実態の把握は、裁判と裁判外紛争処理のあるべき役割分担を考え直すことにもつながり、司法政策上も重要な意味をもった（久保 2009: 539）。しかし、その射程は事後的な紛争処理にとどまっていた。こうした限界は、「紛争ピラミッド」という「氷山」の底辺を探索する計量調査にもあらわれている（Miller and Sarat 1980-81）。というのも、そのような調査では発生済みの紛争の量を測定することが当然の前提となっており、首尾よく予防できた紛争の量など想定外だからである。

の原初形態と位置づけられる[4]。

ところが、これまでの学問上の認識では、紛争の予防的処理は周辺化されていた。たとえば、交渉と合意にしても、たいてい裁判と同じように事後的な紛争処理の場面で用いられると見られてきた（Gulliver 1969; 和田 2002）。つまり、紛争処理についてのこれまでの研究は、交渉と合意に着目することで裁判中心の見方（裁判中心モデル）から大きな転換をもたらしたとはいえ、依然としてその射程は裁判と同じ事後的処理に圧倒的に偏っていた。裁判中心モデルからの転換はまだ途上にあったといえよう。したがって、当事者間での交渉と合意によって紛争の予防的処理が実施される場面、つまりより徹底して原初的な紛争処理までは視野の中心に入ってこなかった[5]。

しかし、本稿で取り上げる事例では、まさにそのような紛争処理の原初形態をみてとることができる。とはいっても、その事例は何ら特殊なものではない。むしろ、現代ではどの地域社会でも起こりうるような、生活環境をめぐるありふれた事例である。また、会社が合併する場合と違って、高度で専門的なリーガル・サービスが必要とされた事例でもない。本事例では、地域社会に暮らす一般市民たちが、自分たちの力だけで交渉と合意に取り組み、紛争の予防的処理をなしとげていた。しかも、その結果として、地域社会に新たなコミュニティを創出していた。したがって、本事例での紛争処理は、修復的司法やADRのモデルとなった——という意味ではオルタナティブ・ジャスティスの原初形態といえる——「コミュニティ・ジャスティス」（community justice）にあたる。ただし、本稿はより徹底して原初的な紛争処

---

[4] もちろん、一般市民が紛争発生後に初めて法律事務所に駆け込むといった例では、予防的処理の段階は省略される。そのため、こうした例が背後仮説として前提モデルになっていると、事後的処理にしか目が向かなかったのかもしれない。

[5] 一般的に「紛争の遍在」が前提とされてきたなかで、なかには「紛争の不在」に着目する研究潮流も一部で存在する（Engel 1998: 126）。こうした潮流は、事後的な紛争処理のみを自明の前提としてしまう発想からは脱している。しかし、その多くが「権力の働きによっていかに紛争の発生（異議申し立て）が押さえこまれているか」といった視点に立つ（Yngvesson 1988: 118-121,125）。そのため、両当事者がともに積極的に紛争の予防的処理を実現させ、「紛争の不在」をもたらす取り組みまでは射程に入ってこない。したがって、本稿の視点はこれまでの研究の盲点を埋めるものとなる。

理に目を向けていくことで、オルタナティブ・ジャスティスの原初形態についても、従来の理解が依然として裁判中心モデルから転換しきれていなかったことを示す。そして、裁判中心モデルからのさらなる転換を促し、オルタナティブ・ジャスティスについてのさらなるオルタナティブな見方を展開していく。

2　事例の概要

ここで取り上げるのは、2004年の夏に、大阪府J市のN町の一角で起きた事例である[6]。N町（半径400メートルほどの範囲）は都市部に位置し、特急電車が停車する駅からは1キロメートルで徒歩10分程度の距離にある。そして、府道沿いの表通りには神社や幼稚園、スーパーマーケットやドラッグストアのほか、飲食店や商店・ガソリンスタンド・コンビニ・美容院・個人病院・マンションなどが複数立ち並んでいる。舞台となったのは、その表通りを少し中に入った半径40メートルほどの住宅街である。したがって、それはちょうど人類学が対象とするような、原初的な対面関係からなりたつ小規模な社会にあたる[7]。その路地に、介護付き有料老人ホーム（敷地が約1000平方メートルで地上4階建て）の新規建設を告知するお知らせ板が設置されたところから、話ははじまる。

このお知らせ板は、建築主（今回の舞台からは離れているが同じN町に住む地主）が設置したものである。その設置は、J市が定める行政指導のた

---

6) この事例は、参与観察（観察によるデータ収集）・インタビュー（対話によるデータ収集）・文書解析（記録によるデータ収集）をまんべんなく組み合わせたトライアンギュレーションによってデータを収集した（佐藤 1998: 273-312）。そうしたデータ収集の詳細および事例の全貌については、著者の博士論文で扱っている。本稿はそのうちの一部のみを扱っている。

7) 産業化が進んだ社会においても、職場集団や地域集団は依然として原初的な対面関係からなりたっている。したがって、そうした人間集団を原初的な部族社会に見立てて人類学的にとらえることができる。こうした視点は、メイヨー（ホーソン工場実験）やロイド・ウォーナー（ヤンキー・シティ）の古典的研究にもみられるとおり、新奇なものではない。

めの要綱(正式名称は「中高層建築物の建築に係る紛争の防止及び調整に関する指導要綱」)によって求められていた。この指導要綱は、紛争予防を目的として制定されており、その第1条には、「周辺環境に影響を及ぼすおそれのある中高層建築物の建築に関し」「紛争を未然に防止し、良好な近隣関係の形成及び生活環境の保全に努めることを目的とする」との規定がある[8]。そして、第10条では、お知らせ板によって事前に建築計画を地域住民に告知するよう建築主に求めている。また、第6条では、「関係住民の合意を得るよう努めるなど適切な対応を行うとともに、関係住民相互の良好な関係を損なわないようにすること」を建築主に求めている。さらに、第11条では、「建築についての内容、工事中の安全確保及び土砂の搬出入などの近隣住民への日常生活に及ぼす影響等」を住民に直接説明するよう建築主に求めている[9]。つまり、要綱は関係当事者間で事前に利害調整をはかるよう促している。こうした行政による利害調整は日本ではよくみられるもので、紛争処理の常套手段となっている(Young 1984)[10]。

---

[8] わざわざ要綱が制定されていることからも、紛争の予防的処理の社会的重要性を伺い知ることができよう。じっさい、中高層建築物やワンルームマンション建設・宅地開発に関する紛争の予防を目的とした要綱は(場合によっては条例も)、日本の多くの地方公共団体で制定されている(芝池 2006: 264-266)。

[9] 指導要綱は、法的な観点からすると、行政機関の指導のあり方を拘束するだけで国民を拘束するものではない。指導の相手方たる国民に求められるのは任意の協力だけである。しかし、協力しないと行政が建築確認を留保するといったような制裁的措置をとるおそれがあるので、実質的には一定の拘束力があると当事者は受けとめてしまう(芝池 2006: 250-266)。

[10] したがって、行政がかかわる場合においては、紛争の予防的処理に着目する視点が存在していたといえる。たとえば、行政による事前の利害調整が訴訟回避をもたらすことについては、日本に限らずドイツの都市行政をも対象として論じられてきた(佐藤 1994: 220-223)。もっとも、本稿で取り上げるのは、行政の定めた処理手続ではうまくいかず、結局は私人間で予防的処理がなされた事例になる。つまり、ここで取り上げるのは原初的な私人による紛争処理であり、それが「変容」した公益代表者(行政)による紛争処理ではない(阿部 2002: 88-110; 山下 1996: 82-83)。

＜要綱の一部抜粋＞

J市中高層建築物の建築に係る紛争の防止及び調整に関する指導要綱

（目的）
第1条　この要綱は、周辺環境に影響を及ぼすおそれのある中高層建築物の建築に関し、関係法令及びJ市開発指導要綱に定めがあるもののほか建築計画の事前説明及び紛争を解決するための調整手続について必要な事項を定め、もって紛争を未然に防止し、良好な近隣関係の形成及び生活環境の保全に努めることを目的とする。
・・・・・・
（建築主の責務）
第6条　建築主は、中高層建築物の建築を行うときには、関係住民に及ぼす影響に十分配慮し、次に掲げる事項について誠実に取り組まなければならない。
　(1)　中高層建築物の建築について、関係住民の合意を得るよう努めるなど適切な対応を行うとともに、関係住民相互の良好な関係を損なわないようにすること。
　(2)　中高層建築物の建築に係る紛争が生じたときは、関係住民の立場を尊重し、互譲の精神を持って解決するように努めなければならない。
・・・・・・
（お知らせ板の設置）
第10条　建築主は、前条の事前相談終了後、中高層建築物の建築についての周知を図るため、次条に規定する近隣住民への説明を行う日前14日までに、当該中高層建築物の建築予定地内の見えやすい場所に、J市中高層建築物の建築に係る紛争の防止及び調整に関する指導要綱施行基準（以下「施行基準」という。）に定める標識（以下「お知らせ板」という。）を設置しなければならない。
2　建築主は、前項の規定によりお知らせ板を設置したときは、速やかに施行基準に定める図書を添えてその旨を市長に報告しなければならない。

> 3　お知らせ板の設置期間は、中高層建築物の建築が完了する日までの間とする。
> （住民への説明）
> 第11条　建築主は、中高層建築物の建築についての内容、工事中の安全確保及び土砂の搬出入などの近隣住民への日常生活に及ぼす影響等に関し、施行基準に定める項目を建築主が近隣住民に直接説明しなければならない。
> ・・・・・・

　本事例でも、以上のような行政の指導要綱に従って、建築主はお知らせ板を設置してから10日後に住民説明会を開催した。しかし、最初の説明会では、建築主や関係業者（設計業者や老人ホームの運営会社）は準備不足により（住民側によれば）「説明不能」に陥った。さらに、仕切り直しとして2週間後に開催された説明会では、住民側の一部から厳しい非難の声が浴びせられた。すなわち、説明にあたった設計業者は、（住民側によれば）「杜撰な計画・説明」のため住民の疑問・要望に的確に応答できず、「住民の感情を逆なでする」ことになった。行政の要綱は紛争予防を目的としていたものの、その想定どおりにはならず、むしろ対立の激化が引き起こされていた。
　そこで、建築主は意を決して、行政の要綱では要求されていないにもかかわらず、住民側から出ていた特別の要望を受け入れることした。その要望とは契約書の作成である。住民側は、老人ホームの建設にともなって、電波障害や道路破損等の諸問題が起こるのではないかと不安を感じていた。しかも、そうした不安が要綱の定める手続によって解消されるとは思っていなかった[11]。そこで、住民側は不安を解消し（住民側によれば）「安全と安心」と「住みよい環境」を実現する独自の措置をとるよう建築主側に求めたのである。その措置とは、予測される問題への対処と問題が生じたときに責任をとることを、事前に契約として取り決めることであった。そうした取り決めの一部が、以下になる[12]。

<契約書の一部抜粋>

> ### 覚　書①（事業者）
>
> （仮称）介護付有料老人ホーム D21・J 市 N 町の建設工事に伴い、工事期間中及び開設後に発生する事が予測される諸問題について、近隣住民により構成される J 市 N 町自治会 L 田 3 班　4 班 5 班 N 町東の住民（以下甲と述べる）と（仮称）介護付有料老人ホーム D21・J 市 N 町の建築主である V 不動産有限会社（以下乙と述べる）は、協議を行い以下に記載する事項について合意をした。　工事期間中に甲に下記の記載する諸問題が発生した場合は、乙はその窓口となり問題解決の責務を負うものとする。　また、J 市長に提出する本件の「協議経過報告書」については、乙は提出の事前に必ずその内容のすべてを甲に公開提示を行ない、合意の為に更なる協議を必ず行う事を義務とする。
>
> 第 1 条　今回、乙が建設する建物の概要は、次の通りである。
> 　　　　　建設地　：J 市 N 町 3 丁目××、△△
> 　　　　　主要用途：介護付有料老人ホーム（45 室）及び訪問介護ステーション
> 　　　　　構造規模：鉄骨造 4 階建
> 　　　　　工事内容：道路整備工事、上下水道整備工事、宅地造成工事、建築工事
> 　　　　　予定工期：平成 16 年 12 月中旬頃～平成 17 年 10 月中旬頃

---

11) 住民側の有志も行政に問い合わせをし、第 1 回の説明会の後には自分たちで要綱の内容についての勉強会を開いていた。そして、第 2 回の説明会に向けて、自分たちの要望をどう出していくか検討していた。

12) 本稿では、住民側が建築主との間でとりかわした契約書（の現物を文字の配置・空白スペースなども含めなるべく忠実に再現したもの）のみを紹介している。じっさいには、これ以外にも I 建築綜合事務所及び L 工務店ととりかわした契約書（上掲契約書の第 5 条参照）や、老人ホーム運営会社 D21 ととりかわした契約書が存在する（同じく第 6 条参照）。

　　　　　（10ヶ月）
　　　　　予定施設開設日：平成17年11月頃
第2条　甲及び乙は円満な近隣関係と生活環境が保持できるように、お互いに信義に基づき誠実にこれを努める。また乙は、本工事にあたり甲への迷惑、損害を及ぼさない様万全を期し、始終安全確実な施工に努めること。
第3条　介護付有料老人ホームD21・J市N町の建設工事期間中並びに開設後に株式会社　I建築綜合事務所及び株式会社L工務店と甲との間に家屋補償・電波障害・道路破損・工事作業に関する苦情・要望・その他の問題が、発生した場合すべて乙で受け乙は必要な対策を講じその責任を負うものとする。
第4条　介護付有料老人ホームD21・J市N町の開設後にD21と甲との間に苦情・要望・その他の問題が、発生した場合すべて乙で受け乙は必要な対策を講じその責任を負うものとする。
第5条　乙は、甲が株式会社L工務店及びI株式会社建築綜合事務所と別途交わした覚書が、遵守されているかを常に確認点検し、徹底指導を行う事。
第6条　乙は、甲が株式会社D21と別途交わした覚書が、遵守されているかを常に確認点検し、徹底指導を行う事。
第7条　乙は、本物件の施工にあたり、建築基準法、消防法、その他関係法規に則って設計及び建設を行う。特に、防火防災体制等については本物件が介護老人の居住所となる特殊性により、上記の法令に則る事は当然、細心最大限の配慮を施す事を責務とする。
締結日　平成16年12月26日

　前文をみれば、「工事期間中及び開設後に発生する事が予測される諸問題について」「協議を行い以下に記載する事項について合意した」と記載されている。このように、上記の契約書は紛争の予防的処理を目的として、当事者間での協議（交渉）と合意によって生みだされたものである。そして、契約の内容は各条項に規定されているとおり、甲（住民）が不安を感じている

問題について、その責任を乙（建築主）にあると事前に定め、もって乙に問題の発生を事前に防止するよう促すものとなっている[13]。こうして予防的処理がなされた結果、住民側は老人ホームの建設に同意した。また、建築主・関係業者側は住民側との契約の内容にのっとって、地域社会にとくに迷惑をかけるといったようなことなく建設を終え、運営を開始した。さらに、今でも地域との紛争を引き起こすことなく、老人ホームの運営を続けている。このように、地域社会を舞台にして紛争の予防的処理がなしとげられた。

3 地域社会での自治と共生

しかも、本事例では、地域社会が舞台となっているだけでなく、専門家の手を借りずに地域社会に暮らす住民たち自身の手で紛争処理がなされていた。契約書も住民たちの手作りで作成されていた[14]。それは、契約書の記載内容から読み取ることができる。たとえば、契約書の第3条をみてみよう。その末尾には、「乙は必要な対策を講じその責任を負うものとする」との文言がある。この文言について、弁護士の荒井里佳氏は次のように指摘する。第三者からみたときに、各条項の前後関係からは乙が負う「責任」の意味が明確には読み取れない。そのため、責任の内容が、対応するという行動責任のことを意味するのか、損害の賠償責任のことを意味するのか、もしくは他の何かを意味するのか不明である、と。このように、専門家から見れば十分にはつめきれていない規定が散見される[15]。また、前文や条文の途中にも、無意味な空白スペースがたくさんある。こうした点は、この契約書が住民たち自身の手作りの産物であることに由来する。

---

[13] このような契約の締結は、マンション建設に反対する住民運動でもよく用いられるもので、珍しくはない（阿部 2002: 6）。さらに、それが単なる当事者間での私的協定にとどまらず、建築基準法にもとづき行政によって認可されると建築協定になる。その諸事例については長谷川（2005: 49-220）。
[14] 最終合意にいたるまでは、原案を住民側が作成し、それを建築主側に提示して交渉するという手続きが4カ月の期間をかけて合計3回とられていた。

もちろん、住民側も素人の手作りでは限界がありうることを認識していた[16]。にもかかわらず、住民側は法律の専門家に頼ろうとしなかった。また、行政や政治家に頼ることもなかった。あくまで自分たちの手で、住民主導で対応していこうとしていた。この点について、住民側の中心人物であったO氏は次のように答えている。

著者──「住民主導へのこだわりはどこからですか？誰か外部の人に頼るとかは考えなかった？」
O氏──「市会議員を通してはダメだと思った。喜んでくるやろうけどね。でも、ためにしているように思われるからね。だから、住民内部のみでやろうとした。みんなが納得したらそれでよいかと。それぞれのプロがいるしね[17]。住民の手で作りたかったわけ。」

　このように、住民側は外部の関与を求めることなく地域の自治活動として取り組もうとしていた[18]。しかも、住民自身が自分たちの地域社会の問題として取り組んでいたからこそ、建築主・関係業者側も交渉にのぞむことを嫌がらなかったのではないか、とO氏はいう。

O氏──「最初は向こうがのってこなかったら、(行政など第三者の仲介に

---

15) とはいえ、だからといって相手方に甘い規定になっているわけではない。L工務店などととりかわした契約書では、工事によって電波障害が生じたときは「元の状態に戻す為に必要な工事費及び、その後継続的に経費が発生する事態においても、すべてを補償するものとする」といったように、際限なく補償を要求するような厳しい内容の規定がみられる。
16) そうした限界がありうることについては、著者も参与観察の際に複数の住民に対して指摘した。なお、専門家が関与していくことの意義については、本書の6章、荒井論文で扱われている。
17) プロの一人として、住民側には建設会社を経営しているB原氏がいた。B原氏は、業界での経験から、契約の内容はこの程度でも十分であるといったことや、あまりに過剰な要求だと「そこまでは相手ものまへんで」といった指摘をしていた。
18) O氏は、ふだんからある政党の党員として活動しており、懇意の市会議員もいた。

よる話し合いの）あっせんを覚悟していたところもあるけど、同じ住民になるんやし、信頼関係を築く必要を強く感じていた。そう考えていたからこそ、向こうものったのかな。」

たしかに、O氏がいうように「同じ住民」になるので、老人ホームの運営会社などはとくに熱心に地域社会にとけこもうとしていた。そのため、建築主・関係業者側も、地域住民たちの不安をとりのぞいて信頼関係を築くことに異論はなかった。こうして、地域社会での共生を可能にするため、両当事者が紛争の予防的処理に取り組むことになった。その結果、O氏の奥さんによれば「道で顔をあわせても、今ではお互いに気軽にあいさつできるようになった」という。つまり、近所づきあいができるようになり、同じコミュニティの一員として認めあうようになった[19]。このように、本事例では、地域の自治活動として紛争の予防的処理がなされ信頼関係が築かれた結果、コミュニティでの共生がもたらされていた。

4 コミュニティ・ジャスティスの可能性

では、こうした事例から、コミュニティ・ジャスティスについてどのような新たな見方を引き出せるのか。その新たな見方とは、産業化が進んだ現代の都市部でも、コミュニティ・ジャスティスが実践されうるということである。また、その可能性が、これまで見落とされてきた紛争の予防的処理に目を向けることで見えてくるということである。では、これまでコミュニティ・ジャスティスは、どのように理解されてきたのか。

コミュニティ・ジャスティスについては、明確な定義が確立しているわけではない。もっとも、一般的には、地域社会を舞台として地域社会のメン

---

[19] コミュニティについては学問上さまざまな理解の仕方があるとはいえ、ここでは（後に登場するように）本事例の当事者も使っているような一般的な意味で用いている。つまり、単に物理的に同じ地域に居住しているだけではなく、近所づきあいのような日常的な相互交流が生じている状態を指して、コミュニティと呼んでいる。

バーが積極的に参加していくジャスティスのあり方全般をさすことが多い。つまり、中央集権的に官僚制化された専門の組織ではなく、そのオルタナティブとして地域密着型で運営されるジャスティスをいう[20]。したがって、修復的司法もADRも、地域のメンバーの参加など地域社会に密着した運営を予定している場合が多かったので、当初はコミュニティ・ジャスティスと呼ばれることがあった（Alper and Nichols 1981; Clear and Karp 1999; Henry 1985）。こうしたコミュニティ・ベースの政策には、コミュニティの強化（エンパワメント）や地域ベースの防犯活動である「コミュニティ・ポリーシング」（Community Policing）を目指す運動の台頭がともなっていた（Kurki 2000: 244-249）。また、人類学の「発見」も政策に応用されていた。たとえば、よく知られた例として、リベリアのペレ（Kpelle）族のムート（集会）がある（Gibbs 1963）。それは、裁判所とは異なるコミュニティのアットホームな雰囲気の下で、ざっくばらんな対話によって緊張をとき、和解を導くことで地域社会での共生と平和を実現するものであった。そうした人類学の発見が法学の世界でも注目を集め、コミュニティ調停として合衆国でも活用されていった（Adler 1993: 72-74; Baskin and Sommers 1990: 249-252）[21]。このように、コミュニティ・ジャスティスは、1970年代から合衆国で隆盛するオルタナ

---

[20] そのため、ジャスティスの中身には、紛争処理に関連する裁判や調停に限らず、犯罪予防のための「近隣警戒プログラム」（Neighborhood Watch Program）や地域社会での保護観察も含まれることがある（Kurki 2000: 235-236）。

[21] コミュニティ調停は、修復的司法と同じく、もともとは軽微な刑事事件を対象として導入されていた。その背景には、和解によって逸脱者を社会に再統合し余計なラベリング（犯罪者の烙印を押すこと）をさけようとする考えがあった。また、コミュニティにも役割分担を求めることで、刑事司法制度の分権化と効率化をはかろうとしていた（Danzig 1973）。こうした構想から、刑事訴追のダイバージョンとしてコミュニティ調停が導入されるようになり、近隣ジャスティスセンター（Neighborhood Justice Center）の発展をもたらした。しかも、対象が軽微な民事紛争にも拡大され、ADR運動の発展をもたらした。そうした発展の一大契機となったのが、全米の法曹エリートが集結し21世紀に向けての司法改革が議論されたパウンド会議である（河合 1991; 久保 2009: 537-538）。その結果、合衆国では法的紛争になったケース――したがって、泣き寝入りのような衝突を回避する場合は含まれない――の95％近くが、ADRによって処理されるようになったともいわれている（Wilson 2006: 556）。

ティブの原初形態となるものだった。

とりわけその代表例として有名であり、詳細に研究されてきたのが、1976年に始まる SFCB（San Francisco Community Boards）である（Merry and Milner 1993）。SFCB は、一般市民が調停役として地域で生じた紛争の処理に関わることで、サンフランシスコという現代の都市のまっただなかにコミュニティを再生しようとした。つまり、紛争の処理に住民が積極的に参加する活動を通して、住民間のつながりを築き地域自治を活性化しようとした。その背景には、紛争処理への民主的な草の根(グラスルーツ)の市民参加こそが、官僚制化に対抗する地域分権を可能にし、トクヴィルが称賛した「アメリカのデモクラシー」の伝統を復興させるという考えがあった。また、コミュニティを強化(エンパワメント)することで、犯罪予防も実現できると考えていた（ショーンホルツ 1996）[22]。

ところが、じっさいには SFCB の試みも、新たにコミュニティの創出をもたらすことが困難であった。というのも、そこでは調停役に参加したボランティアの間の結びつきしか築くことができず、しかも調停役を務めるにあたっては処理技術の訓練・修得が重視されていたからである（和田 1996: 35）。つまり、国家の司法制度ほどではないにせよテクニック化・専門化が進む傾向にあり、SFCB も一般市民に広く開かれたものにはならなかった[23]。しかも、そうした事情は他の ADR では一層顕著であった。合衆国の ADR の多くは、理念の上ではコミュニティ・ジャスティスを掲げてスタートしていても、現実には専門化が進み従来の司法制度とさほど変わらず官僚制化するようになっていた（Harrigton and Merry 1988; Merry 1987 : 2057-2060 ; Pavlich 1996: 712）。従来の司法制度に対するオルタナティブにおいても、結局

[22) その背景には「割れ窓理論」(broken windows theory) の影響がある。割れ窓理論は、割れた窓のようなささいな風紀の乱れが結果的に犯罪を誘発すると考え、秩序を乱す要因への早期対応を推奨する。SFCB はこうした考えに基づき、警察が介入できない軽微な民事紛争でも身近な住民が早期に対応して和解に導くことで、紛争が拡大して犯罪に至ってしまうような事態を防止しようとした（ショーンホルツ 1996）。
23) じっさい、調停にかかわる新たな専門家産業の台頭も指摘されている（Yngvesson 1988: 124-131）。

はウェーバーが指摘していたように、官僚制化が不可避だったのである（ウェーバー 1970: 30）[24]。したがって、コミュニティ・ジャスティスは理念だけにとどまり、実現は困難であると見られるようになる[25]。つまり、産業化の進んだ現代の都市部は、モデルを提供した原初的で小規模な部族社会などとは状況が根本的に異なり、もはやコミュニティの創出が容易には見込めないと理解されてきた（Merry 1993: 58）。

しかし、こうした従来の議論には、紛争の予防的処理が含まれていない。たしかに、SFCB の例では犯罪の予防は含まれていたものの、それは調停という事後的な紛争処理を通しての話であった。そもそも紛争を発生させないという予防的処理は、ここでも従来どおり視野の中心に入っていなかった[26]。SFCB は、紛争や犯罪に真っ先に対処していけるのは地域社会であるとの理解から、コミュニティ・ジャスティスこそが国家の司法制度に先行する第一次的なジャスティスである——したがって国家の司法制度の方が代替的である——といった従来の見方を覆すような視点をもっていたにもかかわらず、そうであった（ショーンホルツ 1996: 73）。ところが、本事例では、紛争の予防的処理が地域自治としてなされ、現代の都市部であってもコミュニティの創出を実現していた。しかも、以下でみていくとおり、コミュニティの創出という目標こそが、本事例の紛争処理を導いていた。

---

[24] Henry（1985）には、コミュニティ・ジャスティスを実践しようとしても、産業資本主義の影響が、金銭ベースでの評価や効率性の重視、さらには分業化・専門化への圧力として入りこんでしまう例が示されている。

[25] それどころか、コミュニティの理念は、交渉力にまさる強者が弱者にカッコつきの合意を押し付け、弱者の権利主張を抑え込むことを正当化するハーモニー（調和）のイデオロギーとして機能しているとの批判も出されている。しかも、現実の ADR は、グローバル経済化のなかで、地域コミュニティを超えて活動する大企業に有利なかたちで合衆国から世界各地へ輸出されているという（Nader and Grande 2002）。このように、ADR は弱者に権利主張のための公正な機会を与えず、妥協を強いる「二流の正義」でしかないといわれてきた（Merry 1987: 2067）。

[26] もっとも、わざわざコミュニティ・ジャスティスの呼称を用いる際には、犯罪が対象とはいえ予防に重点があるものと理解されること多い。たとえば、コミュニティ・ジャスティスと修復的司法を区別するとするなら、前者は犯罪予防に重点があり、後者は加害者・被害者和解に重点があるとされている（Kurki 2000）。

5　リーダーの目標

コミュニティの創出が目標となっていたことは、住民側のリーダーであったO氏の発言に明確に表れている。

O氏——「個人的には住民集会が一番やりたかったこと。自治会の総会もないしね。少しでも顔見知りをつくりたかった。自主防災とか、日頃からコミュニティつくっておかないとだめでしょ。それがずっと念頭にあったかな。」

住民集会は、住民側内部での意思統一をはかるために企画されていた。ふだんの建築主側とのやりとりや契約の原案の作成などは、O氏を中心とした一部の住民有志がかかわっているだけであった[27]。そこで、有志たちが建築主側との交渉の窓口になることや、有志たちが作成した原案の内容を多くの住民に承認してもらうために、2回にわたって住民集会を開催する必要があった。O氏は、この住民集会の開催を「一番やりたかった」という。というのも、N町では自治会の総会が開催されず、これまで住民たちが集まるような機会がなかったからである[28]。

O氏によれば、N町（半径400メートル程度の範囲）自体は非常に古い歴史をもち、昔から代々住んでいる地主層が自治会の要職につくしきたりがあるという。一方、地主たちが所有している土地や売却した土地にマンションや住宅が建築され、新たな住民たちが外から移り住んできている。そうした新住民たちは、自治会の要職につくことができなかった。今回、舞台となった住宅街（半径40メートル程度の範囲で、マンションも含めると60世帯ほ

---

[27] O氏はその有志の集まりを世話人会と名づけ、世話人会への参加を呼びかけるビラ（合計5回分）や活動報告を載せた広報（合計4回分）を自ら作成・印刷し、各戸にポスティングしていた。
[28] J市では、小学校区単位で自治会を結成している。

11章　紛争処理の原初形態

どが暮らしている）は、そのように新たに開発された地域に該当していた。O氏はその第一陣として、30年ほど前に持ち家を立てて市外から移り住んできていた。また、老人ホームの建設地に面したところでは、持ち家を立てて引っ越してきたばかりの住民たちもいた。それに対して、老人ホームの建築主は、舞台となった住宅地の外ではあるにせよN町に代々住んでいる地主層の一人あった。そうした事情もあって、O氏たちは自治会に頼ることなく、関係する住民たちの間でつながりを築き、住民集会を開催する必要があった。

　もっとも、O氏にとっては、この機会に住民集会を開催することは、コミュニティを創出するために願ったりかなったりだった。というのも、自主防災の基盤づくりといった実利的な理由に限らず、純粋に住民間での交流を深めたいというねらいがO氏にはあったからである[29]。O氏は、住民向けに配布した広報のなかでも、「このことを通じて‥懇親が深まれば幸いです」と交流が深まることへの期待を表明していた。その背景には、10年ほど前の成功体験が存在していた。道路をはさんでO氏の自宅前に、小規模なマンション（16戸）が建設された際、近所の何軒かの住民たちと一緒に交渉にのぞみ、建築主側との間で合意にこぎつけた経験があった。そして、O氏の奥さんによれば、「これを機会に親睦関係が深まった、それ以来毎年忘年会をやっている。懇親旅行にも行ったりするようになった」そうである。このように、今回より小規模ながらも、O氏には成功体験があった。そのため、今回のことでも住民間での交流が深まることに強い期待があった。

　もちろん、期待があっても、それが簡単に実現したわけではない。O氏も次のように答えている。

著者──「何が大変だったか？」
O氏──「人集め・動員することかな。業者とは別に、住民内部でどう関心

---

[29] かつてはO氏のような外から移り住んできた新住民は、旧来の住民との対比で地域無関心層と捉えられることがあった。しかし、そうした新住民たちも、コミュニティの創出を目指すことがありうることについては奥田（1999: 261）。

をもってもらうか。」

　同じ地域に住んでいても、老人ホームの建設地に近いのはせいぜい10軒程度であった。したがって、住んでいる場所によって被る影響の程度が異なる状況にあった。しかも、住民側が求めた「安全と安心」のある地域の「住みよい環境」は、いったん確保されるとコスト負担に関係なく誰もが一律に享受できるため、いわゆる「公共財」の性質を有する。つまり、フリーライド（ただ乗り）が発生しやすい。じっさい、熱心に活動していたのは、O氏を除けば、老人ホームの建設地に隣接している住民たちの一部であった[30]。住民の誰もが今回の活動に積極的に参加したわけではなかった。このような障壁が、コミュニティの創出という目標には存在した。もっとも、O氏自身はそうした状況を次のように捉えていた。

O氏──「でも、楽しまなければと思った。苦労したなんて全然思ってない。」

　たしかに、O氏はねらいどおり、今回の活動によって引っ越してきたばかり住民たちと知り合うことができていたし、そうした交流ができることを生きがいと感じていた[31]。また、住民集会にも一定の人数が集まり、これまで交流のなかった人たちの間にもつながりが生まれていくことになった。

---

30) では、なぜO氏がリーダーとなっていたのか。その理由は、何よりもO氏が周囲から頼りになる人物だと見られていたことにある。なお、O氏自身は次のように答えている。「リーダーという意識より、自分の性格やね。住民との関わりをもちたいと思っているからね。教育者として人が好きなんやね。それに文章を作ったり、会議をまとめるのも慣れている。事務局ができるわけ」「ただ、タイミングの問題はあるね。定年になったし時間はあった。現役やったらどうだったか…。あと、近所と話ができる環境があったのも大きいね」。
31) このように、本事例から見えてくるのはリーダーの重要性である。ほぼ同時期に同様の問題に直面することになったN町の別の地域では、O氏のような住民をまとめていくリーダーが存在せず、自分たちの要望を相手方に出すことができずに困っていた。

O氏——「住民集会に30軒くらいから人が集まって、まあつながりはできたのかな。もっと来てほしかったけど。」

このように、リーダーであったO氏のねらいどおり、住民間での日常的な相互交流の範囲が広がり、コミュニティの創出が導かれていた。

6　おわりに

本事例では、裁判官だけでなく調停役も含めて第三者が介在することなく、当事者間での直接的な交渉と合意という原初的な紛争処理がなされていた[32]。しかも、紛争の予防的処理という、さらに徹底して原初的な紛争処理がなされていた。その結果、原初的な対面関係からなりたつ地域社会にコミュニティを創出していた。すなわち、現代の都市部が舞台であったとはいえ、SFCBとは違って理念だけにとどまらず、じっさいにコミュニティ・ジャスティスが実現していた。

その実現を可能にしていたのが、住民側のリーダーであるO氏の活躍である[33]。O氏は住民間での交流を深めることを生きがいとして楽しんでいたため、障壁があったにもかかわらず住民間につながりをつくり出し、地域社会での自治と共生を実現していた。そして、目標どおりコミュニティの創出を可能にしていた。住民のなかから出てきたリーダーの活躍によって、法律家（リーガル・サービスの専門家）や行政（官僚制組織）に頼ることな

[32) もちろん、合意内容への違反が生じたら裁判になる可能性が全くなかったわけではないので、裁判になったときのことを予期として先取りするなかで第三者たる裁判官の影響が介在していたとみることも一応はできよう。つまり、直接的な交渉といっても、裁判の影の下での交渉だったというわけである。とはいえ、本事例の場合、住民側は裁判にすることなど基本的に想定しておらず、合意違反が生じたら契約書を盾に再交渉にのぞむつもりであった。裁判に訴えることまでしなくても、（契約書の作成を専門家に依頼していなかったことと同様に）現実には問題ないだろうという予期があった。このように当事者の行動・意識に着目すると、裁判の影響を過大視することも法学的偏向として慎む必要があろう。

く、素人の手による草の根のコミュニティ・ジャスティスが可能になっていた。

　もちろん、本事例での紛争処理は、SFCB のように第三者が関与し恒常的に運営されるような、制度化された紛争処理の取り組みとは異なる[34]。たまたま対処すべき事態に直面したために、成功体験があった O 氏を中心として草の根の住民運動が立ちあげられ、アド・ホックに取り組まれた紛争処理となる。その点でも、本事例で見られたのは、制度化にまでは至らないより原初的な紛争処理であった。つまり、SFCB と比べても、裁判を中心とした従来の司法制度からさらにかけ離れているがゆえに、なかなか視野の中心に入ってこない形態の紛争処理であった。

　このように、本稿では、徹底して紛争処理の原初形態に目を向けることで、紛争処理についての根本的な見直しにつながるような、裁判中心モデルからの——完全とはいわないまでも——さらなる転換をもたらしてきた。もちろん、従来の研究は裁判外での交渉と合意に着目することで、認識（学問）の面でも実践（政策）の面でもオルタナティブをもたらしていた。しかし、依然として裁判と同じように事後的かつ制度化された処理に視点が偏っており、予防的であったりアド・ホックであったりといったような、紛争処理のより原初的な形態までには目が向かなかった。したがって、裁判中心モデルからの転換は途上のままであった。そのため、オルタナティブを求める

---

[33] これは、ウェーバーの指導者民主制の議論と通じる点があり興味深い。指導者民主制については、指導者が主役でその他大勢は脇役でしかないことになり、むしろ独裁制に近く真正な民主制ではないと見る向きもある。しかし、官僚制化に対抗する民主制を現実に可能とするには、（独裁ではなく）民主的に承認されたリーダーシップが必要になるのかもしれない（Green 2008）。それは、SFCB においてもショーンホルツというカリスマ的リーダーが存在したことを考慮するとなおさらである。また、近年のデモクラティック・プロフェッショナリズムの議論が、やはり専門家の貢献を大前提として民主化の可能性を探っていることからしても、専門家に対抗する民主的リーダーに目を向けることは、新たな視点の提供になる（Olson and Dzur 2004）。

[34] じっさい、紛争防止を目的として制度化された行政の指導要綱とは異なって、住民たちによる今回限りの独自の取り組みがなされていた。なお、本書の 10 章、加藤論文で取り上げられている和解組も、制度化された取り組みに該当するだろう。

運動の原初形態であったコミュニティ・ジャスティスにおいてさえも、依然として裁判中心モデルの枠内にとどまったままの見方が通用してきた。それは、コミュニティ・ジャスティスの――さらにはオルタナティブ・ジャスティスの――代表例とされてきた SFCB が、ちょうど制度化された事後的な紛争処理の形態をとっていたことに対応している。

しかし、本稿ではオリジナルな事例を取り上げることで紛争処理の原初形態に目を向け、SFCB を典型例としてきた従来の見方を相対化してきた。つまり、コミュニティ・ジャスティスの可能性について、これまでの見方の枠を超えるさらなる視野の拡大をもたらした。そうした視野の拡大は、紛争処理についての新たな発見を可能にし、認識の面だけでなく場合によっては実践の面でも、さらなるオルタナティブの展開をもたらすことにつながるだろう。

(参照文献)
阿部昌樹
 2002 『ローカルな法秩序――法と交錯する共同性』勁草書房。
ウェーバー、マックス
 1970 『支配の諸類型』(世良晃志郎訳) 創文社。
 1974 『法社会学』(世良晃志郎訳) 創文社。
奥田道大
 1999 「都市コミュニティの再定義」奥田道大編『講座社会学 4 都市』pp.257-306、東京大学出版会。
河合清子
 1991 「近隣ジャスティスセンター」藤本哲也編『現代アメリカ犯罪学事典』pp.354-363、勁草書房。
久保秀雄
 2009 「司法政策と社会調査――ADR 運動の歴史的展開をめぐって」鈴木秀光・高谷知佳・林真貴子・屋敷二郎編『法制史学会 60 周年記念若手論文集 法の流通』pp.529-551、慈学社。
佐藤岩夫
 1994 「ドイツにおける都市の「法化」と住民の自律」社会科学研究 45 (4): 199-234。
佐藤健二
 1998 「データの収集」石川淳志・佐藤健二・山田一成編『見えないものを見る

力 -- 社会調査という認識』pp.273-292、八千代出版。

芝池義一
 2006 『行政法総論講義 第4版補訂正版』有斐閣。

ショーンホルツ、レイモンド
 1996 「正義実現における国民の役割と犯罪防止」(陶安あんど訳) 棚瀬孝雄編『紛争処理と合意』pp.61-75、ミネルヴァ書房。

長谷川貴陽史
 2005 『都市コミュニティと法――建築協定・地区計画による公共空間の形成』東京大学出版会。

ヘンドリー、ジョイ
 2002 『社会人類学入門――異民族の世界』(桑山敬己訳) 法政大学出版局。

山下淳
 1996 「現代行政の変容と紛争」棚瀬孝雄編『紛争処理と合意』pp.77-87、ミネルヴァ書房。

和田安弘
 1996 「幻想としてのインフォーマル・ジャスティス」棚瀬孝雄編『紛争処理と合意』pp.23-42、ミネルヴァ書房。

和田仁孝
 2002 「交渉と合意」和田仁孝・太田勝造・阿部昌樹編『交渉と紛争処理』pp.10-26、日本評論社。

Adler, Peter S.
 1993 The Future of Alternative Dispute Resolution: Reflections on ADR as a Social Movement. In S. E. Merry and N. Milner eds. *The Possibility of Popular Justice: A Case Study of Community Mediation in the United States*, pp.67-87. Ann Arbor: The University of Michigan Press.

Alper, Benedict S. and Lawrence T. Nichols
 1981 *Beyond the Courtroom: Programs in Community Justice and Conflict Resolution*. Lexington, MA: Lexington Books.

Baskin, Debora R. and Ira Sommers
 1990 Ideology and Discourse: Some Differences Between State-Planned and Community-Based Justice. *Law and Human Behavior* 14 (3): 249-268.

Clear, Todd R. and David R. Karp
 1999 *The Community Justice Ideal: Preventing Crime and Achieving Justice*. Boulder: Westview Press.

Danzig, Richard
  1973 Toward the Creation of a Complementary, Decentralized System of Criminal Justice. *Stanford Law Review* 26 (1): 1-54.

Engel, David
  1998 How Dose Law Matter in the Constitution of Legal Consciousness? In B. G. Garth and A. Sarat eds. *How Does Law Matter?* pp.109-144. Illinois: Northwestern University Press.

Galanter, Marc
  1985 A Settlement Judge, not a Trial Judge. *Journal of Law & Society* 12 (1): 1-18.

Gibbs,Jr, James L.
  1963 The Kpelle Moot. *Africa: Journal of the International African Institute* 33 (1): 1-19.

Green, Jeffrey Edward
  2008 Max Weber and the Reinvention of Popular Power. *Max Weber Studies* 8 (2): 187-224.

Gulliver, P. H.
  1969 Dispute Settlement Without Courts: The Ndendeuli of Southern Tanzania. In L. Nader ed. *Law in Culture and Society*, pp.11-23. California: University of California Press.

Harrington, Christine B. and Sally Engel Merry
  1988 Ideological Production: The Making of Community Mediation. *Law & Society Review* 22 (4): 709-736.

Henry, Stuart
  1985 Community Justice, Capitalist Society, and Human Agency: The Dialectics of Collective Law in the Cooperative. *Law & Society Review* 19 (2): 303-327.

Just, Peter
  1992 Review: History, Power, Ideology, and Culture: Current Directions in the Anthropology of Law. *Law & Society Review* 26 (2): 373-412.

Kurki, Leena
  2000 Restorative and Community Justice in the United States. *Crime and Justice* 27: 235-303.

Merry, Sally Engel
  1987 Review: Disputing Without Culture. *Harvard Law Review* 100 (8): 2057-2073.
  1993 Sorting Out Popular Justice. In S. E. Merry and N. Milner eds. *The Possibility of Popular Justice: A Case Study of Community Mediation in the United States*,

pp.31-66. Ann Arbor: The University of Michigan Press.

Merry, Sally Engel and Neal Milner eds.
- 1993 *The Possibility of Popular Justice: A Case Study of Community Mediation in the United States*. Ann Arbor: The University of Michigan Press.

Miller, Richard E. and Austin Sarat
- 1980-81 Grievances, Claims, and Disputes: Assessing the Adversary Culture. *Law & Society Review* 15 (3/4): 525-566.

Nader, Laura and Elisabetta Grande
- 2002 Current Illusion and Delusions about Conflict Management : In Africa and Elsewhere. *Law & Social Inquiry* 27 (3): 573-594.

Olson, Susan M. and Albert W. Dzur
- 2004 Revisiting Informal Justice: Restorative Justice and Democratic Professionalism. *Law & Society Review* 38 (1): 139-176.

Pavlich, George
- 1996 The Power of Community Mediation: Government and Formation of Self-Identity. *Law & Society Review* 30 (4): 707-733.

Wilson, Jeffery (ed.)
- 2006 *Gale Encyclopedia of Everyday Law vol.1.2nd*. Detroit: Gale.

Yngvesson, Barbara
- 1988 Disputing Altenatives: Settlement as Science and as Politics. *Law & Social Inquiry* 13 (1): 113-132.

Young, Michael K.
- 1984 Judicial Review of Administrative Guidance: Governmentally Encouraged Consensual Dispute Resolution in Japan. *Columbia Law Review* 84 (4): 923-983.

あとがき

本書収録論文の脱稿後、高野さやかを司会に以下のような意見交換をおこなった。本書のあとがきとして、その内容を紹介する。なお、この意見交換には、共同研究において中心的な役割を担っていたが、諸般の事情で本書に寄稿することができなかった海野るみが加わっている。河村有教、ステファン・パーメンティア、クラウディア・イトゥアルテ＝リマ、馬場淳は、在外研究などのため参加できなかった。(出席者＝高野さやか・久保秀雄・山田亨・荒井里佳・加藤敦典・海野るみ・石田慎一郎〔発言順〕)

高野さやか

　この共同研究にはさまざまな学問分野を専門とする方が参加していたわけですが、これまでの研究会をふりかえると、法学からのアプローチ、人類学からのアプローチというように、それぞれの立ち位置に違いがあった気がします。

久保秀雄

　私自身はそれほど決定的な違いを感じていません。というのも、私は法学といっても、民法学や刑法学といった通常の法律学が専門ではないからです。私の論文も、「人類学的視点から、現代社会のコミュニティでの紛争処理を見直してみた」ものになっています。そして、「従来のオルタナティブ・ジャスティスよりも、法学的な裁判中心の見方をさらに徹底して転換する」ことになっています。もっとも、事例のなかで法制度が関係してくる部分では、法律学の観点もある程度取り入れて分析しています。たとえば、「この行政の要綱は、法律学の観点からすればこういう意味をもつ」といったように。そして、そのうえで社会学的な観点からの分析をおこなっています。いいかえると、法制度上の意義を理解したうえで、その社会的な意義を

分析しています。法制度上はこう想定されているけれども、社会のなかではまた違ったように受けとめられている、といったようなかたちで。このように、両者のあいだのズレを見つけていくのは、法社会学の得意技になります。

しかし、おそらく通常の人類学者は、社会的な意義は分析できても、法制度上の意義を理解することが難しいのだろうと推測します。というのも、法制度上の意義を適切に理解するには、つまみ食いではなく、関連する様々な専門的概念の体系的理解が必要とされるからです。たとえば、要綱の法制度上の意義を適切に把握するには、条例との違いや、行政指導と行政行為の違いなどといった一連の概念を関連づけて理解する必要があります。ちなみに、行政行為とは「行政が行う行為一般」のことではありませんので。こういった誤解が、つまみ食いでは生じやすいように思います。

とはいえ、つまみ食いではなく一通りまんべんなく行政法学という分野全体を学習すれば、誰でもそれなりに理解することは可能だと思います。だから、人類学者も一通りまんべんなく勉強していれば対応可能なので、法社会学者との決定的な違いは存在しないと思います。

高野

既存のオルタナティブ・ジャスティスを問い直すことの意義は、「オルタナティブなるものの相対性」として馬場さんも指摘されています。また、久保さんのインタープリターのような立ち位置は重要です。この研究会は私にとって本当に楽しみで、博士課程の終盤の心の支えですらあったのですが、法制度上の意義への歩み寄りというか、共感をもって法の議論ができる場が人類学周辺には少ない、ということが理由のひとつと感じています。

山田亨

私が法人類学を自分の研究の主軸にするにあたり、身近な人から「ロースクールにも足を運びなさい」とよく助言されたのですが、残念ながらその機会がなく、法学や実務の方からアドバイスをいただく機会はこの研究会に参加するまでありませんでした。私自身、人類学と地理学を二重専攻していますが、「文化」のとらえ方などについて、それぞれの学問分野がもつ問題意

識の違いや視点の微妙なズレから意見の相違が生まれるのをよく目にします。しかし、研究・調査対象を共有しつつも多様な背景をもつ人々がテーブルを同じくして、腹を割って視点やアプローチの違いをぶつけあう場所は少ない気がします。この研究会における、真剣に意見を交換しながらコミュニケーションを取りあっていくというアプローチはとても新鮮でした。

荒井里佳

　当初は、右も左もわからず議論に参加していました。でも、みなさんの発言を聞いていると、考え方の軸や「くせ」みたいなものが次第にわかってきます。「今の発言については、こういう反論が出るだろうな」と思うと、当たるのです。唯一の実務家としても、新鮮なことがたくさんありました。隣接している学問分野間においても、コトバや概念に対する定義や意味あいが全く異なっている。それで議論して意味があるのか、とも思いました。しかし、学問分野を越えた議論というところに、この研究会のおもしろさがあったと思います。定義といういわばコトバ・概念の問題を乗り越えて議論することは極めて挑戦的であり、コトバを乗り越えてしまう何かを獲得できるかもしれないというドキドキ感をともないます。また、それぞれが好き勝手発言しているようで、蓋を開けたらとても新しい発見に行き着いたりと、結論がでるものではないがゆえに、新たな研究テーマや視点の発見という面でも成果があったように思います。

　この研究会以来、みなさんから学んだものを実務にフィードバックさせる瞬間があります。そんなとき、積み重ねた議論が、机上の空論なんかじゃないことを感じ、とても嬉しくなります。日本の司法という永遠のフィールドで活動し続ける実務家として、逆にみなさんにも、様々なものをフィードバックできたらいいなと思いました。

加藤敦典

　僕は、みなさんの対象と方法論への「愛」を感じました。みなさん、それぞれに興奮するポイントというか、急に膝を立ててしゃべりだすポイントが違いますよね。だから、思わぬところで発表につっこみがはいったりして、面食らうわけです。そういうつっこみは、必ずしも、研究の不備を指摘し

あって、法学からも社会学からも人類学からも評価される多面的な論文をつくるという面で役に立つというわけではなく、むしろ「自分が面白がっているのはそこじゃなくて、ここなんだよな」というのが、自分でもよく分かるという面で役に立ったような気がします。それで立ち位置がはっきりしてくる、ということもあったと思います。

　思わぬところへのつっこみといえば、僕は、高野さんの論文で、法廷のロビーで「あの人、いい人なんだよ」と触れてまわる人の描写が妙に印象に残っています。口頭発表のときにも「カフカの『審判』ですよね」とコメントしたと思います。おそらく高野さんの主題とはズレていると思うのですが、僕はあのくだりで「この論文は面白い」と思いました。荒井さんの論文にも、「におい」とか「光」というような表現がでてきます。法学の議論としては厳密さに欠ける表現なのだと思いますが、面白い表現だと思いました。

海野るみ

　立ち位置の違いは、研究領域や研究者／実務家というよりも個々の生き方に帰結するのかとも思います。どんな時代を生きたかとか、どんな生活経験をしているかとか、人としての個性が研究にも実務にも反映されているように見えます。この研究会では、そういう違いがあるからこそ、互いを理解しようとする態度で議論し学びあっていたように思います。楽しいと感じられたのは、「顔の見える関係」が構築されていったからではないでしょうか。「呑みに行きたくなる関係」ともいえるのかもしれません。

高野

　そうですね。荒井さんの当初の戸惑いからその後の予測と的中のお話や、加藤さんの膝を立てて話し出すポイントが違うことで深まる理解のことも、そのとおりだと思います。

久保

　自分の立ち位置や専門的な視点を相対化するような、そうしたオルタナティブな見方との出会いがたくさんありました。いや、出会いといったような生やさしいものではなく、もっと激しいぶつかりあいでした。ただ、そん

な激しいぶつかりあい＝コンフリクトのおかげで、遠慮しあって儀礼的な社交辞令の交換にとどまるようなことはなく、ダイナミックで活発な研究会になったと思います。コンフリクトといっても、避けるべきものばかりではなく、なかには建設的なものもあるわけです。付和雷同が集団浅慮に陥るというのは、社会学お得意の小集団研究では基本的な知見です。だから、集団浅慮に陥らないよう、多様性を重んじ相互に切磋琢磨するよう、建設的なコンフリクトをあえて生み出すということは、企業のマネジメントでも意識的に取り入れられているようです。こういった実践は、社会のなかではそれなりに普及しているにもかかわらず、従来の法学では注目されてきませんでした。コンフリクトといっても、裁判とはまた違う、それこそオルタナティブなアプローチをとるものです。

　でも、この研究会のおかげで、建設的にコンフリクトを活用していく実践を、いわば参与観察できました。多様な分野・視点が、遠慮しあうのではなくホットにぶつかりあう、そしてそこから、新たなものを創造していこうとする、そんな共同研究だったと思います。コンフリクトを学問するだけでなく、学問間のコンフリクトを実体験し、それを建設的・創造的なエネルギーへと転換していく、という二重の意味において、この共同研究はまさにコンフリクトに出会う場だったような気がします。

山田
　今のコメントで、はっとしたのですが、私自身がアメリカで法人類学を学ぶなかで一番影響を受けたのは、マンチェスター学派に代表される言語人類学の研究手法で、つまるところコミュニケーション研究です。この視点では、コンフリクトをコミュニケーションの一形態としてとらえることで、メインストリームであれ、オルタナティブであれ、紛争処理行為が対人関係にどのように影響を与えているのかが基軸になっていると理解しています。制度化された紛争処理手法がコミュニケーションの正常化に有益であるかどうかは、今後も慎重にとらえられると思います。また、この研究会のように生産的なコンフリクト、というか、コンフリクトをプラスのほうに結びつけていくようなあり方は紛争処理の理想的な姿のような気がします。

あとがき

久保
　津田塾大学で「修復的司法とアート」というイベントがあったそうです。案内文によれば、先住民が古くから使ってきた手法も応用しているようです。山田さんが指摘された言語の領域はもちろんアートの領域とつながってくるというのは、さらに興味深い動きです。司法とアートなんて、従来の法学の枠組みを超えるまさにオルタナティブな取り組みだと思います。

海野
　「司法とアート」との連関というのは、「コンフリクトとアート」、さらに「アート」は「技法」と読みかえるとつながりも見えやすいのかと思います。そこで改めて「コンフリクト」とは何かと問いかけたいと思います。日本語にすると社会的（政治的）紛争や対立のほか、心理的葛藤とも訳されます。これまで、日本語での議論では双方の連関が想定されることが少なかったように感じます。機会があれば、紛争や対立と心理的葛藤との間を埋める議論への展開もしたいですね。心理学での「葛藤」はそれを乗り越えて成人になる、あるいはアイデンティティの一部が形成されるという、誰にでも起こる精神的自立への段階として語られるように思います。とすれば、社会的にも紛争や対立は一つの社会の転換点と考えることは容易にできるのではないかと思います。大量殺戮など、大きな犠牲を払うことが多いということが、社会的コンフリクトの大きな問題であるのは確かですが。

石田慎一郎
　ぶつかりあいの行きつく先がどうなるかは当初見えなかったのですが、最終的に形にするところまでたどり着けたのでよかったです。「オルタナティブ・ジャスティス」という概念自体、すくなくとも日本では誰も使っていなかったし、世界の学界を見渡しても僕らのような意味で定式化した先例は見当たらないので、問題提起としての意味は大いにあると思います。うまく隙間をとらえているのではないかと思いますし、このような本は、一冊ぐらいあってもよいと思います。

久保
　本書が貢献している点を考えてみませんか。たとえば、重要な先行研究に

あたる棚瀬孝雄編『紛争処理と合意』と比べてみたらどうでしょうか。まず、本書はADRだけに限らず、修復的司法など関連する取り組みにも視野を広げてトータルに考察を試みています。そして、何よりも事例研究が中心なので、具体的な情報が豊富だといえるでしょう。対象地域も世界中に広がっていますし、人類学者はインターネットがつながらないような最前線の現場にまで出向きます。しかも、そうした調査を通して、既存の理論では見えなかった、思いもつかなかったようなオルタナティブ・ジャスティスの実践が新たに見えてきます。加藤さんが取りあげた和解組なんて、名前を聞いただけで衝撃でした。

　私は、大学に入学して真っ先に買わされた専門書が『紛争処理と合意』でした。法学入門という最初の専門科目の教科書で、裁判について何も教わっていないのに裁判外紛争処理について叩きこまれました。そんな経緯もあって、私は『紛争処理と合意』を何度も何度も読み返してきましたし、本書の論文も含め多大な影響を受けています。でも、皆さんの調査報告は、『紛争処理の合意』にはない発見と驚きをもたらすものでした。頭のなかで概念をこねくりまわして既存の理論の焼き直しをするよりも、現場に出向きオリジナルな調査研究にのぞむことでこそ、画期的な研究の前進がもたらされうるのだ、ということですね。もともと理論志向の強い私にとっては、調査研究の威力を再確認できる良い機会になりました。

石田

　棚瀬編『紛争処理と合意』は、もちろん僕も意識しています。『紛争処理と合意』の副題は「法と正義の新たなパラダイムを求めて」で、本書の副題は「新しい〈法と社会〉への批判的考察」です。ただし、僕らは、オルタナティブ・ジャスティスをめぐる言説や、関連する諸制度の世界的動向は、今までになかったものが現れたというような素朴な意味での「新たなパラダイム」ではないと考えています。そこに、批判的問題意識があります。

海野

　「一見新しく見えているけど、実は前々からあるものを基盤にしている」と主張したい、というのは研究者にとって多く経験すること。それを表わ

あとがき

せる一語を考えつけたら、それこそ「新たな（言語的）パラダイム」になるのかもしれません。

石田

僕らは結局のところ、現実の制度（ならびに、それに関する議論）がまず先にあって、それに対する対案や批判的観点を示すという、それこそどこまでも「事後的」な議論につきているのでしょうか。経験主義ですから、もちろんそのとおりだともいえます。しかし、この論集におさめられた論文を読むと、それ以上の広がりがあると思います。たとえば、大文字の（新しい制度としての）オルタナティブはどうあるべきかという議論とは別に、悩み事をかかえた本人にとっては、なんらかのアクションがもたらす帰結が（たとえ現行の制度をもちいてであろうと）不満だらけの現状を克服しうる新しい（オルタナティブな）生活環境を実現するものであれば、それは小文字のオルタナティブにもなりうる。つまり、現行制度においても（敵だとばかりおもっていたら、そうではなかった）、いろいろな可能性があるということを再発見する、そのような点も含めての批判的考察が、僕らの研究の推力です。要するに、制度論としての対案についての研究にくわえて、もう少し背伸びしていうとクリフォード・ギアツやローレンス・ローゼンの法人類学的研究が批判的考察するところの「コモンセンス」に相当するような、制度をめぐって広く共有されたものの見方についても、様々な対案をしめすようなことができればよいのではないかと思います。こういう制度があればこういう結果になるというわけではないし、とくに人間関係がからむ紛争処理は杓子定規にはいかないので、その点もふまえると、当たり前のことかもしれませんが、大文字のオルタナティブと小文字のオルタナティブを一緒くたにしてしまうことはできません。いまのべたような点にきづかせてくれる論文が本書のなかにおさめられているのです。

（謝辞）

本書のもとになる研究プロジェクト「オルタナティブ・ジャスティスの世界的動向に関する共同研究」の実施において、大阪大学グローバルCOEプ

あとがき

ログラム「コンフリクトの人文学国際研究教育拠点」による研究助成を受けた。共同研究の実施を強力に支援してくださり、また日々数々の貴重なご助言をくださった小泉潤二教授、栗本英世教授をはじめとする拠点の先生方と事務担当者の皆様に、厚く御礼申しあげます。また、これと密接に関連する研究課題による研究プロジェクト「アジア・アフリカ諸国における裁判外紛争処理の再編が旧来の多元的法体制に与える影響についての共同研究」について、国立民族学博物館「試行的プロジェクト－若手研究者による共同研究」による研究助成を受けた。若手研究者主体の共同研究を様々な側面から支援してくださった松園万亀雄館長（当時）をはじめとする国立民族学博物館の先生方、事務担当者の皆様に厚く御礼申しあげます。また、本書出版にあたり、大阪大学出版会の落合祥堯氏にひとかたならぬお世話になった。末筆ながら記して深謝申しあげます。

　　2011 年 3 月

　　　　　　　　　　　　　　　　　　　　　　　　編者・石田慎一郎

執筆者紹介 (執筆順)

石田慎一郎（いしだ・しんいちろう）
首都大学東京社会人類学分野准教授。大阪大学大学院人間科学研究科特任助教を経て現職。専門は法人類学（紛争過程分析、多元的法体制論、オルタナティブ・ジャスティス研究）と東アフリカの民族誌。最近の主な業績に、'Legal Pluralism and Human Rights in a Kenyan Court: An Analysis of Dowry Claim Cases,' in Manfred O Hinz ed., *In Search of Justice and Peace: Traditional and Informal Justice Systems in Africa*（Windhoek: Namibia Scientific Society, 2010）、『グローバル世界の法文化——法学・人類学からのアプローチ』（角田猛之・石田慎一郎編、福村出版、2009）、'The Indigenous Law of the Îgembe of Kenya: An Anthropological Study,' in Masaru Miyamoto and Judeth John Baptist eds., *Legal Culture in South-East Asia and East Africa*（Kota Kinabalu: Saba Museum, 2008）など。

山田　亨（やまだ・とおる）
ハワイ大学博士課程在籍。筑波大学修士課程（地域研究）を経て現所属。専門は文化人類学・言語人類学（法人類学、政策翻訳における不確定性・指標性など）。最近の主な業績に、'Robert Walker Irwin,' in Huping Ling and Allan W. Austin eds., *Asian American History and Culture: An Encyclopedia*（Armonk: M.E. Sharpe INC, 2010）、「アメリカ法人類学における現代的動向」『社会人類学年報』第33号（2007）など。

河村　有教（かわむら・ありのり）
海上保安大学校准教授。神戸大学博士（法学）。専門は刑事訴訟法、法社会学、アジア法（中国法）。最近の主な業績に「捜査に対する裁判員制度の機能」（日本法社会学会編『市民参加と法』有斐閣、2009年）、「アジア法文化圏における比較法文化試論——『取調べ』をめぐる日本と中国の刑事司法文化を中心に」（角田猛之・石田慎一郎編『グローバル世界の法文化』福村出版、2009年）、*Westernization of Asian Law and Asian Identities*（日本法哲学学会編『法思想史学にとって近代とは何か』有斐閣、2008年）など。

ステファン・パーメンティア（Stephan Parmentier）
ルーヴェン・カトリック大学法学部教授。犯罪社会学、人権法などの講義を担当しながら、同大学刑事学研究所（Leuven Institute of Criminology）にて「政治犯罪、人権、人間の安全保障」（Political Crimes, Human Rights and Human Security）を研究課題とする共同プロジェクトを組織している。編著に *Out of the Ashes: Reparation for Victims of Gross and Systematic Human Rights Violations*（Antwerpen: Intersentia, 2005）; *Restorative Justice: Politics, Policies and Prospects*（Cape Town: Juta, 2007）など。

クラウディア・イトゥアルテ＝リマ（Claudia Ituarte-Lima）
国際連合大学高等研究所在籍。ケンブリッジ大学修士課程（社会人類学）、ロンドン大学 UCL 博士課程（社会人類学）を経て現所属。環境法と人権を専門とする法律家としてメキシコで実務経験（政府ならびに NGO）を持つ。現在は、国連大学を拠点にアマゾン川上流における生物資源をめぐる先住民の知的財産権とコンフリクトや、地球温暖化と環境正義をテーマとする研究に従事している。論文に 'Categories of Intellectual Property and Biodiversity in Western Inspired Legal Cultures,' in Michael Freeman and David Napier eds., *Law and Anthropology* (Current Legal Issues Volume 12, Oxford University Press, 2009) など。

荒井　里佳（あらい・りか）
弁護士（東京弁護士会所属）。東京大学法学部卒。日本法社会学会会員。離婚、遺産分割をはじめとする家族法分野のみならず、一般企業法務も専門とし、企業内研修や社内コンプライアンスなどの各種講演も行う。著書に「労働紛争解決のための『民事調停』活用法」（『ビジネスガイド』2011 年 3 月号、日本法令、2011 年）、『裁判員制度と企業対応――万全ですか？あなたの会社の社内整備』（裁判員制度と企業対応研究会編、第一法規、2009 年）など。

高野さやか（たかの・さやか）
東京大学大学院総合文化研究科助教。専門は法人類学。インドネシア、特に北スマトラ州メダン市をフィールドとして、地方裁判所における紛争処理、ADR（裁判外紛争処理）と慣習法の概念についての研究を進めている。業績に「ポスト・スハルト期インドネシアの法と社会――北スマトラ州メダン市の地方裁判所からみる国家法と慣習法の動態」（東京大学大学院総合文化研究科提出学位請求論文、2010 年）、「『深く根ざした』紛争への取り組み」（『コンフリクトの人文学』第 1 号、2009 年）など。

馬場　淳（ばば・じゅん）
東京外国語大学アジア・アフリカ言語文化研究所ジュニア・フェロー。専門は社会人類学・オセアニア民族誌学。博士（社会人類学）。現在はジェンダー、法、福祉をテーマに、パプアニューギニアでフィールドワークを行っている。主な論文は「法に生きる女性たち――パプアニューギニアにおける法の権力作用」（塩田光喜編『知の大洋へ、大洋の知へ！――太平洋島嶼国の近代と知的ビッグバン』彩流社、2010 年）、「植民地主義の逆説、女たちの逆襲――パプアニューギニアにおける扶養の紛争処理とジェンダーの政治学」『アジア経済』50 巻 8 号、2009 年）、「法文化の発明とポジショナリティ――統合と多様性の間でたゆたうパプアニューギニアを事例にして」（角田猛之・石田慎一郎編『グローバル世界の法文化』福村出版、2009 年）など。

加藤　敦典（かとう・あつふみ）
京都大学 GCOE 研究員博士（人間科学・大阪大学）。専門は文化人類学。ベトナムの村落地域における住民自治をテーマにフィールド調査をおこなっている。最近の業績に「『文化的むら』をめぐる『騒ぎ』——ベトナムにおける国家と住民の関係性をめぐる政策の人類学」（『南山考人』第 37 号、2009 年）、「動員と連帯の跡地にて——自主管理時代のベトナム村落における統治のモラルの語りかた」（石塚道子ほか編『ポスト・ユートピアの人類学』人文書院、2008 年）など。

久保　秀雄（くぼ・ひでお）
京都産業大学法学部助教。京都大学博士（法学）。専門は法社会学。主な業績は「法意識の文化的解釈——『訴訟回避』と『神義論』」（角田猛之・石田慎一郎編『グローバル世界の法文化』福村出版、2009 年）、「法と文化」（和田編『法社会学』法律文化社、2006 年）、「近代法のフロンティアにおける『文化的他者』についての知（一）（二）——ポストコロニアル批判の法社会学」（『法学論叢』153 巻 4 号・5 号、2003 年）など。

オルタナティブ・ジャスティス

新しい〈法と社会〉への批判的考察

2011年4月30日　発行

編　者　石田慎一郎

著　者　石田慎一郎　山田亨　河村有教
　　　　ステファン・パーメンティア
　　　　クラウディア・イトゥアルテ＝リマ
　　　　荒井里佳　高野さやか　馬場淳
　　　　加藤敦典　久保秀雄

発行所　大阪大学出版会　代表　鷲田清一
　　　　〒565-0871 吹田市山田丘2-7
　　　　　　　　　大阪大学ウエストフロント
　　　　Tel：06-6877-1614　Fax：06-6877-1617
　　　　http://www.osaka-up.or.jp

印刷所　亜細亜印刷株式会社

　　　© Shinichiro ISHIDA et al. 2011　Printed in Japan
　　　ISBN 978-4-87259-368-6 C3030

R〈日本複写権センター委託出版物〉
本書を無断で複写複製(コピー)することは、著作権法上の例外を除き、禁じられています。
本書をコピーされる場合は、事前に日本複写権センター(JRRC)の許諾を受けてください。
JRRC〈http://www.jrrc.or.jp　eメール：info@jrrc.or.jp　電話：03-3401-2382〉

コンフリクトの人文学 第1号

(セミナー論文)
暴力の記憶と民主主義の確立（サロモン・レルネル・フェブレス）
(特集)
ダルフール紛争

大阪大学グローバルCOEプログラム
コンフリクトの人文学国際研究教育拠点〔編集〕

A5判並製 352頁
定価（本体2200円＋税）

コンフリクトの人文学 第2号

(特集1)
移行期社会におけるオルタナティブ・ジャスティス
(特集2)
Rethinking "the Visual"
(セミナー論文)
遅すぎるパレスチナ二国家解決案（ハイム・プレシース）

大阪大学グローバルCOEプログラム
コンフリクトの人文学国際研究教育拠点〔編集〕

A5判並製 404頁
定価（本体2500円＋税）

コンフリクトの人文学 第3号

(セミナー論文)
文学人類学への招待（レオ・ラフォルト）
(特別寄稿)
ブラジル日本移民・日系「研究」の解雇と展望（森幸一）

大阪大学グローバルCOEプログラム
コンフリクトの人文学国際研究教育拠点〔編集〕

A5判並製 328頁
定価（本体2400円＋税）